黑马在线
均线实战利器

—— 江海 著 ——

四川人民出版社

图书在版编目（CIP）数据

黑马在线：均线实战利器 / 江海著. —成都：四川人民出版社，2017.6（2021.5重印）
（江氏操盘实战金典）
ISBN 978-7-220-10194-6

Ⅰ.①黑… Ⅱ.①江… Ⅲ.①股票投资-基本知识 Ⅳ.①F830.91

中国版本图书馆CIP数据核字（2017）第136672号

HEIMA ZAIXIAN JUNXIAN SHIZHAN LIQI
黑马在线：均线实战利器
江 海 著

出 品 人	黄立新
策划组稿	王定宇
责任编辑	王定宇
封面设计	李其飞
版式设计	戴雨虹
责任校对	何佳佳
责任印制	王 俊
出版发行	四川人民出版社（成都槐树街2号）
网 址	http://www.scpph.com
E-mail	scrmcbs@sina.com
新浪微博	@四川人民出版社
微信公众号	四川人民出版社
发行部业务电话	（028）86259624 86259453
防盗版举报电话	（028）86259624
照 排	四川胜翔数码印务设计有限公司
印 刷	成都蜀通印务有限责任公司
成品尺寸	185mm×260mm
印 张	14.75
字 数	240千
版 次	2017年7月第1版
印 次	2021年5月第6次印刷
印 数	24001—29000册
书 号	ISBN 978-7-220-10194-6
定 价	48.00元

■版权所有·侵权必究
本书若出现印装质量问题，请与我社发行部联系调换
电话：（028）86259453

证券投资的新篇章

北京大学中国金融研究中心证券研究所所长　吕随启

我与江海老师相识已经7年，他在股市中已有16年多的职业投资经验，拜访过十几位中国股市中的前辈，跟随其在股票投资上的授业恩师8年，加上自己的自律、勤奋，因此在证券投资上取得了非凡的成绩。从2011年到现在一路走来，2011年7月20日、2011年10月17日、2014年7月24日、2015年6月12日……对大盘每次的变盘点都能够提前做出精准预判。

我们早在几年前就有约定，如果江海老师出版股票投资的书，我一定会为他作序。因为我见证了中国股市一次又一次的涨跌起落，见证了中国股民在这条道路上所走的弯路，甚至有的人走向了万劫不复的深渊，伤害了自己、伤害了家庭、伤害了周围的朋友。江海老师愿意将他所学、所知、所悟向中国股民公开，对于整个证券市场都是值得庆幸的好事。更让我欣慰的是，江海老师会将其所学的证券投资知识通过"江氏操盘实战金典"丛书毫无保留地向读者传授。

曾经和江海老师开玩笑时问道：你的这套交易体系已经足够让您轻松地在这个市场中如鱼得水甚至平步青云，为什么还整天不辞辛苦地奔波于全国各地讲课，每天工作时间都超过14小时？他回答：我个人以及我的家庭在这个市场中都不会为财富发愁，我也可以通过我的财富去帮助更多需要的人，但是授人以鱼不如授人以渔，凭一己之力又能帮助多少人呢？我愿意通过讲课的方式将我们交易体系的知识传授给有缘人，愿意帮助他们在这个市场中成长，一方面是将我们交易体系的知识进行传承，成就更多的人一起把爱传递开来；另一方面"法布施得智慧"，生命不息、学习不止，这是我的人生信条，也是我愿意站在讲台上为证券投资传经布道的原因，启迪他人，修炼自己。

中国证券市场还在不断发展和完善的过程中，上市公司的数量会不断增多，交易规则会不断完善，投资的难度越来越大，如果不通过有效的学习把自己变得更加专业，就很可能让自己变成任人宰割的羔羊。"江氏操盘实战金典"丛书在经典技术分析的基础上，充分结合了A股市场的特性，从多方位对股票价格的运行进行分析，而且充分考虑到不同水平投资者的需求，由浅入深，充分结合案例进行深度解读。证券投资不是一招一式就能做到稳定盈利的，更不是按照自己的思维方式去预测股价，一定是在对技术有了全方位的研究之上，熟悉了股价运行的结构和逻辑后，才能够"悟"到的。在丛书中，作者会经常提到主力思维的重要性，培养散户养成这种思维方式，建立自己的交易模型，并且需要严格执行，不妄测市场，而要跟随趋势。

K线是证券投资的基础，是进入证券市场的第一堂课，《买在起涨——K线组合利器》对各种K线形态进行了量化的定义，每个形态背后多空资金是如何博弈的、散户的思维方式和主力的思维方式有何不同、同一个形态在股价运行的不同位置出现时的不同含义等问题，都进行了深度解读。在传统的技术分析中，从K线图中只能解读到高开低走等有限的信息，《买在起涨——K线组合利器》颠覆了这种红买绿卖表象的分析方式，而是从多空博弈的角度解读了股价运行的逻辑。

涨停板是最吸引投资者的一种股价快速上涨的技术形态，因为它可以带来最丰厚的投资利润。从统计学和概率论的角度来说，风险和收益之间是对称的，获得更大的收益就要面临更大的风险，但是对于理解股价运行逻辑的人来说，好的投资机会一定是在承受小的风险的同时能够带来更大的收益。《涨停聚金——短线操作利器》是针对不同位置的涨停板进行透彻分析，深度剖析什么位置的涨停板最具有小风险大收益的投资机会。

趋势是打开证券投资的一把钥匙。这把钥匙在这个市场中已经传递了近百年，但是能够正确使用这把钥匙打开证券投资这把锁的人却屈指可数。每一位能够正确使用这把钥匙的人都付出了无数的努力，所以都不会轻易讲出它的核心在哪里，更不愿意将其公之于众。《趋势为王——波段操作利器》是我读过的证券投资类书籍中关于趋势、波段讲解比较透彻的一本，它将道氏理论、波浪理论、时间周期理论等多种定性的理论进行定量分析，一层一层地揭开了股价运行的内部结构，是投资者实现同市场对话的一本难得的好书。

虽然盘口是股票交易中的最小单位，但是它决定了任何一种行情机会的转变，更是主力资金同散户进行互动的最直接"战场"。投资者经常能够从盘口中看出当下主力是在建仓、拉升还是出货，但是结果却是事与愿违，股价的真实方向和判断的主力意图是相反的。这就需要投资者上升到人性和博弈层面，切实结合股价运行位置等要素进行综合分析，才能准确地发现主力运作行径。这是市场上众多盘口书籍不能解决的问题，而正是《庄散博弈——盘口识庄利器》这本书最大的亮点。

均线对于交易的辅助作用非常大，但是均线的参数该如何设置，不同的均线参数会直接决定交易的结果。实际上均线和K线的阴阳一样，只代表市场运行过程中的一种表象，均线背后的真实意义才是最具有研究价值的。《黑马在线——均线实战利器》立足于从面到点、从整体到局部的分析方式，建立了均线分析之前的位置要素分析模式，跳出"均线参数"的谜团，更注重主力行为和趋势分析，回归价格结构的本源进行分析。

我对《价值爆点——牛股挖掘利器》的感触最大。证券市场不仅有股价的起起落落，更有其背后人性的明争暗斗。西方传统的价值投资经典在A股上难免水土不服，但是在理论支撑的基础上结合A股的特色，更容易形成一套战无不胜的交易系统。如果说"江氏操盘实战金典"丛书的其他几本偏向于对"术"层面上的讲解，那么《价值爆点——牛股挖掘利器》则是百尺竿头更进一步，将整个体系的投资精髓上升到了"法"和"道"的层面。

我对国际金融研究得比较多，中国的金融市场和证券市场正在蓬勃发展，严格监管更是为它的健康发展提供了新的机遇，在这个过程中会有无数优秀的投资个体、投资机构快速发展。"江氏操盘实战金典"丛书一定会为想要在中国证券市场快速发展的进程中取得优异成绩的您插上双翼，助您快速起航，搏击证券投资的苍穹。

2017年6月1日

前 言

时间如电光火石般擦肩而过，从我拜访过褚时健老人家后决定带着责任感和使命感将整个江氏交易体系发扬光大的那天起，已两年有余。在这两年里，江氏交易体系日渐完善，最重要的是整套体系将在中和应泰这个平台上生根发芽，让更多的普通投资者、职业投资者知道江氏交易天机（"江氏操盘实战金典"的操作体系，已获得国家注册商标）、认可江氏交易天机，是这个平台成就了我们团队，成就了每一位因为中和应泰而结识的股民朋友。

非常感恩中和应泰的王圣雄总经理，他让我们整套体系在全中国乃至世界上留下了踪迹；也非常感恩中和应泰的每一位同人，是你们在背后的默默付出，才有了江氏交易体系团队成员的光环。在我们"江氏操盘实战金典"系列之四、之五、之六再版之际，我和我们团队所有成员对中和应泰的每一位同人表示最诚挚的谢意！

信任、宽容、感恩和爱自己，这四个词语是这篇前言我要阐述的核心内容。它们是我的人生信条，是我们团队每一位成员的人生信条，也真诚地希望它们可以给因本书结缘的您带来对生活、对证券市场的感悟。

>>信任

信任是我有今天成就的种子，是我能保持执着地走在这条路上的源泉。我相信这个市场是有规律的，而且一定有人通晓这个规律，所以我不断地去寻觅那个可以把我真正带入这个市场的贵人，直到我认识我的授业恩师。八年时间里，我坚定不移地跟随在恩师的身边，我用别人想象不到的勤劳和汗水不断地学习和精进，夜以继日地走近这个市场、探索这个市场，数不清多少个不眠之夜、记不得阅读过多少本书籍，我留下了一本又一本的笔记后，坚定而稳健地迈开每一步脚印。

对一件事情感兴趣不难，难的是可以持之以恒地做同一件事。数年来坚持不懈的能量都来自我对恩师的信任和在这条道路上走下去的决心。所以我对我的操盘手学员、弟子的要求也是一样的，当你全然地相信、全然地接受时，证券投资的大门才会真正为你打开。

>> 宽容

感恩恩师对我每一次错误的宽容，更是这样的品质让我感受到一名投资大师的心胸和格局。宽容不只是对身边的人，也包括身边所发生的一切好的、坏的事情。像宽容自己一样宽容身边的每一个人，宽容市场给予你的每一次亏损，宽容每一个诽谤你的人。因为学会宽容，遇事我才会更加平和；因为学会宽容，我有更成熟的心态面对市场的千变万化；因为学会宽容，我结识了更多来自五湖四海的朋友；因为学会宽容，我们江氏交易天机的家人们越来越紧密地团结在一起。

>> 感恩

如果你还没有体味到"感恩"这个词的奥妙和能量，那么，真心地建议有缘的读者朋友用心地去实践，你就会发现生活发生的微妙变化。因为感恩，我的生活减少了抱怨、多了美好；因为感恩，才会在逆境中寻找到希望。对美好的事物感恩很容易，然而精彩的人生属于那些对挫折也心存感激的人。感恩证券市场成就了亿万投资者，感恩主力资金辛勤地运作才让我们有获利的机会，感恩每一次刻骨铭心的往事让我们变得更加坚强、更加勇敢。

>> 爱自己

当信任、宽容、感恩成为你生活的一部分，你会时刻被正能量包围着，渐渐地发现自己也在发生变化，越来越光彩照人，因为在践行信任、宽容和感恩的同时，我们自己才是最大的宠儿。爱自己不是买最贵的衣服，不是住最漂亮的房子，不是开最豪华的车，而是不断增长自己内心的平和以及洞察万物的能力。只有自己，才是我们能够拥有的全部，自己看到阳光，才会感到整个世界充满阳光。爱自己不是自私，而是爱周围一切的开始。

股市是最好的修行场所！但是所修的不仅是技术，更是我们躁动不安的心。如果证券投资还没有带给你快乐，请你去修行信任、宽容、感恩，并爱自己，这才能够让你在这个市场中，无论是精神还是物质都会变得富足。

"江氏操盘实战金典"目前一共出版了六本书，完成了对江氏交易天机雏形的构建。我相信，以后我的学生们会有更出色的书陆续出版，会从各方面诠释江氏交易这套庞大的体系。本次三本书的精彩之处在于：

《庄散博弈》诠释了主力资金和散户资金通过盘口进行对抗的全过程，精彩、通透是本书的特色。本书从股价运行全局的位置讲到盘中量价形态的变化，全面解读主力是如何通过盘口在低位取得筹码，在高位出货变现。在A股市场上进行投资，如果能够识别下跌是洗盘还是出货，就可以解决强势牛股上涨时的持仓问题，这是在市场中有着多年股龄的老股民都没有办法解决的问题。本书就是以主力思维为出发点，通过解读盘口中资金驱动下的量价变化，来判断主力的真实意图，进而达到拉升前进场、出货前离场的目的。

《黑马在线》是结合证券市场趋势理论、波浪理论等重要的经典理论，结合A股独特的主力运作模式，对股价运行的位置进行详细阐述的一本书。高手套在低位，新手套在高位，这是对位置的重要性最直接的诠释，也就是说，高手和新手最大的区别就是对位置的认识。市场上讲证券投资的书琳琅满目，但是能够真正道明股价运行位置的少之又少，而本书将会为投资者解决买进后大亏的问题。

《价值爆点》是最符合A股市场的简单实用的基本面的一本书。对于欧美国家一些经典的价值投资方式，一定要结合A股的特性，才会使基本面研究具有重大意义。任何一只牛股的爆发都离不开基本面的配合，有的是因为上市公司良好的运营和发展，有的是行业性利好造成的产业链联动。然而基本面的数据和信息灿若繁星，投资者需要用一双慧眼，从这些繁星中找到最明亮的那颗。本书就是将财务分析进行流程化，强调分析时要关注哪些数据，市场上的消息在股价不同位置是实质性利好还是利空，上市公司通常会采用哪些"讲故事"的方式和投资者进行博弈……

开卷有益，欢迎大家和我们的团队一起，在证券市场中成长、前行！

2018年1月31日

小 序

距离上次写小序刚好时隔一年，一年的时间对于一个人的一生来说不算太长，但是决定每个人一生命运的，也就是那么几个一年的时间。有些炒股经验丰富的投资者，十几年来见证了股价的涨涨跌跌，然而账户收益却差强人意，虽然对市场也有领悟，却始终不能形成一个有效的交易系统。但是一旦遇到高手指点，多年沉淀下来的盘感和经验会让自己对市场有全新的领悟，操作上也会取得突破性的进展。和大部分投资者相比我是幸运的，一进入这个市场就遇到给自己指路的人，遇到一个和自己一起前行的团队。

如果上一次写小序时还是在对这个市场全面地了解和认知阶段，那么最近的一年则是同市场进行深度接触并将理论用于实战的阶段。无论哪一位投资者，在市场中都需要这个过程：学习理论、参与实战、总结归纳、修正理论、再参与实战、再总结归纳……就像一块璞玉，在反复雕琢的过程中，有敲击的痛苦，有成形的喜悦，无论发生什么，无论问题多少，终点只有一个——琢玉成器。无论是我们体系中卓越的学员、操盘手，还是每个能够站在行业巅峰位置的人，都要经历这样的过程。

每个人的一生中都会遇到无数的贵人，但是他们在你的身边出现的方式会有很大差别，有的是以导师的方式为你指引方向，有的是以敌人的方式让你更加坚强，有的是以亲人的方式给予你无限的关爱和温暖，有的是以伙伴的方式与你并肩前行……只有心怀感恩，才能接纳来到我们身边的每一位贵人，才能接纳万物，才能视万物皆为大自然的恩赐。因为接纳和包容，世界才会在你心中显得无比美好，苦味在你口中才会变得甘之如饴。

感恩一路走来陪伴在身边的恩师和学长，是你们的包容和谅解让我在证券市场上日渐成熟，虽然在前进的道路上难免磕磕绊绊，但是每一次踏过荆棘，都让我们凝聚得更紧；每一次冲云破雾，都让我们更坚定地一起走下去。感恩江氏交易天机的创始人、我的老师江海先生，是他夜以继日的付出，才使整套交易系统日臻完善，也是他对我的谆谆教导，让我在证券投资之路上少走了无数的弯路！

随着我们投资者教育事业的不断发展，有越来越多的80后、90后加入我们的行列，有的要成为操盘手，有的要成为投资培训讲师，越来越年轻的队伍让我们感受到了无限的朝气和希望。在这个和平、幸福的年代，我们在一起共同奋斗，每个人生命的意义会被重新编码。老师、老师的老师、老师的老师的老师……他们秉承着"前人栽树后人乘凉"的信念不断奉献，使得知识不断被传承、被超越，适应一代又一代变迁！感恩运道使然，让我成为江氏交易天机团队的一员。

我们这套证券投资的交易系统能够应对牛熊，不仅适合想在市场中有所斩获的普通投资者，也适合要以其为生的交易员，还适合掌管大资金的操盘手。整套体系以主力思维、趋势思维、强者思维、风险思维和逐利思维为指导方向，继承了证券市场众多经典投资理论的精华，贯穿着江海老师数十年个人和机构的投资经验，大到基本面研判、小到分时盘口解读，处处围绕市场的内在根本结构和A股市场政策、资金主导的特殊交易机制，帮助投资者有效识别不同的行情机会，系统、理性地实现避险逐利的投资目的。

在"江氏操盘实战金典"丛书的《庄散博弈》《黑马在线》《价值爆点》即将出版之际，预祝更多有缘人因为这套丛书而与我们结识，因为江氏交易天机而受益！

曲君洁

2017年6月1日

目 录

导 读 001

第一章 均线和主力操盘的关系 003

 第一节 主力操盘的均线系统 003

 第二节 攻击线 006

 第三节 操盘线 008

 第四节 生命线 009

 第五节 决策线 011

 思考题 016

第二章 均线和主力洗盘的关系 017

 第一节 主力洗盘的目的 017

 第二节 攻击线洗盘 025

 第三节 操盘线洗盘 028

 第四节 辅助线洗盘 031

 第五节 洗盘与调整 033

 思考题 037

第三章　均线之王——MACD 038
第一节　MACD和均线的关系 038
第二节　MACD的优缺点 040
第三节　MACD柱体 042
第四节　多空的分野 047
第五节　市场强弱研判 052
第六节　DIF快线的背离 055
第七节　MACD柱体的背离 057
第八节　DIF线与DEA线的金叉、死叉 060
思考题 072

第四章　均线的趋势性 074
第一节　均线的基本运动 074
第二节　均线的次级运动 077
第三节　均线的日常运动 078
第四节　均线的多空转换 080
第五节　趋势的矛盾性 081
思考题 093

第五章　多周期看盘 094
第一节　上升趋势中的三周期看盘 094
第二节　下降趋势中的三周期看盘 100
思考题 107

第六章　均线的粘合性 108
第一节　均线粘合的定义 108

第二节	粘合的位置	110
第三节	粘合的时间	117
第四节	粘合后方向的选择	123

思考题 ... 131

第七章 均线的角度 ... 132

- 第一节 均线角度的定义 ... 132
- 第二节 均线角度的变化 ... 136
- 第三节 均线的平滑度 ... 138
- 第四节 不同均线角度的同步与矛盾 ... 140
- 第五节 均线排列的厚度 ... 150
- 第六节 启动时攻击线的角度 ... 151

思考题 ... 159

第八章 均线的波浪理论 ... 160

- 第一节 均线束和波浪的关系 ... 160
- 第二节 二浪调整形态 ... 163
- 第三节 三浪启动形态 ... 168
- 第四节 四浪调整形态 ... 171

思考题 ... 174

第九章 个股和大盘、板块的共振 ... 175

- 第一节 个股和大盘均线系统的共振 ... 175
- 第二节 个股和板块均线系统的共振 ... 181
- 第三节 回踩比突破成功率更高 ... 182

思考题 ... 189

第十章	**量价配合理论**	190
第一节	资金是趋势的唯一牵引力	190
第二节	缩量回踩	195
第三节	放量突破	202
	思考题	209

思考题答案		210
后　记		211

导　读

大家对建筑设计师都很熟悉，他们在设计一座大厦时要借助各种尺子描绘大厦的蓝图，在建设过程中还需要用尺子测量高度、方位等数据以保证大厦能够如期完成。股市也是一样的，只不过股价走势的设计师一半来自掌握市场内部规律的人，一半来自市场中真正具有资金优势的人，而均线就是他们衡量股价走势的一把尺子。

均线是证券市场中最为老生常谈的指标之一，因为它将变化无常的趋势变得有规律，也是对趋势的非线性最好的解读。有的投资者形容看均线的感觉是"呼之欲出"，因为好像是这么回事，但其实又不知道是怎么回事，在自己对均线的形态有一点认知后又会出现新的变化打破原有的认知。市场很简单，它一直在多空的轮回中进行交替，而投资者也很简单，一直在明白与糊涂的纠结中轮回。

本导读的目的是让大家明白均线的重要性，为什么股评家用的指标变化无常但是都离不开均线？为什么在市场上有关均线的书比比皆是，"江氏操盘实战金典"系列丛书还要出版有关均线的书籍？是附庸风雅，还是均线里面还有更多不被我们知晓的奥秘？

主力的趋势标尺

A股股民对主力实在是再熟悉不过了，因为它们伴随着股市的风生水起。A股因为主力的存在让很多投资者吃过亏，但是也因它们的存在让很多深谙这个市场规律的投资者获益颇丰。有风险的地方不一定有机会，但是为了博取机会必须得去冒风险。

K线是股价运行的一种载体，蜡烛图的发明为这个市场增添了无数玄妙，然而趋势的多重性让行情的波动变得纷繁复杂，即使想刻意地操控股价，也需要一个工具评判当前价格所在的历史位置和高低水平，均线完全可以承载这项艰巨的使命。某个时间点上不同周期均线的位置和形态可以直接反映出当前股价在不同时间内的趋势方向和不同级别周期之间的共振和矛盾关系。

散户的心理成本

金叉、死叉、回踩、突破是运用均线系统过程中最容易识别的信号，所以一些均线的支撑和压力就成为投资者重点分析和找买卖点的对象。市场上有这样一种说法：均线代表了不同时期的平均持仓成本，所以支撑是因为回调到前期的平均持仓成本进而需要加仓买入，压力是因为下跌回抽到前期的平均持仓成本导致的解套盘出逃。这种分析方式作为一种理论是可以的，但是真实的平均持仓成本是很难通过这种方式计算得来的，尤其周期越长偏差会越大，但是周期越长的均线的支撑和压力作用却越大，这又是为什么？

入市良久，你有没有思考过推动股价上涨和下跌的动因到底是什么？笔者曾经无数次地思考过这个问题，但是一次又一次地否定自己的答案，不是K线、均线、指标、趋势、量能……直到最后才真正地想明白，是人性！市场中运用技术分析的投资者日趋增多，对技术指标的信赖程度也就会增大，当对一个指标趋之若鹜的时候它必然会失灵，这就要求投资者辩证地看待市场，辩证地看待金叉、死叉、突破、回踩、支撑和压力。

对读者的要求

主力的思维方式是江氏交易天机整套体系的核心灵魂，读者在阅读本书的过程中一定要换位思考，要能够站在上市公司管理者和大资金运作者的角度思考股价的运行。本书在揭示趋势级别时会提到大周期、主周期、小周期等行情级别的概念，读者在认真阅读"江氏操盘实战金典"系列丛书之《趋势为王》一书后再阅读此书收获会更大，因为《趋势为王》讲述的是这个市场最根本的内在结构，只有在深切地理解了市场自身的规律后才能够更好地理解本书的内容。

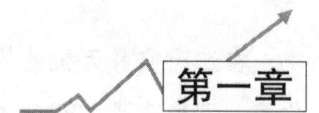

第一章
均线和主力操盘的关系

和大部分指标一样,均线作为一种可以完全量化的标尺,无论是对散户还是主力的投资过程,都起到了非常重要的"标杆"作用,而且象征着趋势的均线在特殊的位置有着特殊的作用。

第一节 主力操盘的均线系统

在江氏交易天机的整个系统中,主力思维无处不在,这也是"江氏操盘实战金典"系列丛书的灵魂所在。在证券市场上有所斩获的投资者中,都会逐渐建立一套属于自己的交易系统,因为只有一套成熟的交易系统才能够应对市场的千变万化,才不至于让盈利在这个市场中昙花一现。本节中要和读者讨论的内容有两个方面,一个是主力操盘,另一个是均线系统。

A股最大的特色是无处不在的主力资金,虽然监管越来越规范,但是和成熟的证券市场相比,A股还处于成长期,在逐渐完善的过程中还会有更多的机会。大资金的积极参与经常会不可避免地影响股价的运行,A股最大的特征就是这种不可避免的行为出现的频率太高。大资金投资者进出市场一定比普通投资者更有计划性,不会盲目地进进出出。而均线就是大资金投资者在交易过程中制订交易计划的重要标准之一。

投资箴言

在江氏交易天机的均线系统中有四根均线：5日均价线，即攻击线；10日均价线，即操盘线；30日均价线，即生命线，60日均价线，即决策线。这也是主力在作盘过程最常用的四根均线。

重要均线的命名抓住了其真正的含义：攻击线的周期最短，变化最快，趋势性行情发生时一定要有攻击线打头阵才能够保证行情的强势；上升趋势中一旦股价跌破操盘线就说明主力资金不想维持短期的上升趋势，下降趋势中一旦股价站稳操盘线就说明有短期行情的机会；如果股价都没有站上生命线就说明股价暂时还没有生命，短时间内很难有大的行情机会；决策线是一根重要的多空分水岭的均价线，一旦股价跌破决策线中长期趋势就转为空头，暂时不具有操作机会。

图示案例

如图所示，从吉电股份（000875）半年的走势图中可以看出在上升趋势运行过程中和从上升趋势转为做头过程中均线系统的变化——上升末期主力在出货。在前期的上升趋势中，股价是沿着攻击线持续向上的，虽然有脱离攻击线的过程但是很快又会有回踩。操盘线对股价有非常重要的支撑作用，在最后强势上升趋势运行过程中最多回踩到操盘线就会止跌，然后延续之前的上升趋势。股价见顶后简单做头，逐渐跌破各周期的均线：股价首先带动攻击线和操盘线死叉，然后继续向下跌破生命线和决策线，之后反弹到决策线展开横盘震荡。股价后期向上的反弹行情冲破了决策线，但是已经没有足够的量能支撑其再创新高，说明前期的上升趋势已经结束，股价进入了横盘震荡期，均线系统从规律的多头状态进入了需要选择方向的凌乱状态。

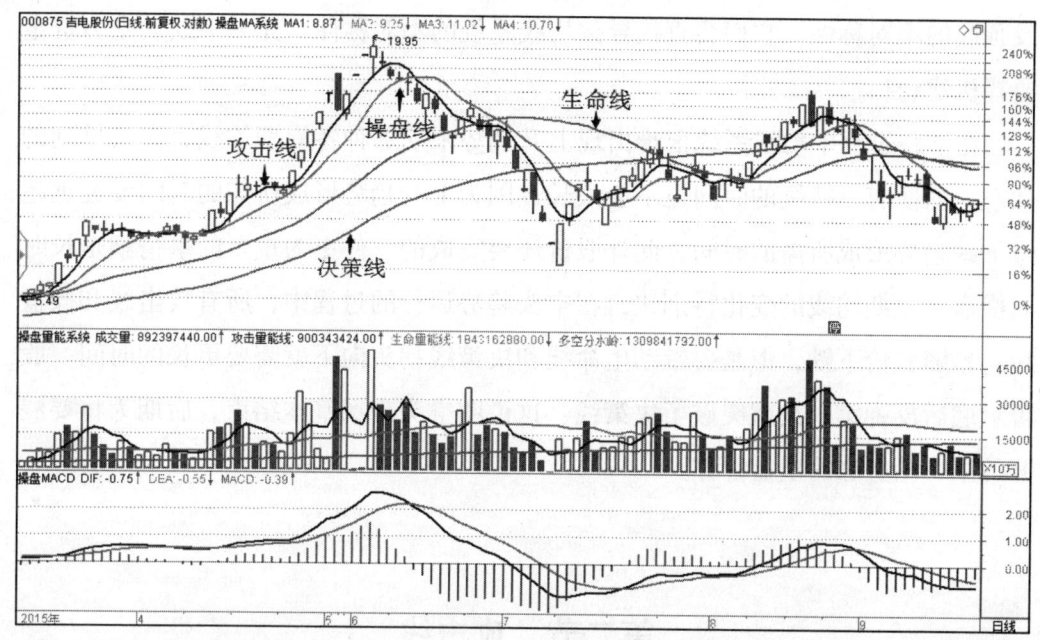

吉电股份（000875）2015年3月~2015年9月日K线走势图

下图展现的是深圳惠程（002168）下跌趋势结束后转为筑底的过程。在两个案例的对照过程中，要求大家一定要明确上升趋势和下降趋势之间的不对称性以

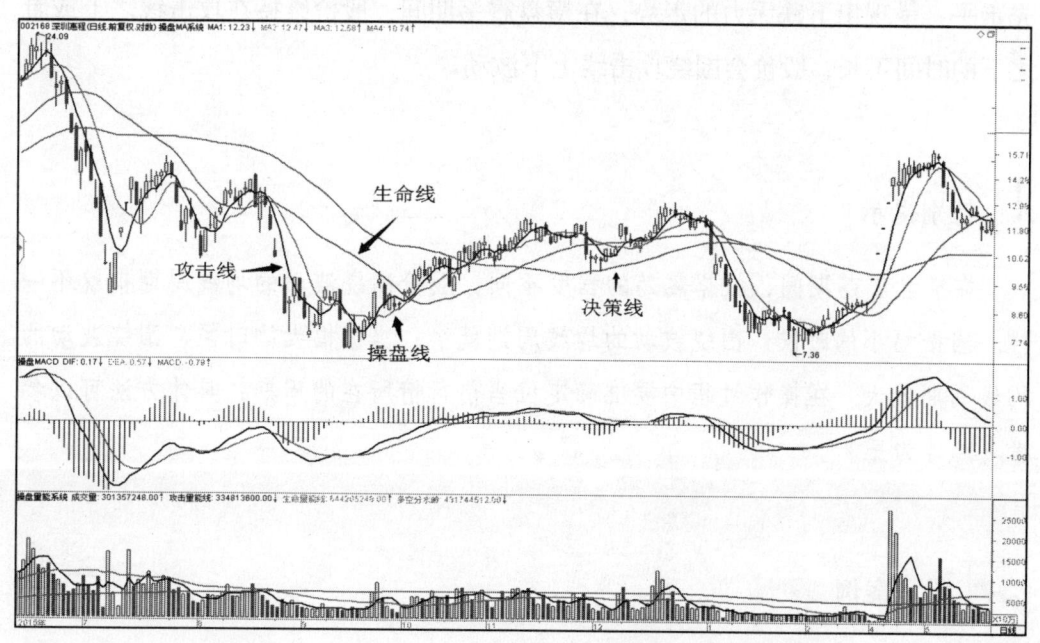

深圳惠程（002168）2015年6月~2016年5月日K线走势图

及顶底的不对称性，它们会直接导致均线系统的不对称性。充分下跌后主力资金要择机建仓！

在下跌过程中均线系统很难出现上升趋势末期那种各周期均线大多头排列的状态，即使有，持续的时间也不会太长，因为上升趋势形成所需的时间要远远超过下跌趋势形成所需的时间，此外股价还要完成的一件更为重要的事情就是长时间横盘。短期均线的变化特别快，在空头趋势运行的过程中，所有攻击线和操盘线会紧随股价下跌，但是要带动生命线和决策线拐头向下就需要更长的时间。股价触底后反弹第一波就突破了决策线，这说明空头市场基本结束，后期为将要展开的下一轮上涨的横盘蓄势。

第二节 攻击线

作为均线系统中周期最短的均线，攻击线变化速度最快，当股价发生趋势性转折时，其会最先发生变化。在上升趋势中一旦股价出现了滞涨，攻击线会最先走平，呈现出上涨无力的走势；在下降趋势中一旦股价出现了止跌，攻击线会最先走平，呈现出下跌无力的走势；在横盘震荡期间，股价维持在攻击线之上或者之下的时间不长，股价会围绕攻击线上下波动。

！特别提示

在横盘震荡期间，根据震荡的程度不同，股价围绕波动的均线周期也就不一样。当振幅小的时候，围绕波动的均线周期就小；当振幅大的时候，围绕波动的均线周期就大。在操作过程中要准确定位当前行情所在的周期，具体方法可以参考《趋势为王》。

图示案例

如图所示，陕国投A（000563）在前期的筑底阶段，均线系统处于错乱状态，股价的趋势性非常弱，决策线从前期空头压制股价的状态逐渐转变为和各周期均线系统的汇合状态，直到短期均线都站在了决策线上，股价才以涨停板的方式展开了一个波段的上涨行情。

在前期的横盘整理期间，均线系统从空头状态开始修复，先是实现了对生命线的修复，然后继续横盘直到完成了对决策线的修复，在此期间股价的横盘围绕攻击线和操盘线进行。也就是说，为了实现对更长期均线的修复，股价需要围绕周期相对较短的均线进行横盘，才会使整个均线系统走好。

在上升趋势开始的初期，短期均线快速向上发散，但是生命线和决策线的角度较小，该波段行情对应的趋势级别较小，上升空间有限，当股价出现滞涨且带动了攻击线走平时就出现了风险提示信号。

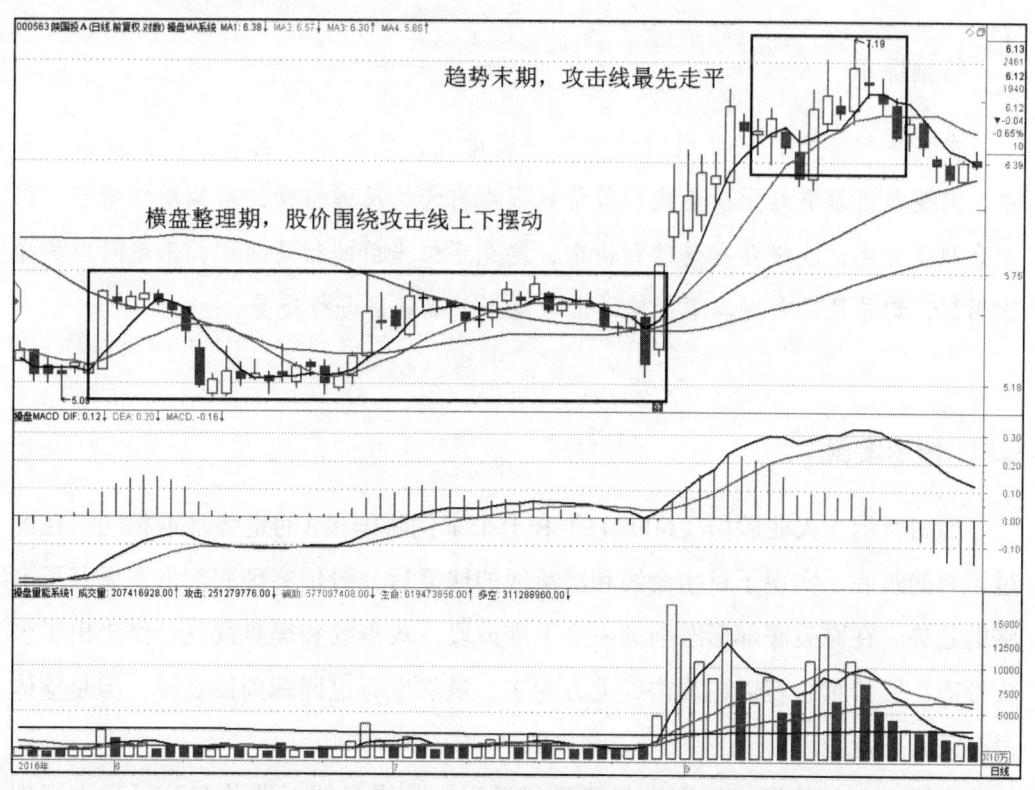

陕国投A（000563）2016年5月~2016年8月日K线走势图

第三节 操盘线

受A股市场只能单边做多的限制，一旦上证指数或者个股走出下降趋势，主力就会以观望为主，不会轻易介入。上升趋势的牵引要求股价一定要在攻击线之上，股价跌破攻击线时上涨力度变弱，一旦跌破操盘线就很难确认短期主力资金会不会再启动强势上涨行情，也就是说主力不会主动进行操盘了，会以市场自由交易为主。此时，大资金不积极参与交易，市场上分散的资金很难形成一致性看涨的多头行情，股价必然会调整。因此，在我们实盘操作过程中，如果股价没有站在操盘线上，趋势性不强，利润空间不大，就要谨慎进场。

特别提示

在多头趋势中，只要股价没有跌破操盘线，就要以持仓为主；在空头趋势中，只要股价没有站上操盘线，股价就很难有大的反弹行情，后期继续看空，以空仓观望为主；在横盘震荡的行情中，要先定位当前的行情级别，采用对应的操作周期，切忌还没有对当下行情做出准确判断就盲目进行交易。

图示案例

如图所示，天业股份（600807）和上个案例陕国投A的走势基本相同，在经过短暂的筑底、实现了对生命线和决策线的修复后，股价突破底部形态展开了上涨的趋势。在突破底部形态前的一个上涨波段，攻击线和操盘线就已经走出了多头形态，股价重心就以在攻击线上方为主，虽然也有过回踩到操盘线，但是整体没有跌破操盘线。

在该上升趋势形成初期和趋势运行过程中，操盘线对股价起到了强支撑作用，操盘线的支撑保证了该趋势波段强有力的上涨，虽然该上涨波段的趋势级别不大，但是在不到两个月的时间里也走出了50%的利润空间。

第一章 均线和主力操盘的关系

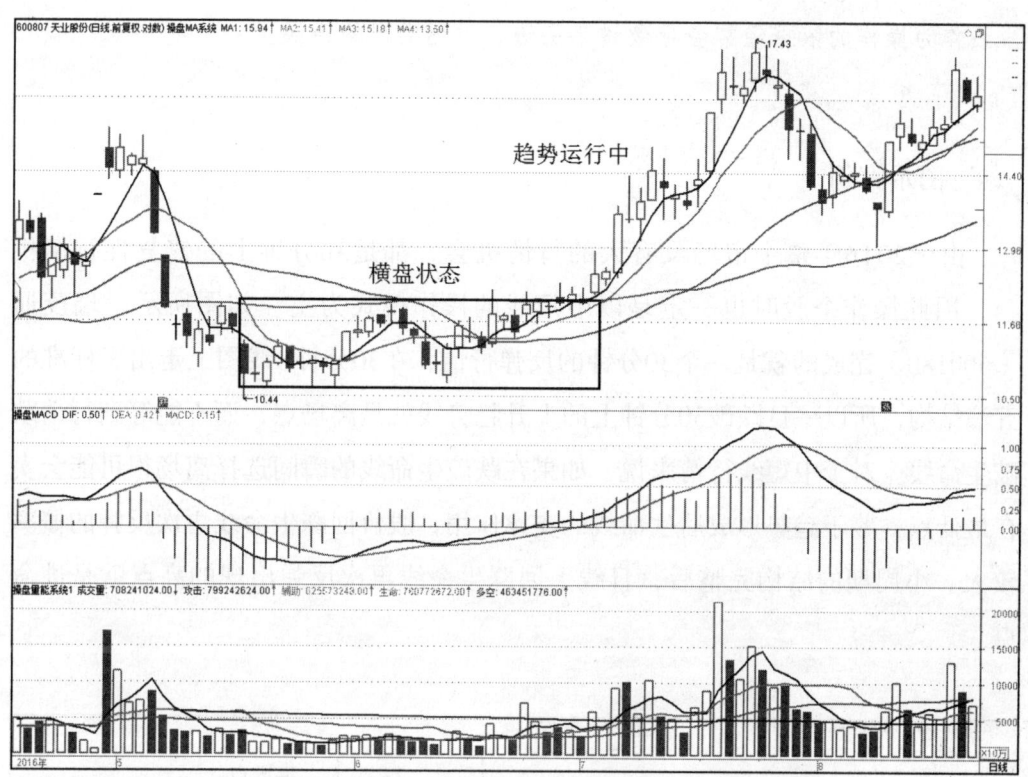

天业股份（600807）2016年4月~2016年8月日K线走势图

第四节 生命线

在上升趋势中，一旦股价跌破了生命线就说明多头的生命即将终止，股价将要面临大级别行情的调整，应以离场观望为主；在下降趋势中，一旦股价反弹到了生命线之上就很可能是波段见顶的信号。要明确在空头环境下的操作一定是短线行为，所以遇到生命线的压制就是短线离场的点位，在无趋势状态下，生命线对股价的支撑和压力作用不强，不能单纯地以生命线作为买入或者卖出的信号。

! 特别提示

生命线对应的周期比攻击线和操盘线都长，在实盘操作的过程中生命线更大的作用是选股和判断当前趋势是否成立，而不是确定操作点位的依据。如果用生

命线作为操作的依据经常会导致过早买进、过迟卖出的错误。

图示案例

由于2016年整个市场没有大的行情机会，都是30分钟上的修复性行情机会，因此操作个股时也一定是以中短线的操作模式为主。如图所示，瑞茂通（600180）完成的就是一个30分钟的反弹行情，在30分钟K线图上走出了标准的五浪结构，所以一旦跌破30分钟上的上升趋势线就是离场点，而不能等到行情跌破生命线。对于中短线行情来说，如果在跌破生命线的瞬间选择离场很可能会卖在最低点，鉴于趋势形成后生命线的支撑作用，股价回踩生命线再次反弹的概率较大。小周期的结构完整后，日线上回踩生命线再次反弹出现的高点就是逃命点。

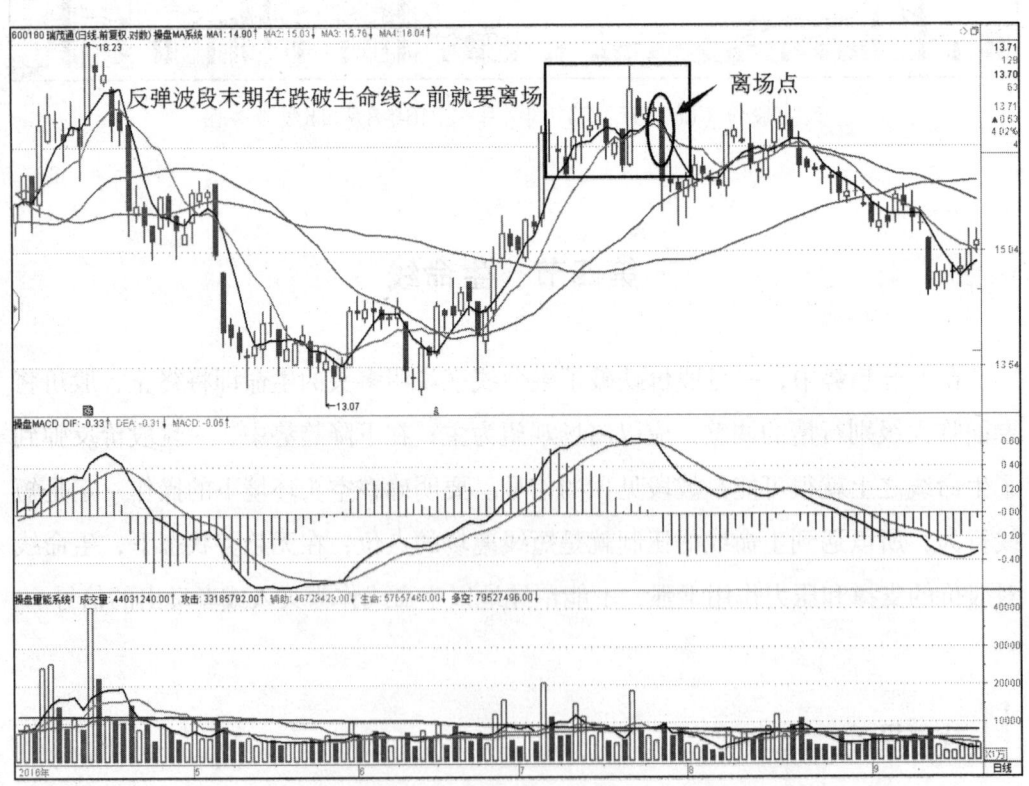

瑞茂通（600180）2016年4月~2016年9月日K线走势图

第五节　决策线

决策线也可以称为多空分水岭，只要股价没有站上决策线是很难走出大行情的，如果有操作机会也是小周期上的短暂行情。对于普通投资者来说，最大的难题就是看到什么行情都想做，不会进行取舍，然而在这个市场中能够生存下来的一个关键要素就是要学会"舍得"，只有懂得舍弃自己看不懂的、没有能力进行操作的诱惑性行情，才可以在这个市场上长久生存。

市场上主力资金的操作周期有所不同，长则几年，短则几天。前者一定是志存高远的参与者，放长线，钓大鱼，因为后期必有大行情；后者则是市场中的活跃分子，快进快出，此种情况下会走出最具有迷惑性的行情，也是让我们亏钱最多的行情。长期主力操作的股票在真正起涨之前一定会站上决策线。

特别提示

决策线对于实盘操作的重要性不言而喻，主要用于帮助投资者剔除掉一些不满足选股条件的股票，大大减少猎取标的，优中选优，提高操作胜率，增大盈利空间。

图示案例

如图所示，鹏博士（600804）在2016年7月开始的上升行情中，不是以非常强势的爆发式上涨动能展开的，而是沿着决策线缓慢上升。在整个趋势形成的过程中，决策线保持30°角向上，股价围绕攻击线和操盘线上下摆动，虽然会跌破生命线，但是都会在最短的时间收复，没有走出实质性跌破生命线的走势。

2016年12月的高点24.65出现后，股价走出了缓慢的单边下跌走势，均线系统从短期到长期依次走坏，股价遇到生命线和决策线也没有构成实质性的支撑，而是持续向下，这对持股多方无疑是非常大的考验。股价毫不犹豫地跌破决策线，整个趋势的格局发生了变化，股价必将展开大级别调整甚至会完全走坏，投资者

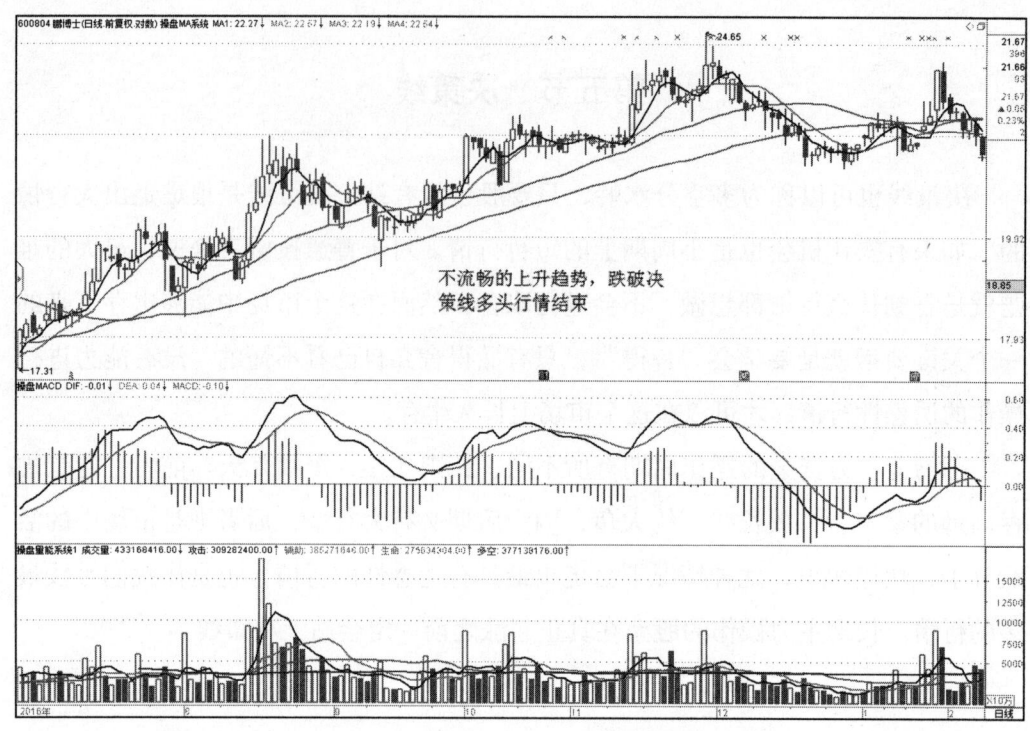

鹏博士（600804）2016年7月~2017年2月日K线走势图

只有暂时离场，等待更好的机会。

特别提示

不同的操作策略对应的均线系统会不同，但是投资者不能陷在单纯追求均线参数的误区中，掌握均线运行背后的真正原理才是应对市场变化的核心要素。本书提供的4根均线系统，是经过多年实盘验证的，足够让投资者通过均线认识市场进而优化自己的交易。

实盘案例

操作标的	买入时间	买入均价	卖出时间	卖出均价	盈利比率
长春一东（600148）	2017年1月6日	33.13元	2017年1月11日	40.70元	22.85%

第一章 均线和主力操盘的关系

本书是江氏交易天机体系的进阶课程，其内容已经超出了帮助投资者识别趋势的阶段，更多的是帮助投资者建立自己的交易模型，学会取舍，进而高质量地锁定能够盈利的股票。每天上涨的股票很多，但是真正会给投资者带来利润的不会超过3只，还有3000多只的股票不是投资者要狙击的，所以本书的首要目的是帮投资者剔除那些一定不满足要求的股票。

贪婪和恐惧是投资者在操作时的最大敌人，往往会造成他们在该放弃的时候无法放弃，在该坚持的时候坚持不住。上升趋势形成的过程中必然会经过三个阶段：第一个阶段是上升趋势形成初期，前期下跌趋势的余温还在，当下还不能走出强势的多头行情，不是投资者要操作的；第三个阶段处于上升趋势末期，上升动能逐渐耗尽，市场风险加大，也是投资者要规避的；只有在第二个阶段即上升趋势处于行进过程中，所承担的风险最小的，才是投资者要狙击的。

从下图长春一东（600148）的买卖点可以看出，虽然并没有实现买在最低点、卖在最高点，但是持仓期间是股价上涨最强的一段，4天的持仓获得了22%的

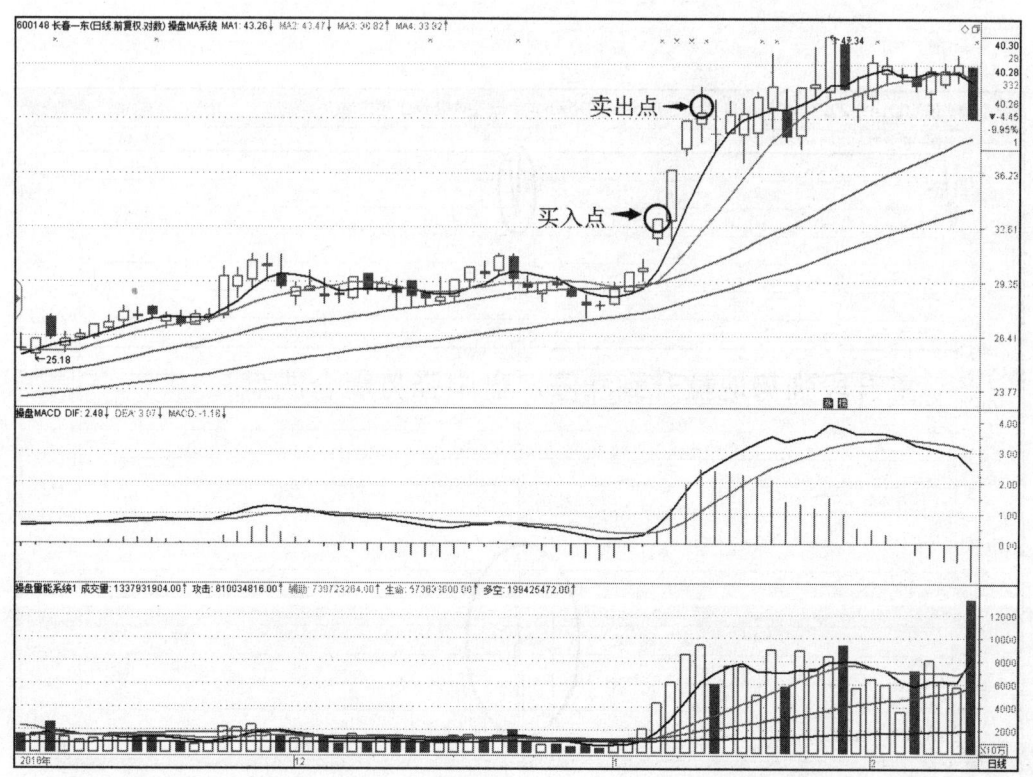

长春一东（600148）2016年11月~2017年2月 日K线走势图

收益。买进前蓄势刚刚结束，虽然前期也有小波段的上涨，但是放弃横盘期一个小波段的利润可以大大提高单位时间的获利水平。卖出后股价虽然也有新高，但是从上图中不难发现，后期的冲高过程是在参与更长时间横盘整理的前提下换来的，而中短线操作的重要原则之一就是不参与调整只博取单位时间更大的利润。

在趋势形成之前，决策线已经走出了非常标准的多头走势，横盘期间股价回踩到决策线，决策线为股价后期上升趋势的运行起到了非常大的支撑作用。在持仓期间，均线系统的宽度不断加大，股价脱离了攻击线，中长期均线系统没有办法和短期均线形成一致的上升走势，所以一旦股价有滞涨的信号就将面临调整，调整之后的走势要根据横盘形态来判断。鉴于笔者的操作原则是不参与调整，所以在2017年1月11日上涨动能开始减弱时果断卖出。

如下图所示，2017年1月6日当天的股价非常强势，高开高走，开盘后的5分钟内就拉到了涨停板且封板后的成交量越来越少，盘面非常稳定。但是对于启动初期非常强势的封板是值得涨停板排队等待的，因为在这个位置涨停板打开进行震仓的概率特别大，而且震得越狠，后期上涨过程的拉升越流畅。其实从11:10开

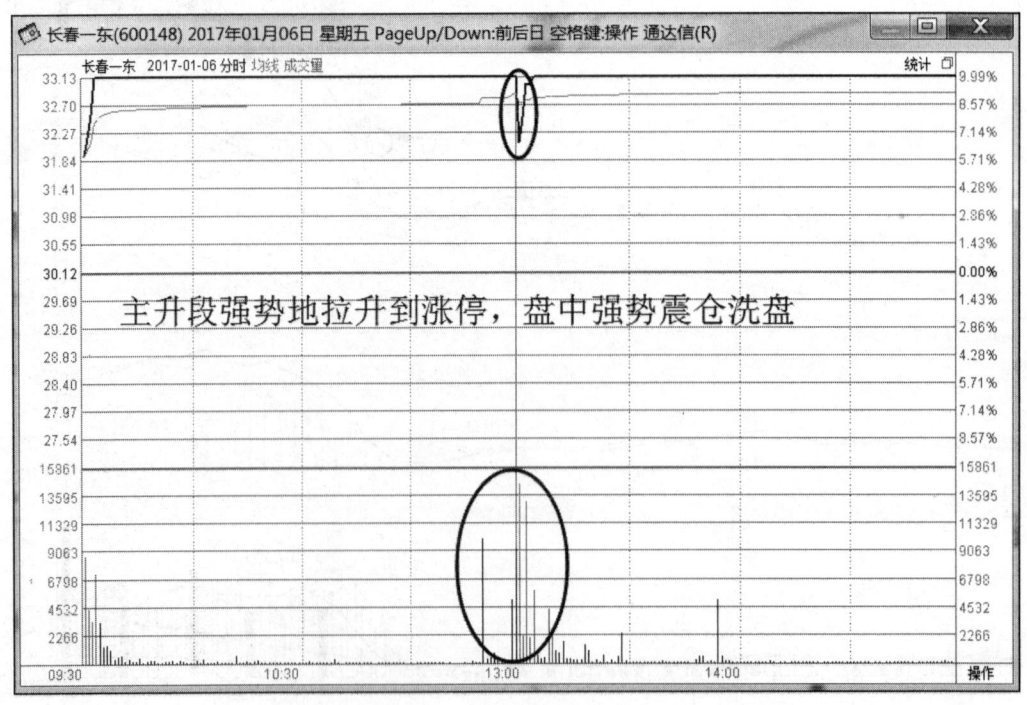

长春一东（600148）2017年1月6日分时走势图

始市场就不断有大量筹码抛出，形成了一种涨停板封不住的假象。下午开盘后更是快速向下打压后再度拉回，其间实现了场内筹码的换手，提高了场内筹码的成本，有效地帮助了主力更好地锁筹。

买进之后的两个涨停板保证了趋势的强劲上涨，但是同时也走出了利润空间，一个上涨波段完成后要开始的可能就是横盘整理，所以1月11日的早盘上涨无量股价拐头向下时就是最好的离场点。有的投资者会感叹，当天的尾盘涨了那么多都没有赚到，太可惜了！其实不然，赚自己能够看得懂的钱才最踏实，市场中每天都有那么多机会，但是只有抓到的才是你的。

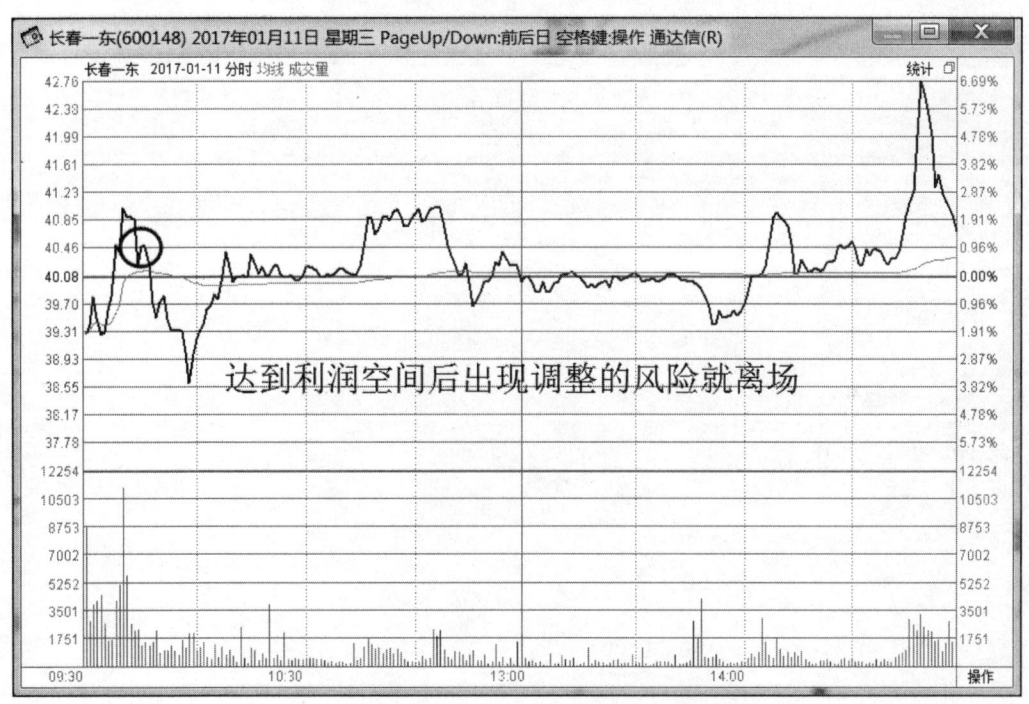

长春一东（600148）2017年1月11日分时走势图

! 特别提示

技术分析是为趋势服务的，在趋势没有形成之前不能盲目地套用技术分析。但是在股价的起落中，趋势的形成也具有周期性，找到当下趋势的周期才是保证操作准确性的关键。

思考题

1. 主力操盘所依据的均线系统是如何构成的？对主力操盘都有哪些作用？
2. 如何构建自己的均线系统？
3. 实盘过程中，如何用各均线指导自己的交易计划、寻找买卖点？
4. 均线系统中，哪些是用来选股和判断趋势的，哪些是用来交易的？
5. 不同K线周期图上的均线系统是如何相互转化的？

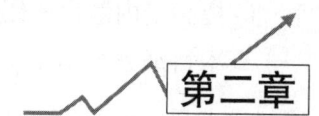

第二章
均线和主力洗盘的关系

洗盘就像魔咒一样困扰着A股股民！作为资金劣势的一方，投资者在市场中需要养成分析主力动向的习惯和能力，也就是要建立主力思维，只有这样才能够与主力同进退，才能在低位不被骗到筹码，在起涨前不被恐吓出局，在高位不被骗来站岗。

第一节 主力洗盘的目的

A股股民对于洗盘再熟悉不过了，而且他们往往会因为主力的洗盘而错失大牛股。在对大资金有着很强优势的A股市场，区分大资金是在洗盘还是出货是投资者在实盘中面临的最棘手的问题。尤其是对于形成了中长期上升趋势的股票，洗盘更容易让投资者错失良好机会。

主力洗盘的招式千变万化，往往让散户措手不及，经常出现股票一卖出该股就加速上涨的现象。在本书中，笔者将对主力围绕均线展开的洗盘模式进行详细解析，请大家牢记一点：所有的洗盘一定是发生在上升趋势中的，如果股价还没有走出上升趋势，就不会有主力洗盘的行为。

主力进行洗盘无外乎三种目的：

①洗去市场浮筹；

②恐吓技术派；

③提高场内散户筹码成本。

三个目的看似简单，却诠释了股价运行过程中主力和散户博弈的全过程。普通投资者最大的问题在于面对盈利比面对亏损时会更加烦躁不安。当真正的上升趋势开始后，主力的目标空间可能是一倍甚至是几倍，但是拉出整个利润空间的过程是由一个个小的波段构成的，在每个小波段运行结束后普通投资者都会产生因获利而想要出逃的想法。此时如果股价继续上涨，浮筹不会出场，他们会等待市场进一步出现风险时才会疯狂出逃，也就是说，获利的筹码会为股价后期的进一步上涨埋下隐患，所以此时如果股价选择了快速下跌，前期获利的筹码为了保住手上的利润就会选择出局观望。

当股价快速下跌时，整个技术系统会瞬间走坏，指标会背离，会出现阴的天量等，说明市场将要出现变盘信号的提示。所有技术指标都是通过量价关系的转换进行计算得来的，因此在量价出现快速异动时，指标系统也就会出现人气聚集或者风险加强的信号。然而，市场上每个微小的变化都在主力资金的掌控之中，他们完全有能力制造这样的恐慌，在技术指标上呈现出市场暂时走坏的假象，只要相信技术指标的投资者将手上的筹码转移给新进场的投资者，就实现了提高散户手中筹码成本的作用。

提高散户手中筹码成本是为了帮助主力更好地锁筹。当新进场的资金还在成本区附近时，卖出的意愿不会很强，如此就会直接减少市场上的流动筹码，当主力再次展开拉升的时候就会面临更少的抛盘压力，直到新进筹码获得一定的利润空间后才会转变成新的想要出逃的抛盘，所以主力需要新一轮的洗盘。

在真正的上升波段，主力可以采取拉一个波段、洗一次盘的方式，也可以采取不断上升、不断洗盘的方式。强势股的上升动能比较强悍，洗盘时的力度也会比较大；弱势股的上升动能不会太强，也就不需要力度过大的洗盘，因为在缓慢上升的过程中往往会出现盘中洗盘。

图示案例

下面以柳钢股份（601003）为案例详细分析洗盘的全过程。柳钢股份的整个上涨波段的利润空间为64.63%，是一个强势的30分钟级别行情的上升波段。一个主升行情的强势与否是先要由它会产生哪个周期、哪个级别的行情所决定的。在该上升波段并没有走出像上文提到的强势行情，因而不需要采用强势洗盘的方式，用的是温和的盘中洗盘方式。

在该股主升行情的过程中，共有两次洗盘行为，都是贴着攻击线进行的。在此笔者着重分析洗盘过程中市场人气和筹码的变化，如果对盘口知识存在不理解的地方请参阅"江氏操盘实战金典"系列丛书之《庄散博弈》。

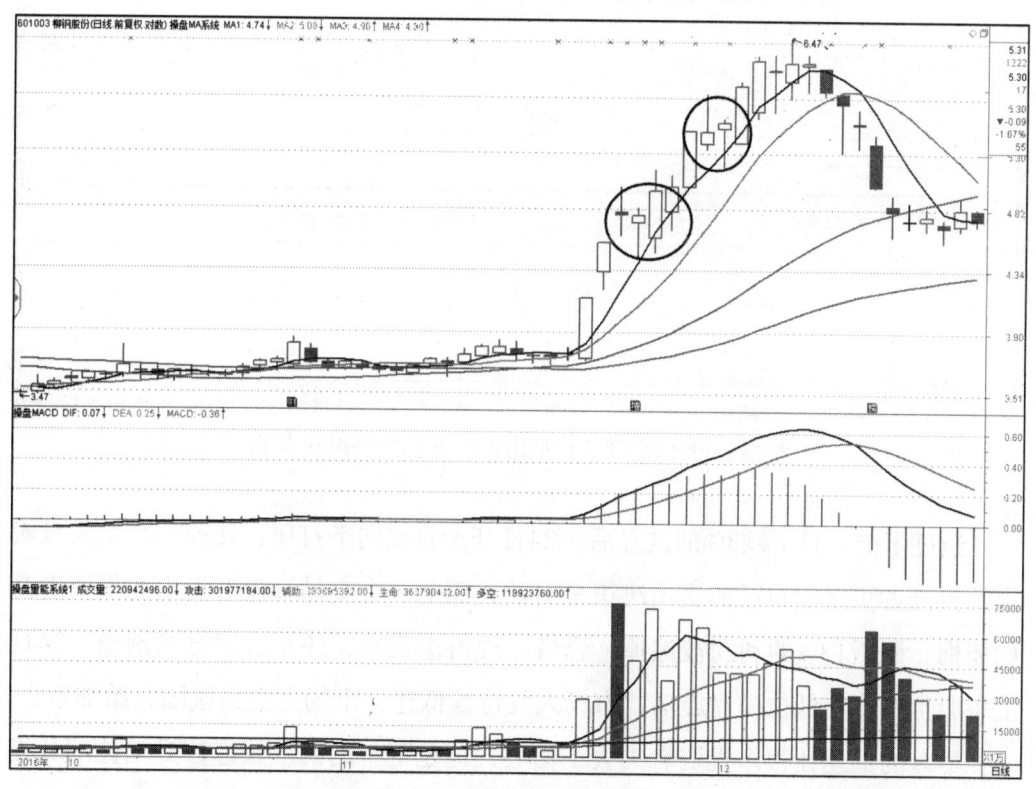

柳钢股份（601003）2016年9月~2016年12月日K线走势图

第一次洗盘：

2016年11月21日股价以涨停板的方式启动了主升浪，次日又走出了强势的涨停板。但是在启动后的第三天，也就是23日，股价早盘跳空高开到涨停板，上午在高位横盘震荡了一段时间后开始震荡下跌，从涨停板下来当天最大跌幅达到了8%。下图就是23日的盘口走势图，在前期已经买入了该股的投资者看利润回吐了8%难免会变得浮躁，后悔没有在最高点把筹码卖出去，于是急于想把手上的筹码变现，以减少后期股价继续下跌带来的风险。

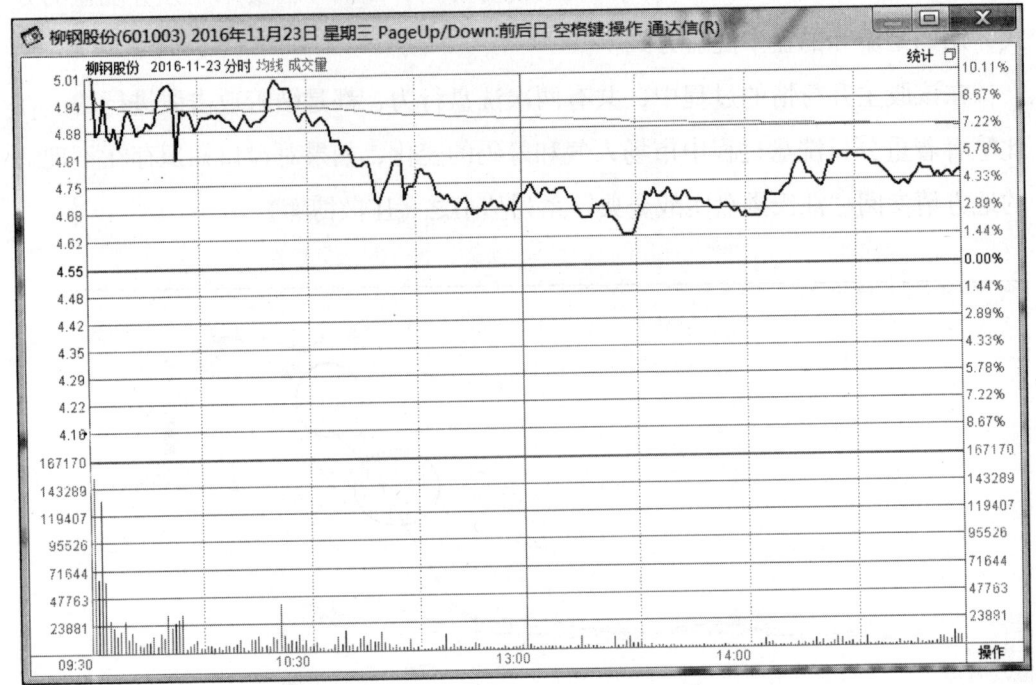

柳钢股份（601003）2016年11月23日分时走势图

经过了前一日下跌8%的洗盘后，24日开盘直接向下打压，让前一个交易日卖出的投资者更坚定自己的卖出决策是对的，而前一个交易日没有卖出的投资者开始懊悔，眼看13%的利润被擦掉，恐慌心理再次袭来，还是决定忍痛割爱。24日上午股价一直在低位横盘震荡，市场人气持续低迷，市场上空头氛围开始加重。

早盘的低迷让很多投资者失去了信心，但是下午的两次快速拉升又让部分投资者对市场恢复了信心。值得注意的是，全天行情虽然不是很强势，但是在尾盘最后的15分钟股价选择以放量拉尾的方式维护了当天的日K线走势。在关键位置，每一根K线的阴阳和涨跌幅度都具有深刻含义，此时把阴线拉升成十字星，可见主力护盘的决心。对洗盘最简单通俗的理解就是，通过股价快速的巨幅震荡让心理承受能力弱的投资者忍受不了账面浮盈浮亏的波动，将筹码抛出。

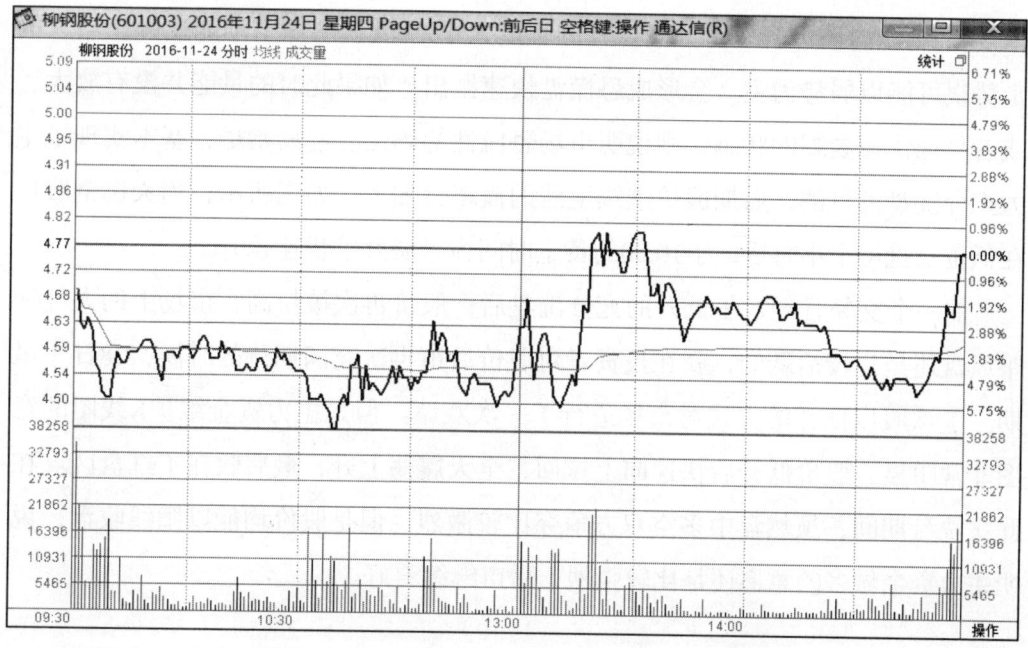

柳钢股份（601003）2016年11月24日分时走势图

通过对24日分时走势的分析不难发现主力控盘和护盘的决心，但是就在投资者对市场的做多希望开始恢复的过程中，25日股价恐怖地低开4%。通常低开的

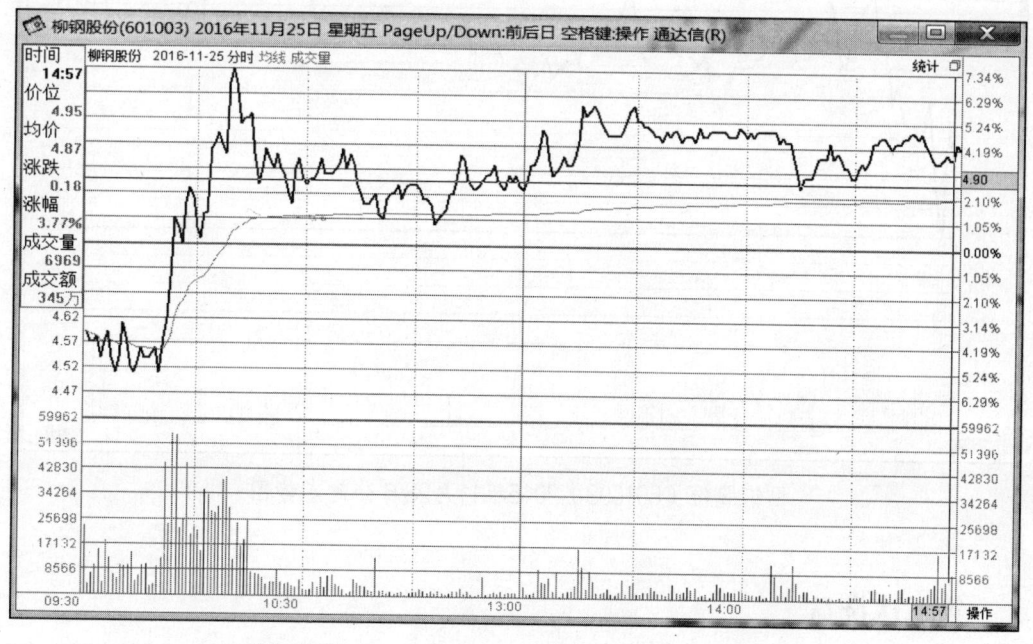

柳钢股份（601003）2016年11月25日分时走势图

幅度在2%以内还可容忍，一旦低开的幅度大于2%就说明做空动能变强，当天的走势很可能以弱势为主，会形成恐慌盘快速抛出。如果此时的量能并没有放大，或者呈现快速萎缩的状态，则说明市场恐慌性筹码已经逃离殆尽，基本实现了主力充分洗盘的目的，后期股价继续上涨的概率会加大。如图所示，当天柳钢股份在低位横盘半个小时后，于10:00的黄金时间窗口展开了快速拉升。

前一个交易日经过了低开的充分洗盘后，股价再次被拉高，市场上的人气和跟风盘还是比较活跃的，就在投资者对股价后市再次充满期待的时候，28日（星期一）该股以低开的方式对市场进行了一次戏谑。但是主力资金维护K线图的意图非常明显，股价低开后快速向上拉回，全天震荡上升，最后收在了红盘区。在此次洗盘期间，虽然盘中多空双方争夺比较激烈，但是股价均能以阳线收盘，说明主力资金做多的意愿还是比较强烈，后市继续看好。

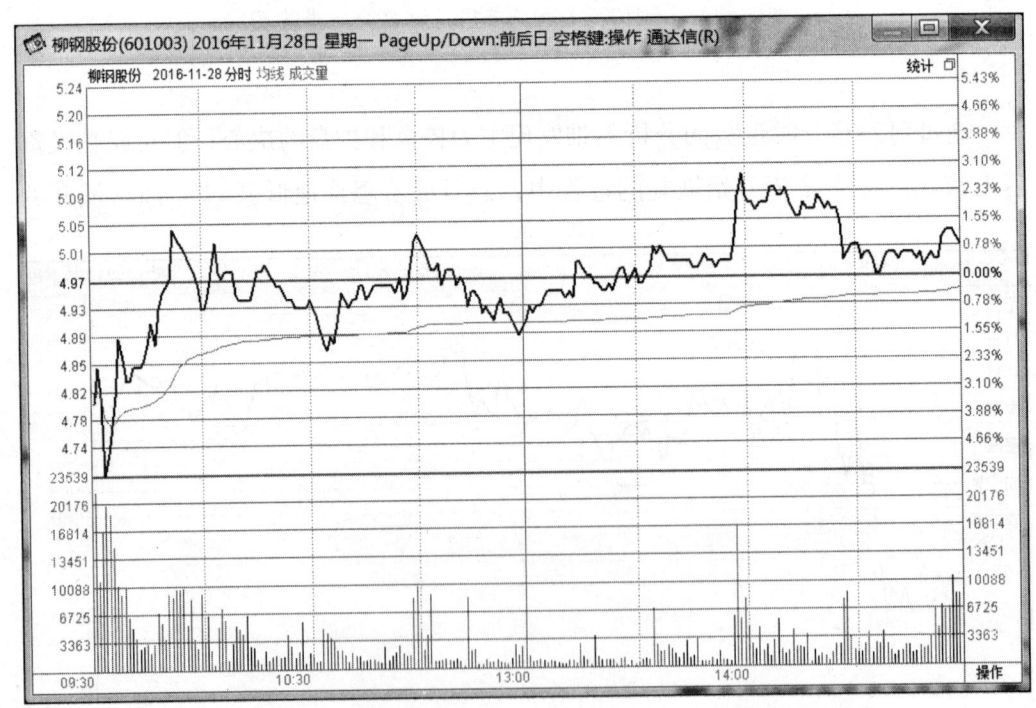

柳钢股份（601003）2016年11月28日分时走势图

第二次洗盘

前面详细介绍了柳钢股份第一次洗盘的全过程，虽然多空争夺比较激烈，但是市场做多的氛围较重，后期创新高的概率比较大。笔者特别强调了对于趋势级别定位的重要性，在此也必须提醒投资者，该波段的上涨最多以一个30分钟的行情来看，目标上涨的空间为50%~61.8%，前期上涨已经完成了该波段的大部分利润空间，所以后期即使继续上涨，也要提防利润空间即将到位的风险。

前期洗盘结束后，股价果然以涨停板的方式再创了新高，但是29日涨停板的分时走势已经出现了问题，说明这并不是最具有操作价值的涨停板，此时关注更多的不应是剩余利润空间，而是随时准备离场。从涨停板当天的分时走势图看，股价当天长时间在高位横盘震荡，触碰涨停板后就是不封停，每次涨停板打开的过程都伴随有大量放出，非常明显主力开始出货。涨停板和主力资金的关系请参阅"江氏操盘实战金典"系列丛书之《涨停聚金》。

柳钢股份（601003）2016年11月29日分时走势图

主力资金一定是在最后的上涨过程出货的，而不是等到股价开始下跌后才出货。也就是说，即使主力开始出货，股价都还会有一个小的上涨波段，只是在盘口的走势和K线的形态上会非常明显地提醒投资者：大资金在逃跑。投资者的操作模式是在主力启动拉升时进场，在主力出货前或者主力出货时离场，而不是在主力出货完毕才离场，这也是笔者每次都是在大盘见顶之前给予投资者离场信号的重要原因。

发现主力在涨停板出货的迹象后，不能再以洗盘的思维看待后期的走势，而是要关注主力是如何出货的。如果是波段投资者，涨停板当天就应该考虑离场的时机，但是此时的趋势还没有走坏，股价还有继续创新高的可能。

如下图所示，30日股价再次以低开后快速拉升的方式运行，但是波段见高点后股价震荡下跌。当天高点形成的过程中量价背离，再次出现见顶信号。

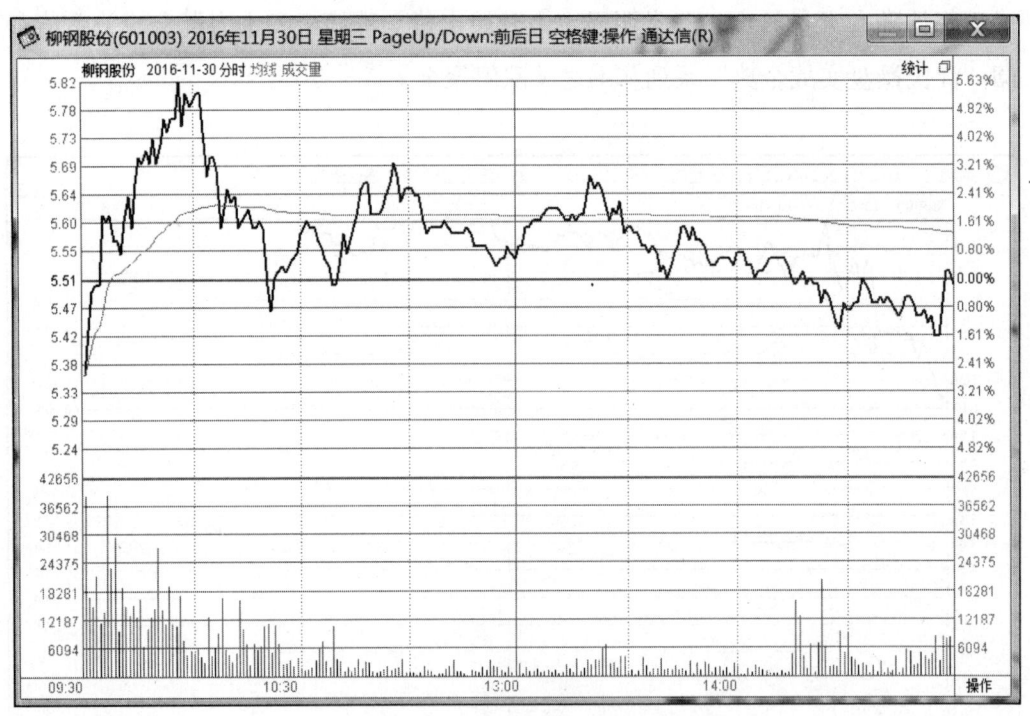

柳钢股份（601003）2016年11月30日分时走势图

趋势的运行是具有延续性的，无论是上升趋势还是下降趋势，当然也包括震荡趋势。当趋势形成后，只要市场没有出现明显的强势力量扭转原来的趋势，股价就会继续沿着原来的趋势方向运行。11月30日股价进入了横盘整理期，12月1日股价延续前期较弱的走势，虽然盘中有三波向上拉升的动作，但是整个过程的量能不充足，大资金做多的动能不明显。在11月30日和12月1日当天，股价的震荡不能单纯地以洗盘来看，更多的是主力在出货。

柳钢股份（601003）2016年12月1日分时走势图

经过了两个交易日的横盘整理后，柳钢股份再次创新高，但是后期的上涨基本是以低开高走的中阳线为主。在低位出现这样的中阳线或者大阳线是主力洗盘和建仓的标志，但在波段的末期出现这样的K线就是主力出货和诱多的标志，所以此时一定要以择机离场为主，而不能不顾风险地贸然进场。

从柳钢股份的K线走势图中可以发现，该上升波段是沿着攻击线向上运行的，虽然下影线有回踩过攻击线，但是没有实质性地跌破攻击线，股价以攻击线为标准实现了强势上涨和洗盘的双重目的。后文将对主力资金如何运用均线展开洗盘行为进行详细讲述。

第二节 攻击线洗盘

上升趋势形成后，各周期的均线会呈现多头排列，股价上涨强势时K线已经脱离了攻击线。当遇到洗盘时股价会快速向下打压，但是由于均线的滞后性，在股价拐头向下的初期，均线系统会继续维持向上的走势，股价会根据其回踩的深度依次下探攻击线、操盘线、生命线甚至决策线。洗盘的目的不是让股价转为下跌趋势，而是吓退一部分投资者让后期股价涨得更好。

要形成攻击线洗盘方式前期必须完成一波非常强势的上涨，具体要求如下：

①各周期均线呈现多头排列；

②股价回踩不破攻击线；

③回踩的时间不超过5天。

图示案例

如图所示，上峰水泥（000672）的走势和前文柳钢股份（601003）的走势相似，但是上峰水泥明显更强，在整个上升途中都是以盘中洗盘的方式快速清洗市场筹码的，并没有走出强势股洗盘时出现的恐怖阴线。趋势的强弱有很多要素可以进行识别，上峰水泥比柳钢股份更为强势主要表现在以下几个方面：

①股价脱离攻击线的时间更长；

②涨停板的个数更多；

③分歧K线的个数更少；

④横盘K线的个数更少；

⑤攻击线的角度更陡峭。

从上峰水泥的K线走势图中可以直接看出，攻击线对股价起了强支撑作用，在整个上升趋势中，虽然有过低开、回踩，但是都没有跌破攻击线，属于典型的在攻击线上方强势洗盘的牛股。上峰水泥的这个上涨波段离不开技术面和基本面的共振，在2016年12月开启的一带一路行情中，基建板块的龙头——上峰水泥为整个板块的爆发起到了先锋作用。

与上峰水泥不同的是，上海凤凰（600679）在同期上涨波段的走势更加"难看"，因为阴线太多，上升趋势仿佛醉汉走路一样：走三步退两步。在上海凤凰的三次洗盘过程中都出现了明显的阴线，且阴线的实体一次比一次大，一次比一次恐怖。第一次洗盘时出现了两根阴十字星，第二次出现了两根小阴线，第三次出现了一根大阴线，虽然洗盘的深度在一次次加大，但是洗盘后的涨幅也越来越

第二章　均线和主力洗盘的关系

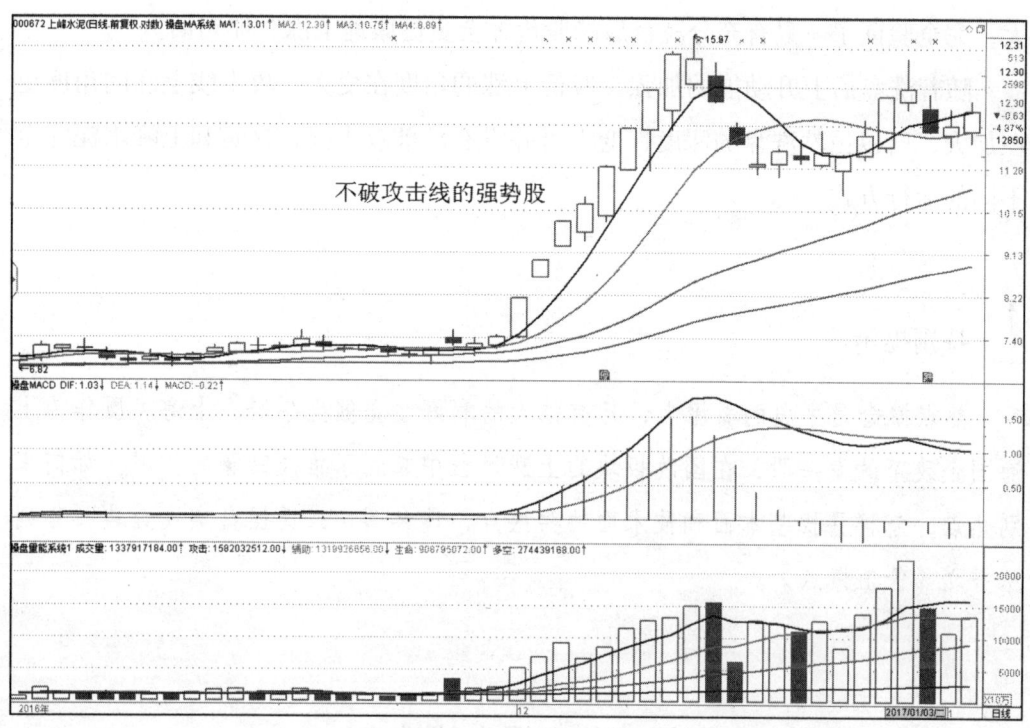

上峰水泥（000672）2016年11月~2017年1月日K线走势图

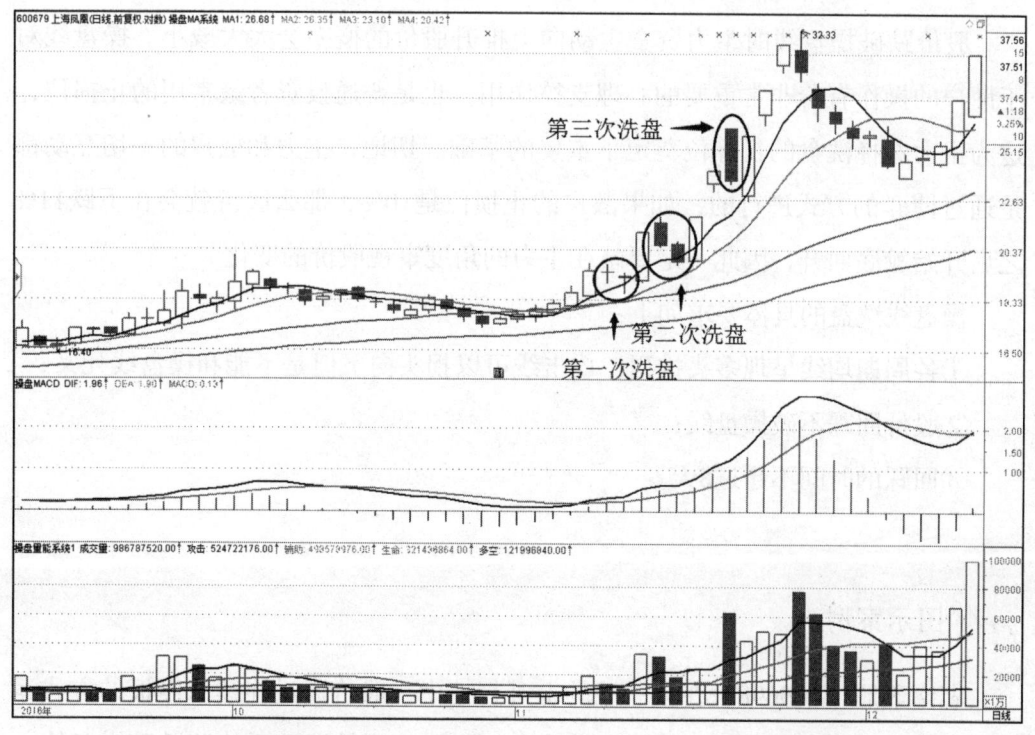

上海凤凰（600679）2016年9月~2016年12月日K线走势图

027

大,完全验证了"只有充分洗盘后的股价才会更健康地上涨"那句话。

随着洗盘后上升动能的加强,股价上涨的角度在变大,攻击线上涨的角度也在加大,所以虽然洗盘的深度在变大可并没有跌破攻击线,这是和上峰水泥完全不同的运行方式。

！特别提示

热点概念是牛股的引爆点,只有强大的利好才会催生牛股。上海凤凰作为上海国企改革的龙头股,在国改板块的上涨过程中起到了推波助澜的作用。如何识别热点,怎样寻找基本面和技术面的共振点,请参阅"江氏操盘实战金典"系列丛书之《价值爆点》。

第三节 操盘线洗盘

股价跌破操盘线时主力资金主动向上推升股价的概率会大大减小。操盘线对于散户的操作有着非常重要的心理支撑作用,也是普通投资者最常用的止损位,这为主力选择洗盘的目标位奠定了重要的基础。切记,主力和散户的一切互动都是通过博弈的方式进行的,如果散户的止损位是10%,那么股价就会在下跌11%之后开始触底回升,因此一定要站在主力的角度审视股价的变化。

操盘线洗盘的具体要求如下:
①各周期均线呈现多头排列,攻击线可以拐头向下但是不能和操盘线死叉;
②股价回踩不破操盘线;
③回踩的时间不超过8天。

📈 图示案例

湖南天雁(600698)在第一波的上升行情中,股价通过连续涨停板的方式运行,K线脱离攻击线,只进行了盘中洗盘,当股价开始滞涨后快速跌破操盘线。

如图所示，跳空低开的中阴线跌破了操盘线，但是由于该上涨波段的结构还不完整，当股价遇到实质性支撑时必然会继续向上运行，而操盘线就是该位置股价的第一个实质性支撑位，股价跌破操盘线当天并不是离场的时机，一定要等待次日确认。

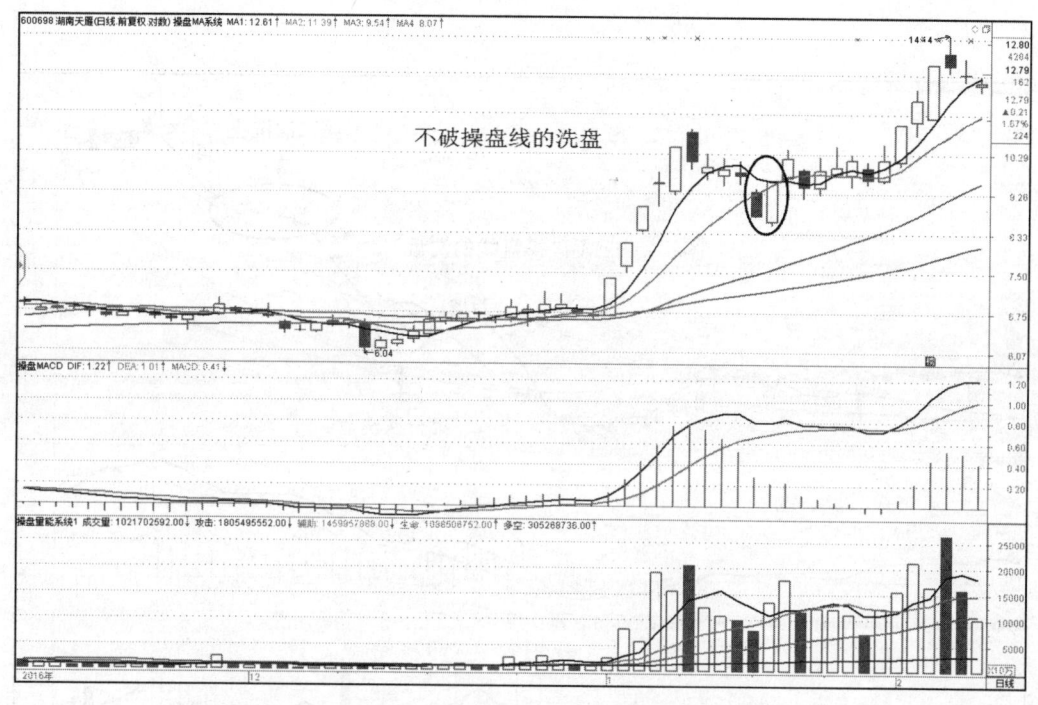

湖南天雁（600698）2016年11月~2017年2月日K线走势图

果然操盘线的支撑明显，股价第二天以涨停板的方式进行了修复。但是，虽然操盘线的支撑位守住了，股价持续做多的动能并没有变强，涨停次日股价只走出了一个小阳线，并且带动了攻击线和操盘线的死叉。这就说明前期判断的洗盘转换成了调整，股价后期可能会有新高，但是在创新高之前会经过长时间的横盘。

在后面6天的横盘中，股价围绕攻击线和操盘线上下摆动，两根均线交替形成金叉和死叉，但是股价整体的重心并没有下移，为后期创新高做了充分的蓄势。因为攻击线和操盘线死叉了，均线系统再次修复好且重新走出上升趋势的时间会超过8天，所以此时已经不能单纯地按照洗盘来对待了。

在下图的银鸽投资（600069）的日K线走势中，第一次洗盘也存在和上例湖南天雁一样的问题。虽然银鸽投资的攻击线和操盘线并没有出现非常明显的死叉，但是横盘时间的延长已经确定股价不是在洗盘而是在调整。股价长达10个交易日的调整并没有跌破操盘线，虽然有过向下破位的过程，但很快又修复了，可见走势的强势，后期股价依然看好，只是该分析方式不适用于洗盘。

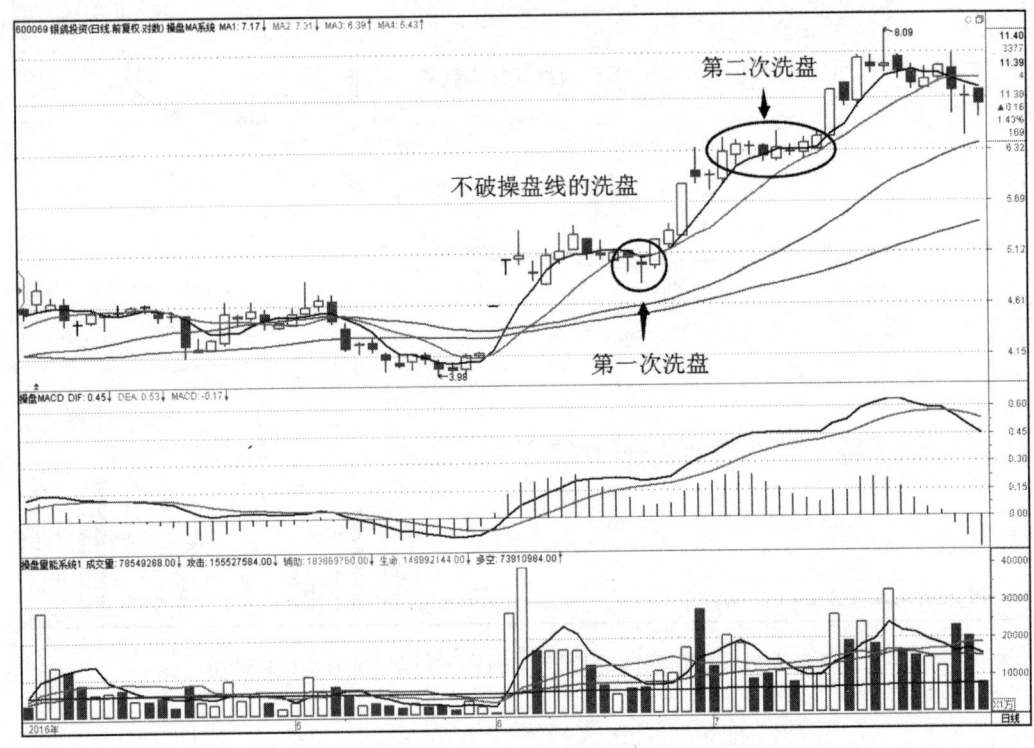

银鸽投资（600069）2016年4月~2016年7月日K线走势图

第二次洗盘过程同第一次非常相似，是通过非常强势的横盘整理的方式进行的。"人有人性，股有股性"，因为股价运行的背后是人的行为促成的，所以同一只股票的走势往往会出现重复性。虽然在图中标注出"洗盘"，但是通过上面的分析大家应该明白这并不是非常标准的洗盘，而是调整。在本章的最后一节笔者会深度解析洗盘和调整的区别。

第四节　辅助线洗盘

在第一章笔者详细介绍了主力操盘过程中常用的均线系统，此处再补充介绍一根均线——20日均价线，也叫辅助线。因为在下降趋势和横盘整理中不需要关注该线，只有在上升趋势形成后的洗盘阶段才会用到此线，所以在本书其他章节不会再提到该线。辅助线洗盘是上升趋势形成后走势较弱的一种洗盘方式，它的具体要求如下：

①辅助线、生命线和决策线呈现多头排列，攻击线和操盘线拐头向下，但是攻击线和辅助线不能形成死叉；

②股价回踩不破辅助线；

③回踩的时间不超过13天。

图示案例

如图所示，红旗连锁（002697）的上升趋势确认后，股价沿着操盘线持续上移，虽然上升过程一波三折，股价不断回踩，但是始终没有跌破辅助线。如果股价向下运行回踩辅助线就说明洗盘的深度较大，后期完成形态的修复所需要的时间会更长；如果股价采用横盘震荡的方式等待辅助线向K线靠拢，则股价下跌的幅度不会太深，后期再次启动时比较容易走出强势的上涨行情。

博彦科技（002649）回踩辅助线的走势更加清晰，与强势上升过程快速回踩辅助线不同，博彦科技的上升趋势确认后股价展开了重心上移的整理，并在该整理过程中进行了洗盘。回踩辅助线的要求是少于13天，在三次回踩辅助线的过程中股价都快速被拉起然后创了新高，每次都在8天之内，整个过程股价上下震荡的节奏非常有规律，但是对于心态不好的持仓者来说就是一种煎熬，看着股价上蹿下跳，第一天熬住了，第二天熬住了，第三天逃跑了，刚好达到了主力洗盘的目的。

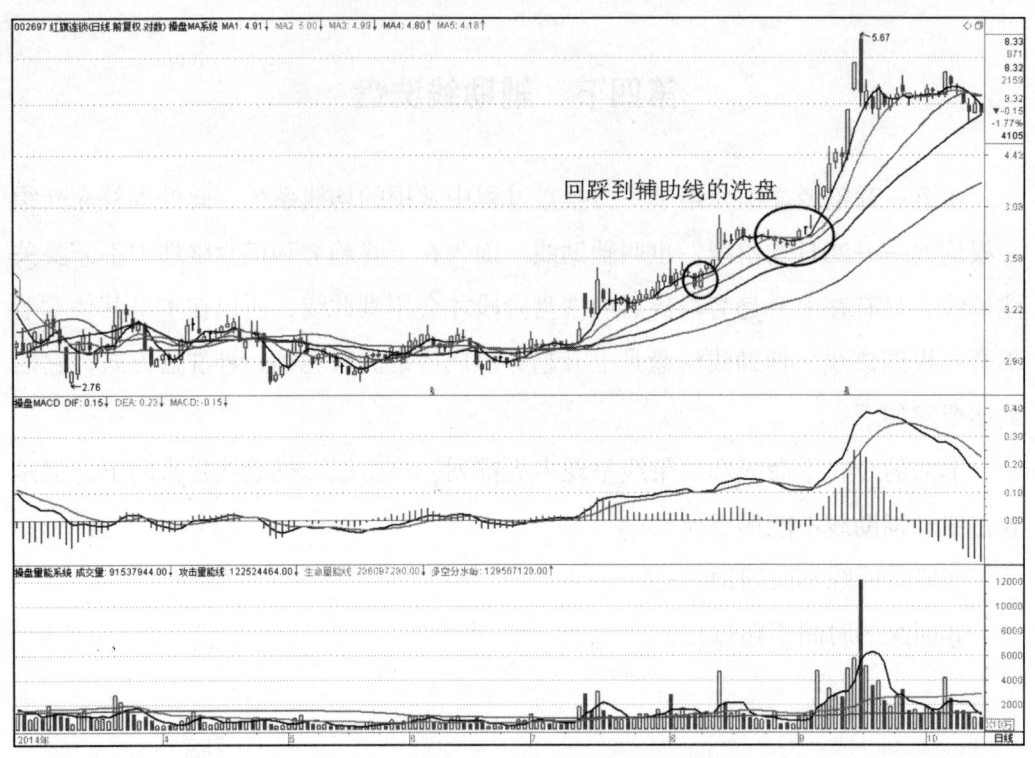

红旗连锁（002697）2014年3月~2014年10月日K线走势图

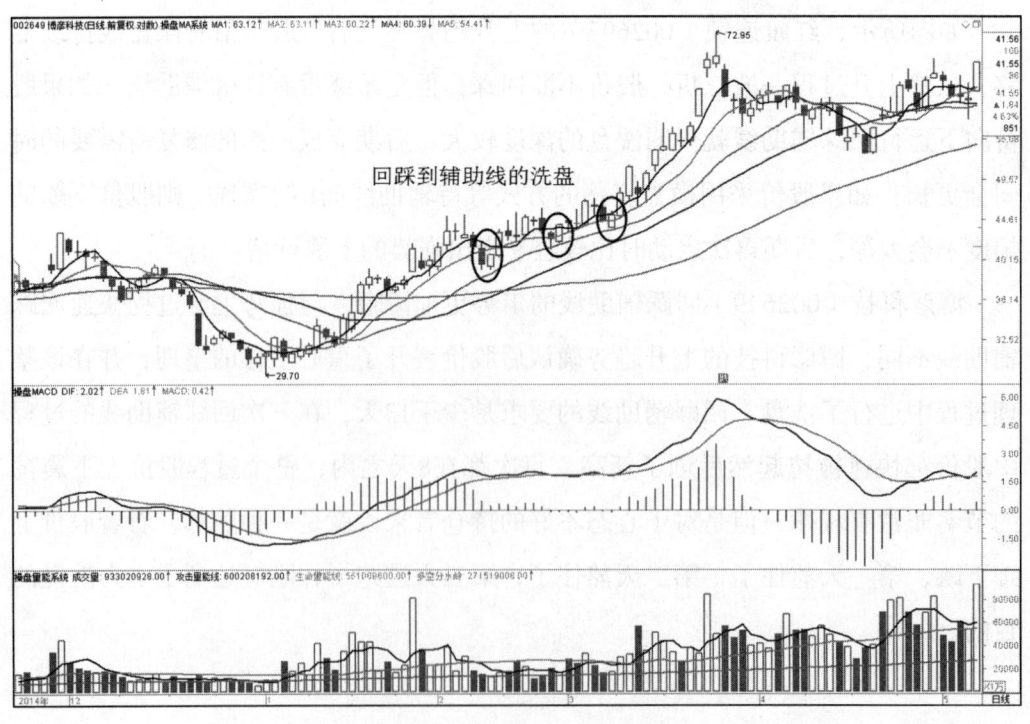

博彦科技（002649）2014年11月~2015年5月日K线走势图

第五节 洗盘与调整

本章讨论的核心是洗盘，但是洗盘与调整的区别往往成为读者和投资者的疑惑，因此本节专门讨论两者的区别。洗盘与调整显著的区别如下：

①洗盘的时间要远短于调整的时间；

②洗盘和调整对应的行情级别不一样；

③洗盘是大资金刻意而为的一种"恐吓"行为，调整则是市场本身必然会出现的一种结构行为。

识别洗盘和调整对于投资者在持仓上的帮助特别大，在江氏交易天机的系统里，一旦主升浪确认，洗盘是可以继续持仓参与的，但调整却不可以持仓参与，因为参与调整会付出较大的时间成本。在上文介绍的三种洗盘行为——攻击线洗盘、操盘线洗盘和辅助线洗盘中，一旦股价跌破辅助线去碰生命线时整个下跌幅度太深，必然需要更长的时间来扭转行情的趋势，所以跌破辅助线后只能按照调整来看。

图示案例

如图所示，中国石油（601857）股价走出上升趋势后，整个上升趋势的角度并不陡峭，启动初期也没有出现非常强势的K线，在开始一个很小的上涨波段后就展开了调整。因为前期上涨波段动能不强，所以各周期均线没有出现太大的乖离和发散，均线之间没有形成很大的距离。在第一个上升波段的高点，K线上留下了长长的上影线，之后股价缓慢下跌，依次跌破攻击线、操盘线和辅助线，最后在生命线的位置找到了支撑，股价才止跌。

在前一个上涨波段股价运行了17根K线，该调整波段只运行了13根K线，却在时间维度上比前上涨波段长了一倍以上。在此，特别提示"13"这个斐波那契数字，它很容易形成变盘窗口，所以无论是上升趋势、下降趋势还是横盘走势，一旦遇到了"13"这个数字一定要引起投资者的注意。

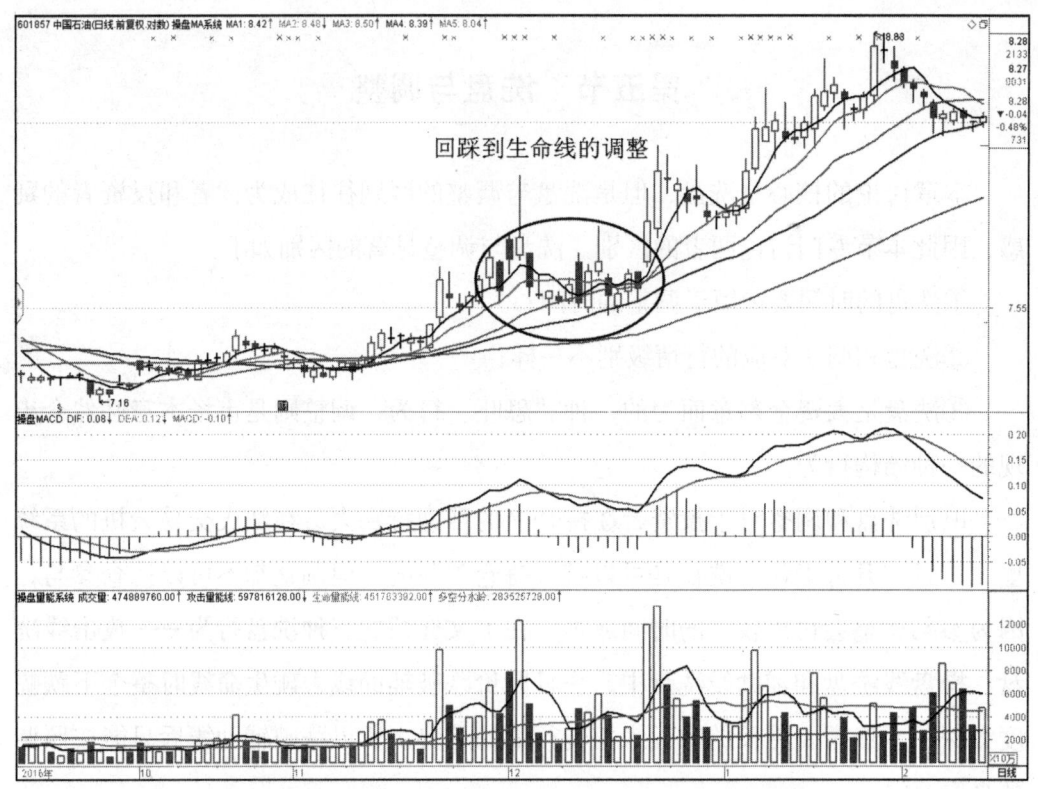

中国石油（601857）2016年9月~2017年2月日K线走势图

图示案例

如图所示，五洲交通（600368）的调整行情比中国石油更加明显，对应的调整时间更长、调整级别更高。在以大阳线确认了上升趋势开始之后，股价并没有快速上涨，而是展开了漫长的横盘。此时的横盘就是上文提到的通过横盘整理的方式等待均线系统逐渐靠拢。关于大阳线确认趋势的要点请参见《买在起涨》。

从日K线图上可以看出，整个横盘时间长达两个半月，其间，股价窄幅震荡，成交量萎缩，虽然在一个月的整理后有向上运行的趋势，但是没有健康的量能支撑，股价并没有走出非常强势的上升趋势，而是继续横盘整理，直到股价再次回踩到决策线之后才真正企稳，再次放量才走出了更强悍的行情。

第二章　均线和主力洗盘的关系

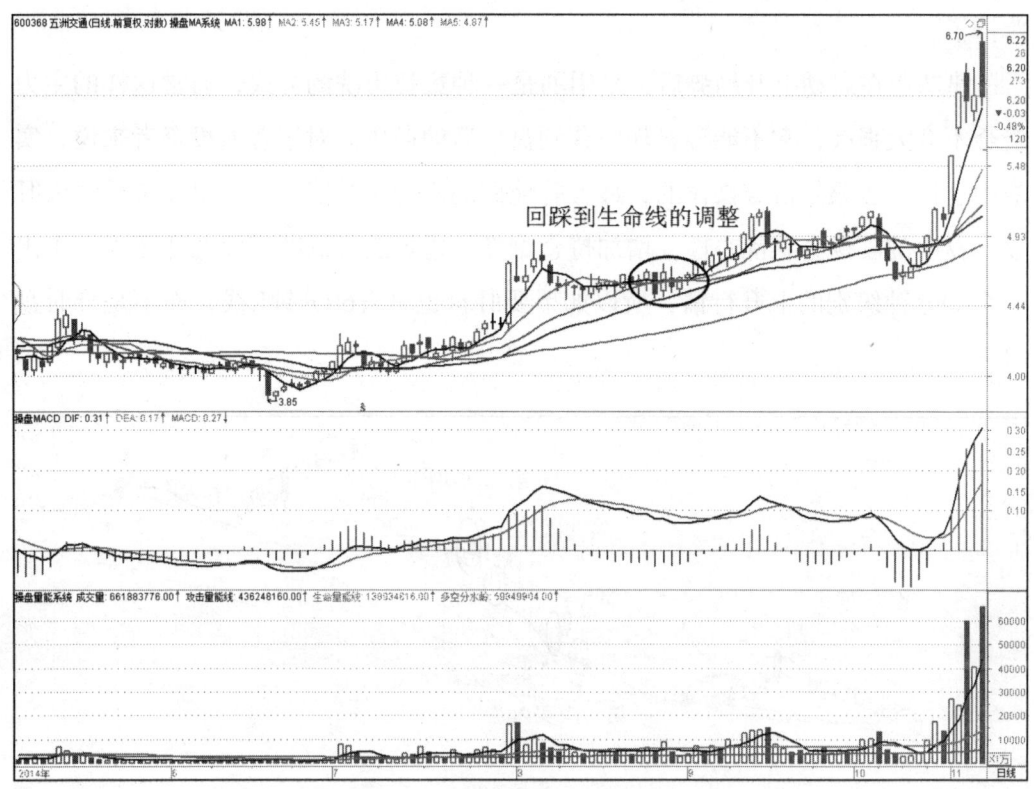

五洲交通（600368）2014年5月~2014年11月日K线走势图

实盘案例

操作标的	买入时间	买入均价	卖出时间	卖出均价	盈利比率
津劝业（600821）	2016年7月13日	9.65元	2016年7月15日	9.92元	2.80%
津劝业（600821）	2016年10月19日	11.26元	2016年10月21日	11.94元	6.03%

　　津劝业（600821）虽然不是大牛股，但是在下图所显示的这个上升波段的整体涨幅也有63%。看上表格的交割单，第一感觉就是这次操作还不错，都是盈利的。但是，同整个上升波段的幅度相比，获得的利润实在是不值一提。这其中反映了很多普通投资者经常会出现的一个问题——持不住股票。对照本章的内容，读者一定会对之前错失的大牛股深有感触，会发现他们全都是在主力洗盘的时候

跑掉了。

津劝业在启动上升趋势后，采用的是一种边拉边洗的方式，通常这样的主力资金不会太强大，它不能容忍任何获利盘之后的抛压。对于普通投资者来说，实战中这样的股票是最难操作的，最考验他们的心理承受能力。如果买进后每天盯盘，盘中的震荡会惑乱心性，增加持仓难度。进场前可以断定津劝业至少会走出一个60分钟级别的上升行情，所以如果要盯盘也是看60分钟K线，而不是分时盘口。

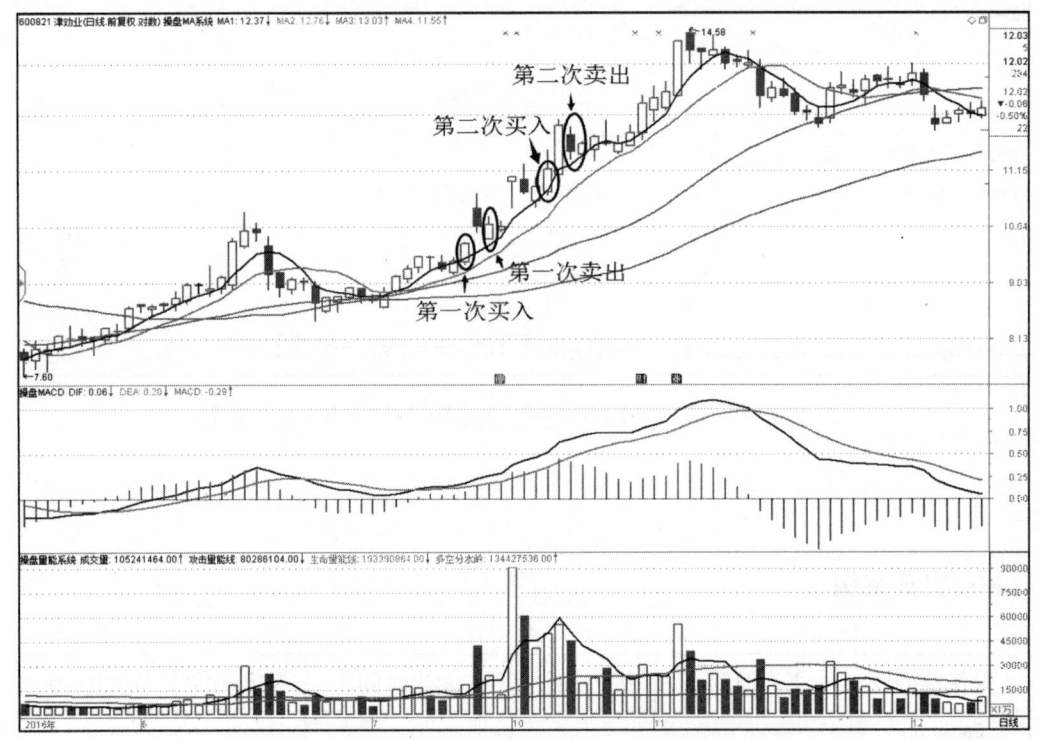

津劝业（600821）2016年5月~2016年12月日K线走势图

下图是津劝业在6月到11月（其间有过停牌）期间60分钟上的K线走势图。该上升趋势确立后走出了非常强势的上涨行情，股价没有跌破60分钟上的生命线，也没有跌破60分钟上的趋势线，对于主升段的持仓要求来说，在对应周期的趋势没有走坏之前是一定要继续持仓的。

在60分钟上没有跌破生命线，在日K线上没有跌破操盘线，这是本章介绍过的最常见的一种洗盘方式。此时，如果再操作这样的股票就该知道如何进行持仓

第二章 均线和主力洗盘的关系

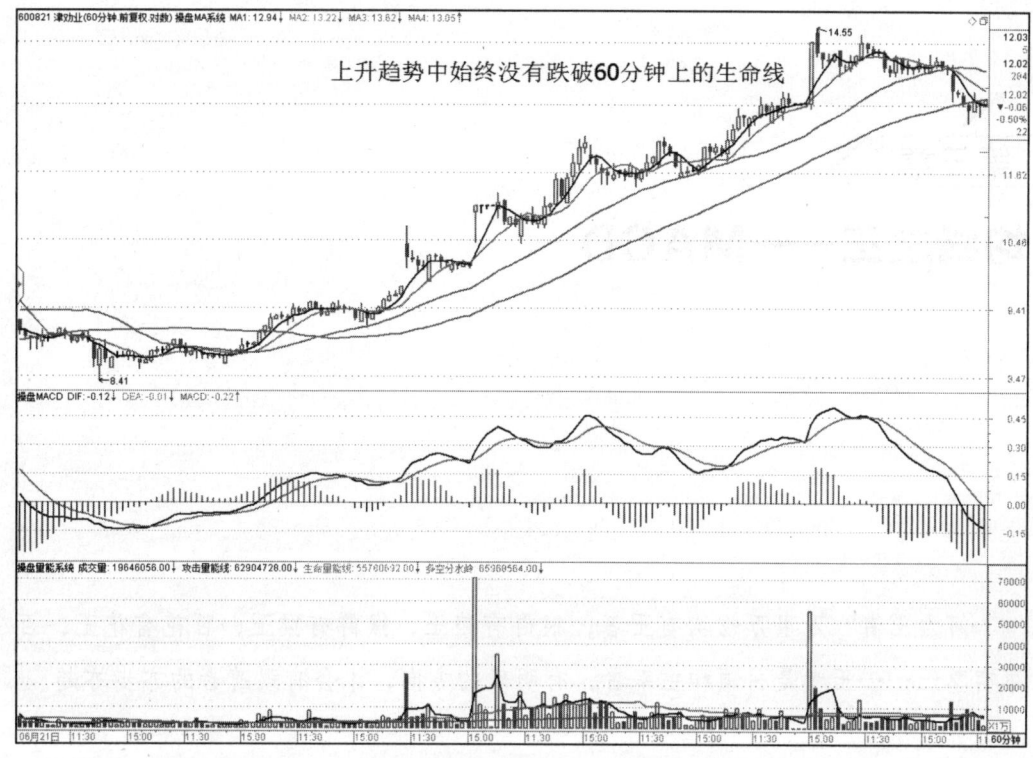

津劝业（600821）2016年6月21日~2016年11月14日60分钟K线走势图

了！切记：出现63%的上升波段却只赚了很小一截利润，只能说明技术不到家、操作有问题。有的投资者会说，在这个市场有赚就不错了，不敢奢望去赚得更多。这种风险至上的思维没有错，但是如果要真想在股市有所斩获，就必须在机会来临时有足够的勇气和胆量将整个波段的利润全部抓住，这种能力的养成需要不断地学习和总结。

? 思考题

1. 除了均线，主力还可能有哪些洗盘的方式？
2. 洗盘会出现在什么趋势中？什么位置上？
3. 针对本章的3种洗盘方式该如何制订交易计划？
4. 实盘时，哪种洗盘方式后会带给我们更大的利润空间？
5. 怎么判断主力洗盘和调整？

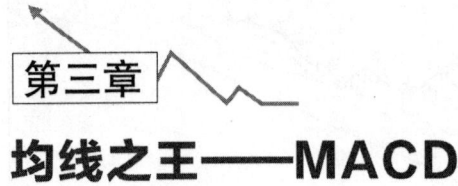

第三章
均线之王——MACD

何为王者？万事万物均有王者，狼群有狼王，猴群有猴王，百花有花王，百草有草王……王者是引领和主宰者，有明确的方向，才会有跟随者的亦步亦趋。

第一节　MACD和均线的关系

MACD是Moving Average Convergence & Divergence的简写，意为指数平滑移动平均线，在欧美常以"黄金线"称之。在江氏交易天机中，MACD不仅是均线之王更是指标之王，可见其作用之大。

MACD是美国的艾培尔（Appel）和希斯勒（Hitschler）在1979年提出来的。MACD是吸取移动平均线的优点后改良出来的技术分析工具。其基本原理是：利用短期移动平均线（DIF线）和长期移动平均线（DEA线）之间的交汇与分离来研判趋势行进过程中动能强弱的转换。

MACD由DIF线、DEA线、MACD柱体三个数值构成。DIF线对股价的反应较快，也被称为快线，是通过计算股价12日的EMA得来的。DEA线对股价的反应较慢，也被称为慢线，是通过计算DIF26日的EMA得来的。MACD柱体则是计算DIF线与DEA线之间的差值乘以2得来的。

在通达信软件中，MACD的计算公式如下，CLOSE代表收盘价，SHORT、

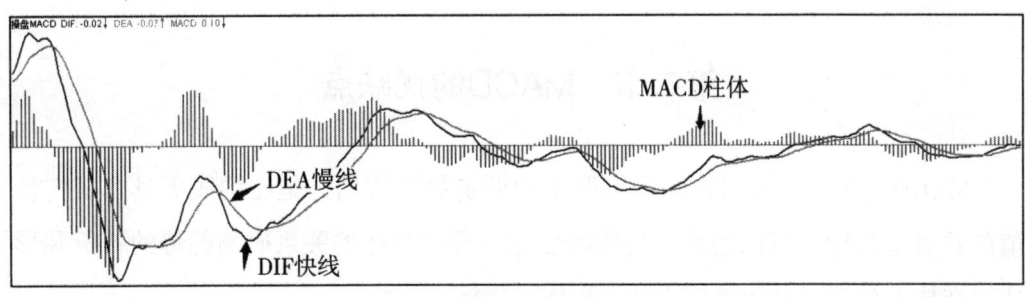

DIF快线、DEA慢线和MACD柱体

LONG、MID分别代表MACD的三个参数，标准的参数为12、26、9。

DIF：EMA（CLOSE，SHORT）-EMA（CLOSE，LONG）； —— ✐
DEA：EMA（DIF，MID）； —— ✐
MACD：（DIF-DEA）*2，COLORSTICK； —— ✐

  第一行的✐代表的是计算最近12天收盘价的移动平均数和最近26天移动平均数的差值；第二行的✐代表的是计算最近9天DIF的异动平均值；第三行的✐代表的是计算DIF和DEA的差值之后乘以2，并且以柱体的方式显现。

  从MACD的算法可以看出，DIF、DEA和MACD三个指标的数值和均线是紧密相关的，本书介绍的均线系统用的是普通的MA，MACD采用的均线计算方式为移动平均，在算法上会让均线更加平滑。

！特别提示

  任何一款交易软件中都有几十个甚至上百个分析指标，其分类五花八门，但是总结出来只有两种：趋势型指标和震荡型指标，前者在震荡时会失灵，后者在趋势时会失灵。MACD是典型的趋势型指标，根据其算法就可以判断出来。

第二节　MACD的优缺点

MACD的优点：可以作为研判股价中期走势的依据，是比均线更具有研究价值的趋势型指标，可以通过快慢线的变化以及同柱体的关系研判趋势的转折和形成，在技术分析工具中可作为独立操作的指标。

MACD的缺点：无法预知股价的高低点，而且在股价盘整时，指标上下交叉频率变大，其准确度会大打折扣，对于长线投资者容易在调整的时候出现离场信号，对于短线投资者的操作信号又是延迟的。MACD具有研判趋势的优点，自然很难应对其中小级别趋势的变化。

作为指标之王的MACD有研判趋势的重要性，也有不容忽视的缺点，尤其市场上的技术派越来越风靡，原本在技术指标上可以操作的买卖行为已经变成了主力进行诱多和诱空的重要手段。市场永恒不变的法则就是"变"，市场中没有永恒盈利的模式，任何一种模式在被发现的初期都会带来超额收益，但是随着参与的人越来越多，资金的规模越来越大，原来的收益一定会被分化，甚至变成亏损。这就是技术分析时而有效时而无效的原因。只有真正站在多空博弈的角度上分析股价的运行方式，才能适应变幻莫测的行情。

图示案例

如图所示，览海投资（600896）的整个上升趋势都属于5178点牛市的黄金时期，如果是价值投资派做长线投资坚持持仓，整体的收益是非常可观的，但是如果用MACD的死叉或者零轴上柱体缩短找卖点就会导致在下图的点1和点2位置提前离场。览海投资的整个上升趋势的级别较大，会导致在分析日线上的走势时非常复杂，也会形成很多干扰交易的买卖点。在这种大级别的上升趋势中，用MACD找卖点很容易卖到调整阶段的低位，坚定持仓似乎是更明智的。

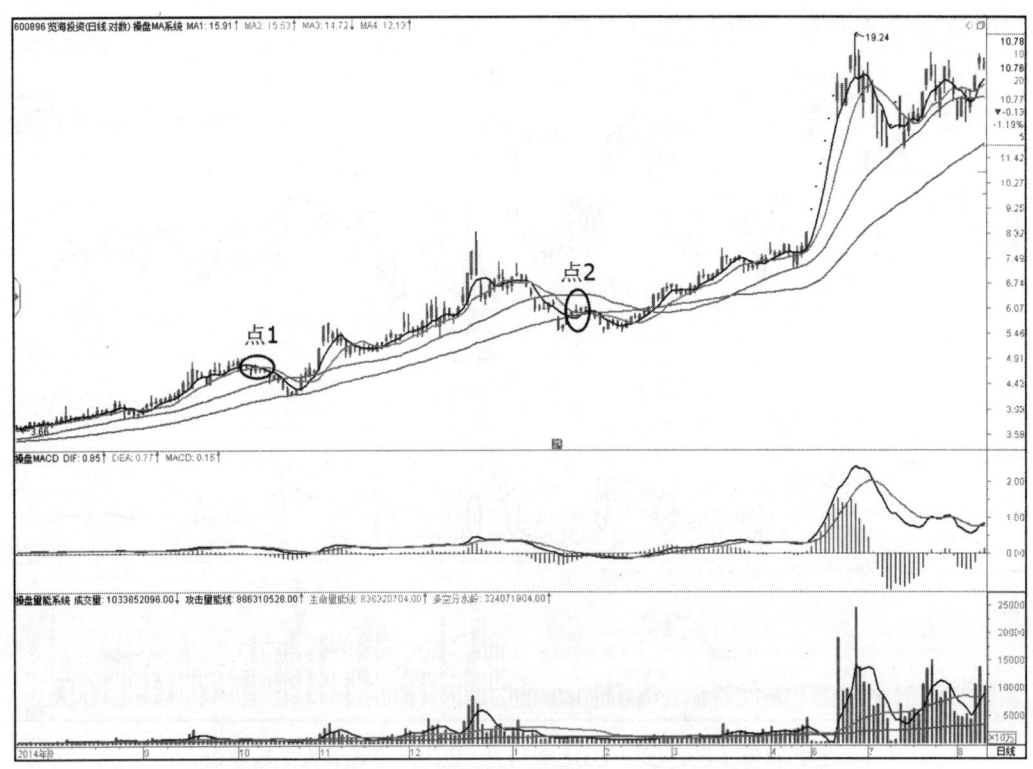

览海投资（600896）2014年8月~2015年8月日K线走势图

图示案例

如图所示，融捷股份（002192）和览海投资的走势截然不同，融捷股份处于窄幅的调整期，此时作为趋势型指标的MACD可以说是完全失灵，下图中的三次操作机会是按照MACD金叉进场、死叉离场的要求进行的，可以很直观地看出在横盘状态下用MACD操作的失败程度。在这个过程中，DIF和DEA两条线反复金叉、死叉，没有形成DIF线偏向多方或者空方的趋势性，所以趋势型指标会失灵。

以上两个案例在用MACD前给投资者打了预防针，投资者可能会问：既然它这么没用，为什么还要介绍，为什么还被称为指标之王？此处的介绍是为了避免投资者走入MACD使用的误区，无论是交易还是做其他事情，排除了最坏的几种情况才能让后面的结果变得越来越好，也就是市场上对交易非常简单但又寓意深刻的定位：当你不再大亏时，就离真正的盈利不远了。

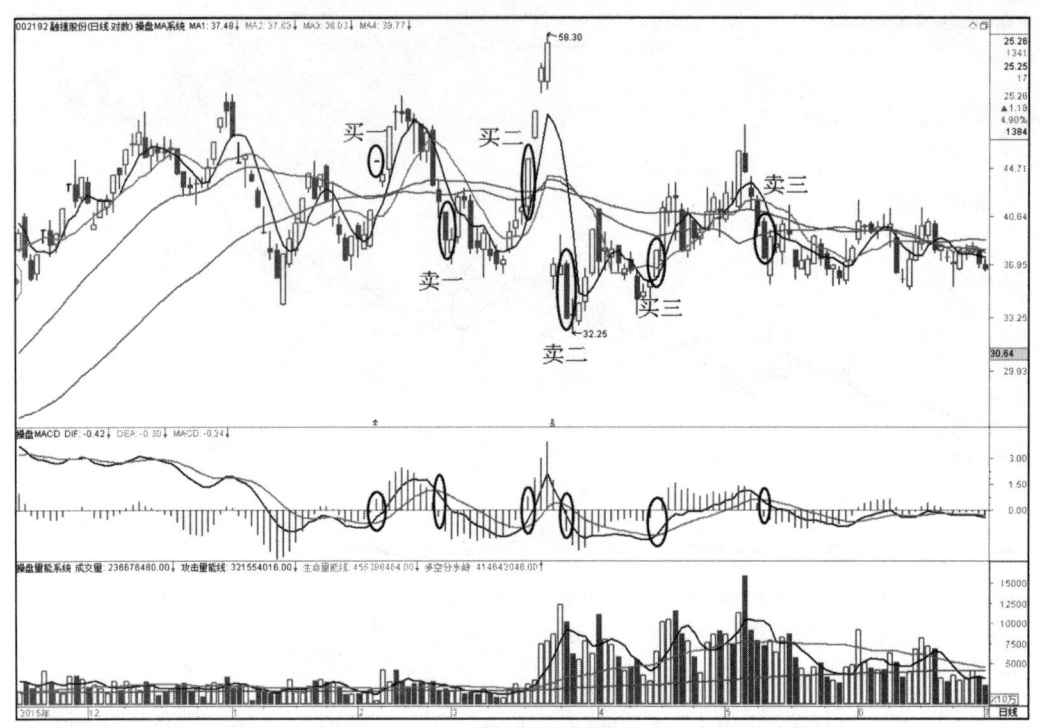

融捷股份（002192）2015年11月~2016年7月日K线走势图

第三节 MACD柱体

上文详述了MACD的来世今生，指出了DIF快线、DEA慢线和MACD柱体的使用方式都是不同的。在此，再次强调MACD柱体的应用要放在第一位，因为要解决"如何通过MACD获取最大利润"这个问题，焦点就需要放在MACD柱体上。

MACD柱体在零轴的上下移动，代表的是中短期的多空信号。如果柱体在零轴之上，至少要持续3日，这时的价格趋势就被定义为"中短期多头"；如果柱体在零轴之下，至少也要持续3日，这时的价格趋势就被定义为"中短期空头"。

MACD柱体的最大特性，在于同小波段的波峰与波谷的位置相对应，红色柱体的最高点一般会对应股价或者指数波段的最高点，绿色柱体的最低点一般会对应股价或者指数波段的最低点。波峰的转折点会对后期小波段的上涨构成压力，波谷的转折点会对后期小波段的下跌构成支撑。有的投资者认为，当MACD柱体在零轴之上由长变短时,就是短期的"卖出信号";当MACD柱体在零轴之下由长变短时,就是短期的"买进信号"。但是,这两个信号不是随时随地都可以用的,需要一定的条件。

1. 绿色柱体缩短的"买点"

MACD柱体在零轴之下为绿色柱体,如果绿色柱体的深度开始缩短,则代表出现了买进信号,但是要求前期下跌动能释放得越充分越好。绿色柱体由零轴之下缩短到零轴之上,如果能搭配成交量的缓慢放大,这多半是多头大行情的展开信号。相对的,如果绿色柱体抽到零轴附近,但是却没有逐渐放大的成交量来配合,那可能只是小小的反弹而已,这时是不适宜加仓的。

图示案例

前期有过暴跌,空方动能得以充分释放,在零轴下MACD柱体开始变短时出现的买点才更有用。如果采用零轴下MACD柱体缩短进场的方式,像下图中锐奇

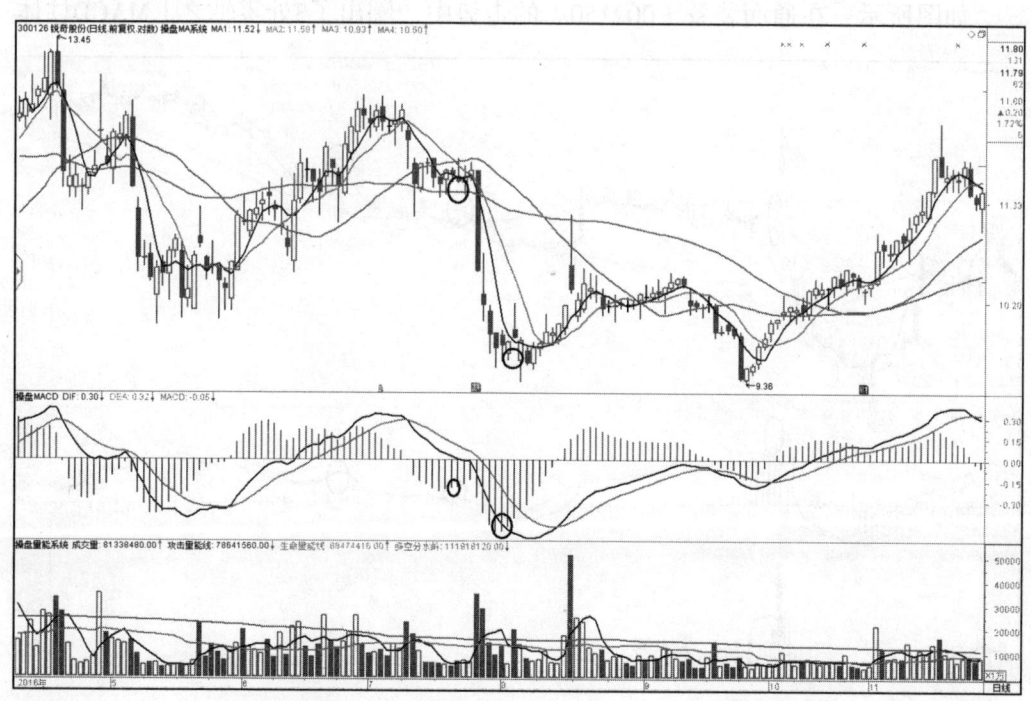

锐奇股份(300126)2016年4月~2016年11月日K线走势图

股份（300126）第一次出现这种情况时进场，就很可能踩上后期的暴跌，但是在暴跌之后出现柱体缩短时则是一个好的进场点位。采用这种方式找进场点无疑属于抄底性质，在逆势操作，同投资的大道——"顺势而为"背道而驰，一两次可能会给投资者带来盈利，但是尝试的次数多了风险必然会增大。

2. 红色柱体缩短的"卖点"

MACD的数值大于0则柱体在零轴之上，为红色，如果红色柱体的高度开始缩短，则代表出现了卖出信号，但是要求前期多方动能得到充分释放。红色柱体由零轴之上缩到零轴之下，如果能搭配有成交量的迅速放大或是跌幅加深，这多半是空头大行情的展开信号。相对的，如果柱体缩短到零轴附近，却没有放大的成交量来配合，那可能只是小小的回调而已，这时要谨慎做空。在柱体开始缩头之时，可以酌量卖出；如果带量跌破零轴，就是融券做空的进场点。

图示案例

如图所示，在通润装备（002150）的走势中，圈出了3处零轴之上MACD柱体

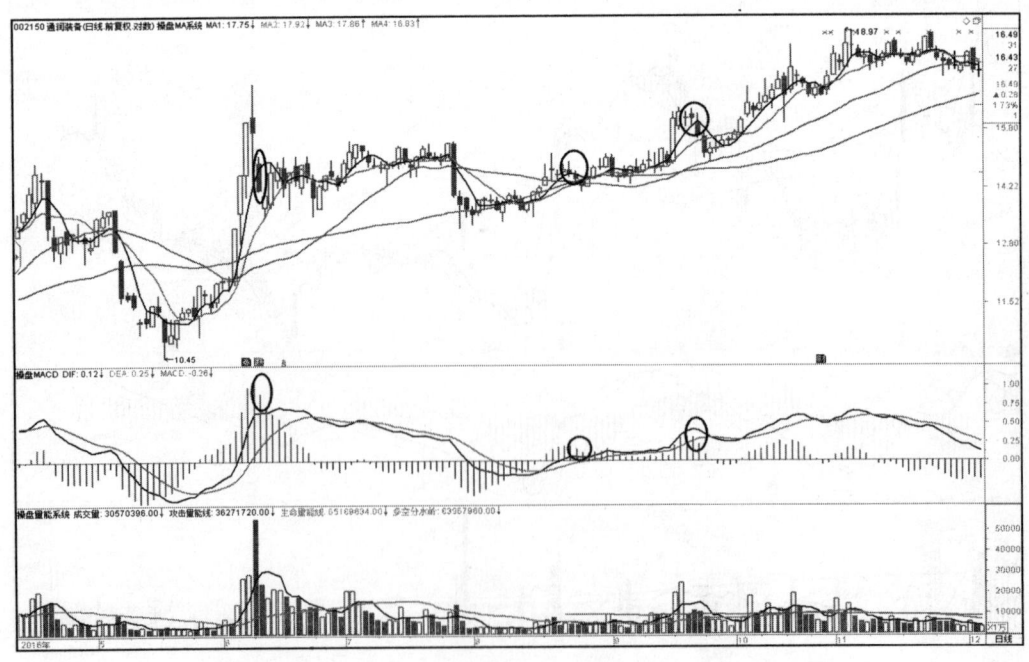

通润装备（002150）2016年5月~2016年12月日K线走势图

缩短的位置。在第一处MACD柱体缩短时卖出是相对好的卖点，如果在前期低点买进，至少能够获得两个涨停板的利润。需要投资者牢记的是，用MACD柱体缩短找卖点一定是经过了快速上涨，MACD柱体快速变长后再缩短才是好的卖点。也就是说，这种方法只适用于快速释放做多动能的暴涨之后。

在下图后两次MACD柱体缩短时就不能以此作为卖点的选取方式，因为前期的上涨空间不大，股价还处于横盘整理阶段，指标天然就有滞后性，在趋势性不强、做多能量不足的状态下用这种方式卖出只会增加亏损和操作频率。

3. 焦点在技术形态之外

理论上，当绿色柱体在零轴之下最长时买进，然后在零轴之上最长时卖出，才是有利润的。相对的，空头最大的获利，也是选择当红色柱体在零轴之上最长时融券做空，然后在零轴之下最长时平仓，这才有最大的利润空间。如果没有用过MACD指标的投资者知晓了上述内容一定会非常兴奋，以为终于找到了投资的真经，但是市场怎么会这么简单呢？理论虽好，问题是如何判断什么时候柱体最长，观察历史走势时一切都已确定，判断柱体最长、最短非常容易，但是不适用实盘。这也是市场上很多股评家在讲解分析股票理论的时候头头是道，但是在实战的时候就亏钱的原因。

MACD柱体在零轴之上时，一旦其高度开始缩短，就说明股价多头的动能开始减弱，即将面临调整或者下跌。如果此时是在大多头行情中，并不是非常好的做空的机会；但是此时如果是在空头行情中，就会形成大小周期在做空上的共振，成为融券做空非常好的下单点位。MACD柱体在零轴之下时，一旦其深度开始缩短，就说明股价空头的动能开始减弱，即将面临向上的反抽。如果此时是在大空头行情中，并不是非常好的做多的机会；但是此时如果是在多头行情中，就会形成大小周期在做多上的共振，成为做多非常好的下单点位。

图示案例

当DIF线在零轴上方游走时，不断会出现零轴上方柱体向下缩短的情况，但是在多方市场是不适合做空的，只能以调整看待。如图所示，九洲药业

（603456）在股价的最高点出现后MACD柱体也出现了背离，股价开始了快速下跌过程，有的投资者会问，此时下跌的幅度那么深竟然没有融券做空是不是技术有问题？下降趋势的确认原则是两高点一新低，此时才是下跌开始的第一波，还不能确认是否是日线级别的下跌趋势。

当DIF线在零轴之下运行时，零轴上的柱体的高度开始缩短时就是好的做空点位。值得注意的是，这虽是好的做空点位，却并不是多头卖出的点位，因为多头的仓位一定是在很久之前就平掉了。A股市场的做多机制导致只有融券账户才能够做空股票，但是现在各证券公司的融券额度都非常有限，一旦有额度也是会先分给大资金的机构账户，普通投资者很难拿到。

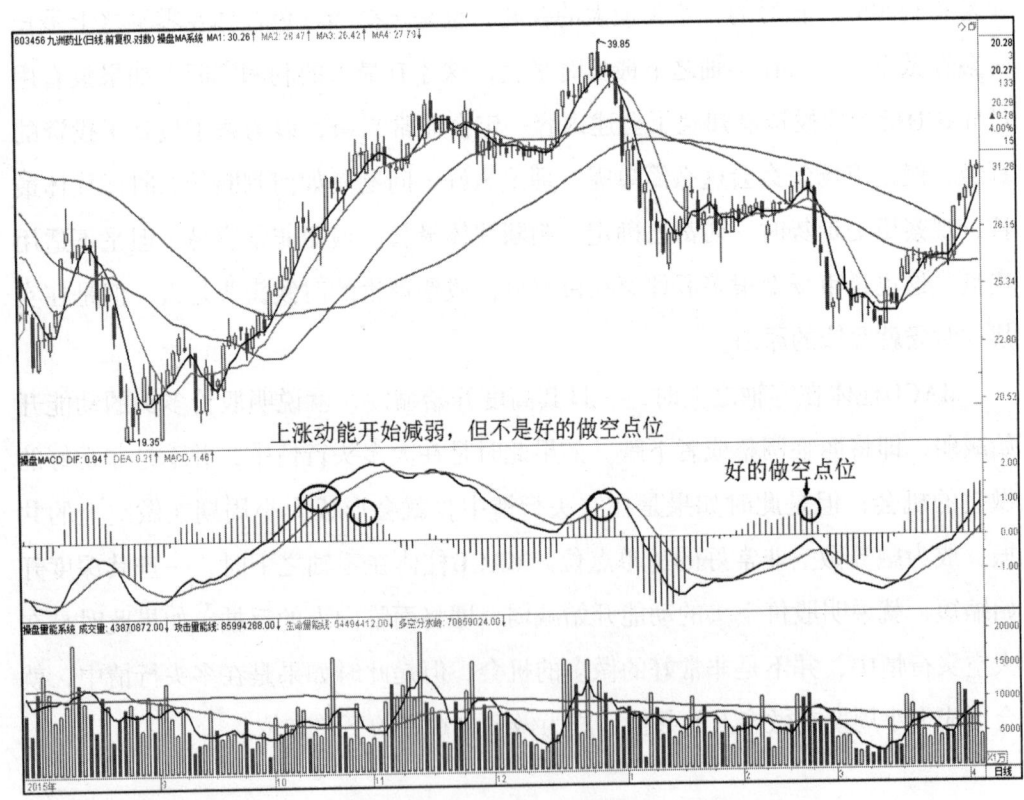

九洲药业（603456）2015年8月~2016年4月日K线走势图

在九洲药业的另一段大多头行情中（见下图），当DIF线一直在零轴上方时MACD柱体在零轴之下，股价正处于调整阶段，当MACD柱体的高度缩短的时候就发出了交易信号。关于股价调整状态结束的判断也要用多周期看盘方法进行分析,也就是在对应的调整过程中至少要出现ABC的调整结构。

九洲药业的调整形态是非标准的ABC结构,反弹的B点创了新高,但是并不影响整个调整结构的构建,所以这就是下图中MACD柱体第一次在零轴之下开始缩短、甚至从零轴之下到零轴之上都没有形成交易机会的原因。

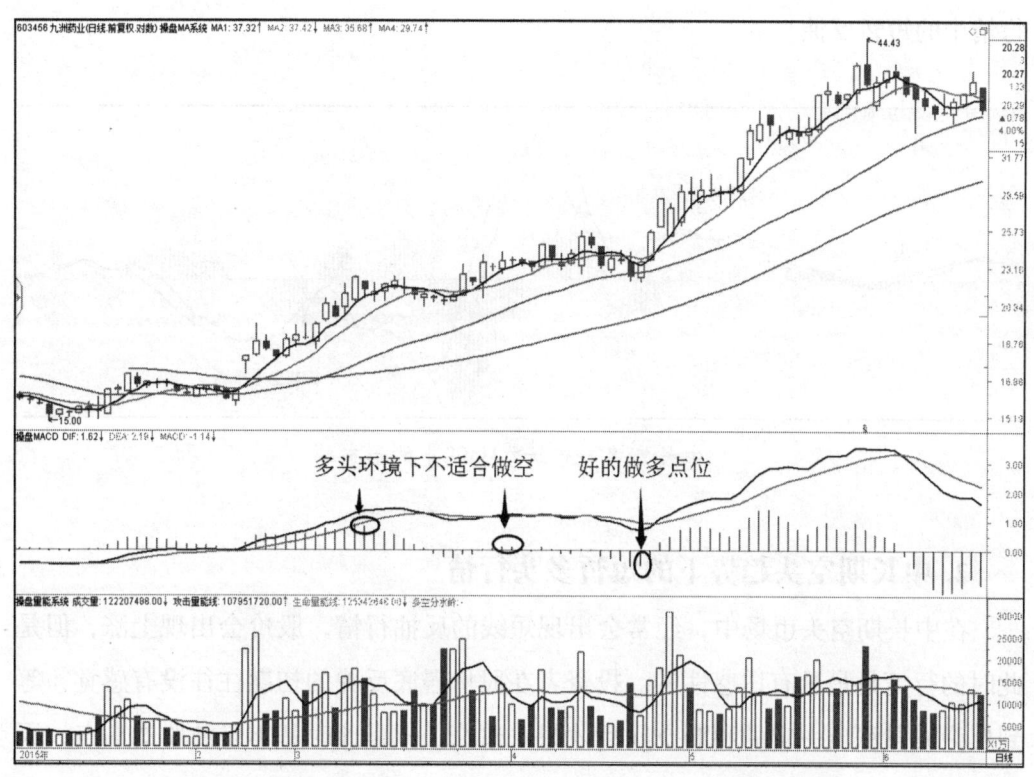

九洲药业(603456)2015年1月~2015年6月日K线走势图

第四节　多空的分野

MACD以零轴为中心,利用一条水平零轴线上下摆动,将横向区间分割成上下两个部分:在零轴之上,就定义为多方;而处在零轴之下,就定义为空方,因此,零轴是一条多空分界线。MACD是由DIF线、DEA线和MACD柱体三组数值组合而成的,其中DIF线与DEA线代表中长期信号,MACD柱体代表中短期信号。

1. 中长期多空市场的定义

DIF线在零轴的上方代表中长期多头趋势行情，此时如果MACD柱体也在零轴的上方说明多头非常强势，此时如果MACD柱体在零轴的下方说明当下处于多头行情中的短暂调整。

DIF线在零轴的下方代表中长期空头趋势行情，此时如果MACD柱体也在零轴的下方说明空头非常强势，此时如果MACD柱体在零轴的上方说明当下处于空头行情中的短暂反抽。

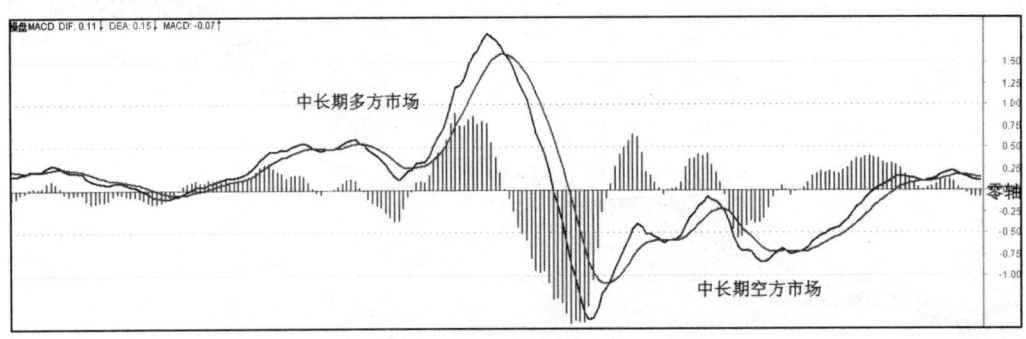

中长期多空市场在MACD上的形态

2. 中长期空头趋势下的短暂多头行情

在中长期空头市场中，经常会出现短线的反抽行情，股价会出现上涨，但是此时的行情是最具有诱惑性的。投资者在股价遇底反弹的初期往往没有感觉，等到反弹波段涨出一定的利润空间后才想去追涨，但是此时基本是波段的高点，买进就被套。

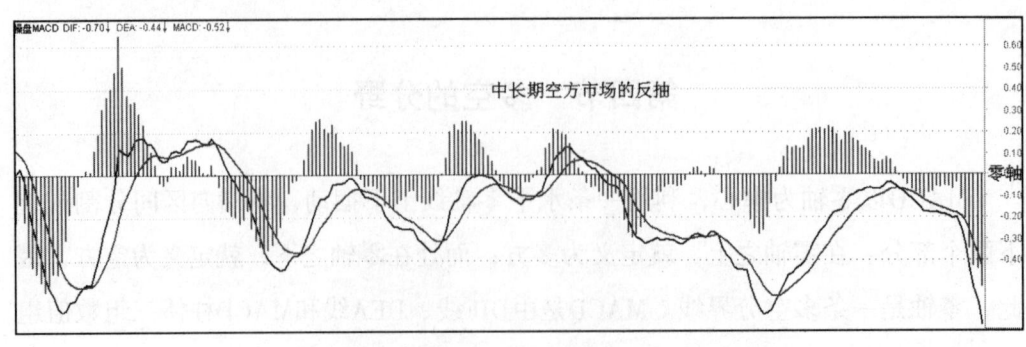

中长期空方市场的反抽在MACD上的形态

3. 中长期多方趋势下的短暂空头行情

在中长期的多头趋势中,股价一样会出现反向回踩,在MACD上会走出MACD柱体变绿的形态,此时对应的是主力在洗盘还是出货就只有通过分析K线及盘口的形态才能够得出结论。

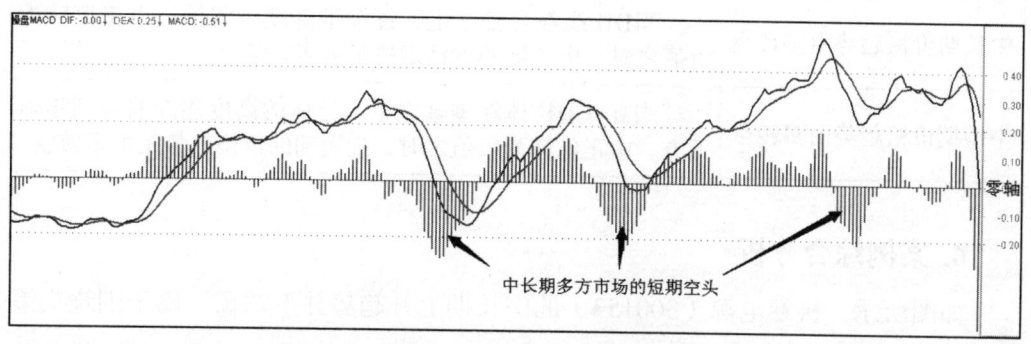

中长期多方市场的短期空头在MACD上的形态

4. 中短期和中长期趋势的MACD和均线综合划分标准

只关注MACD会和K线以及当下的趋势脱轨,只有将市场中各要素综合进行分析后才能得出更准确的结论。在江氏交易天机的体系中,对于不同时期的多头趋势、空头趋势有着非常清晰的定义,不满足以下条件的行情属于无趋势状态。

中长期多头走势	当股价在决策线之上,并且决策线向上,DIF线在零轴之上时,这样的指数或个股走势,被定义为中长期多头走势
中短期多头走势	当股价在生命线之上,并且生命线向上,MACD柱体在零轴之上时,这样的指数或个股走势,被定义为中短期多头走势
中长期空头走势	当股价在决策线之下,并且决策线向下,DIF线在零轴之下时,这样的指数或个股走势,被定义为中长期空头走势
中短期空头走势	当股价在生命线之上,并且生命线向下,MACD柱体在零轴之下时,这样的指数或个股走势,被定义为中短期空头走势

5. 中短期和中长期趋势转换的MACD和均线综合划分标准

上表介绍的是在不同趋势状态下股价、均线、DIF线和MACD柱体的状态,在分析时还有更重要的要素值得关注——多空的转折点。这是每一位市场参与者最关注的,也是决定交易是否成功的关键,然而无论是技术分析还是价值投资都会有一套判别趋势转换的方式，MACD也不例外。

中长期价格趋势由空转多	当DIF线在零轴之下、逐渐上升突破零轴、由负值转为正值之时，中长期的价格走势是由空转多
中短期价格趋势由空转多	当MACD柱体在零轴之下、柱体的高度逐渐缩短站上零轴、由负值转为正值之时，中短期的价格走势是由空转多
中长期价格趋势由多转空	当DIF线在零轴之上、逐渐下降跌破零轴、由正值转为负值之时，中长期的价格走势是由多转空
中短期价格趋势由多转空	当MACD柱体在零轴之上、柱体的高度逐渐缩短到零轴下方、由正值转为负值之时，中短期的价格走势是由多转空

6. 案例综合分析

如图所示，科泰电源（300153）的中长期上升趋势并不顺畅，属于围绕决策线大幅震荡上升的方式。但是从下图的走势中可以非常清楚地看到，股价跌破决策线和DIF线跌破零轴几乎同步发生，在经过了一个下跌波段的调整后股价再次站上决策线和DIF线上穿零轴也几乎同步发生。同样的现象可以在很多股票上

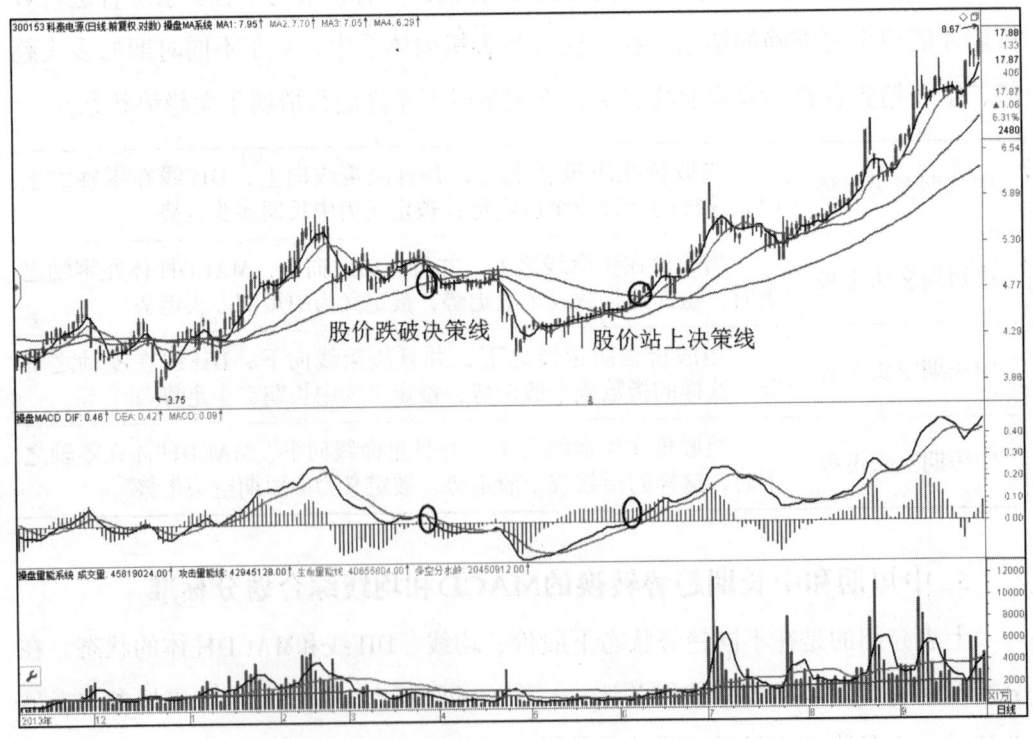

科泰电源（300153）2013年11月~2014年9月日K线走势图

第三章 均线之王——MACD

验证，一旦股价站上决策线和DIF线上穿零轴同步发生，中长期上升趋势基本确认；一旦股价跌破决策线和DIF线下穿零轴同步发生，中长期下跌势基本确认。

下图中，苏试试验（300416）前期经过了一个短暂的上升趋势，DIF线从零轴之下运行到零轴之上，均线系统也得到了初步修复，在该上升波段运行的过程中MACD柱体一直在零轴之上，虽然其间有过缩短的过程，但是并没有运行到零轴之下。可是在下图中标注的点位，MACD柱体非常清晰地从零轴之上运行到零轴之下，股价展开了横盘，之后趋势有一个快速下挫的过程，说明股价进入了短期调整状态。

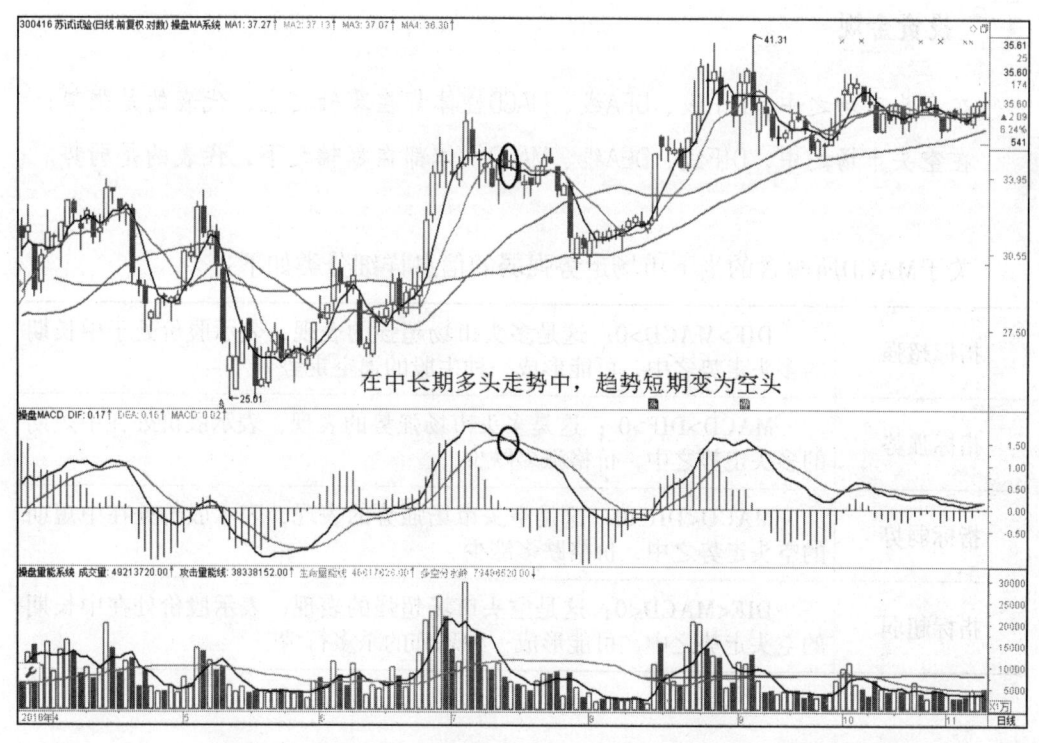

苏试试验（300416）2016年3月~2016年11月日K线走势图

！特别提示

在中长期多头走势中股价短期走出空头行情，可能是调整，也可能是真正下跌的开始。如果前期上涨波段已经完整则属于后一种情况，如果前期上涨波段还不完整就属于前一种情况。判断波段是否完整请参阅《趋势为王》一书。

第五节 市场强弱研判

指标的最大好处是帮助投资者识别当下股价运行的状态、趋势中运行的阶段，作为指标之王的MACD就是在"趋势运行到什么阶段"这个问题上给予了投资者足够多的信号，在投资者的决策过程中起到了非常大的作用。用MACD研判市场的强弱可以简单概括如下：

投资金规

在多头市场之中，DIF线、DEA线、MACD柱体都在零轴之上，代表的是强势；
在空头市场之中，DIF线、DEA线、MACD柱体都在零轴之下，代表的是弱势。

关于MACD所蕴含的当下市场走势强弱的信息详细分类如下：

指标超强	DIF>MACD>0：这是多头市场超强的表现，表示股价处于中长期的多头走势之中，可能形成一种牛股的逼空走势
指标强势	MACD>DIF>0：这是多头市场强势的表现，表示股价处在中短期的多头走势之中，价格涨多跌少
指标弱势	MACD<DIF<0：这是空头市场强势的表现，表示股价处在中短期的空头走势之中，价格跌多涨少
指标超弱	DIF<MACD<0：这是空头市场超强的表现，表示股价处在中长期的空头走势之中，可能形成一种恐怖的杀多行情

图示案例

如图所示，在韵达股份（002120）快速的上升趋势中，最前面的一波上涨完成了对均线系统的初步修复，但是股价依然还在决策线之下，此时DIF线已经运行到零轴附近；第二个上涨波段开始后逐渐完善了对均线系统的修复，生命线和决策线逐渐金叉，DIF线逐渐向上，MACD柱体在零轴上方逐渐变长，做出了多头强势的形态。

股价在完成了多头强势的上涨波段后进入了横盘调整状态，但是并没有大幅向下运行，DIF线维持向上的走势。虽然MACD柱体有缩短的过程，但是并没有运行到零轴下方。当股价突破该整理区域向上加速上涨后，DIF线在MACD柱体之上，股价沿着攻击线强势上行。

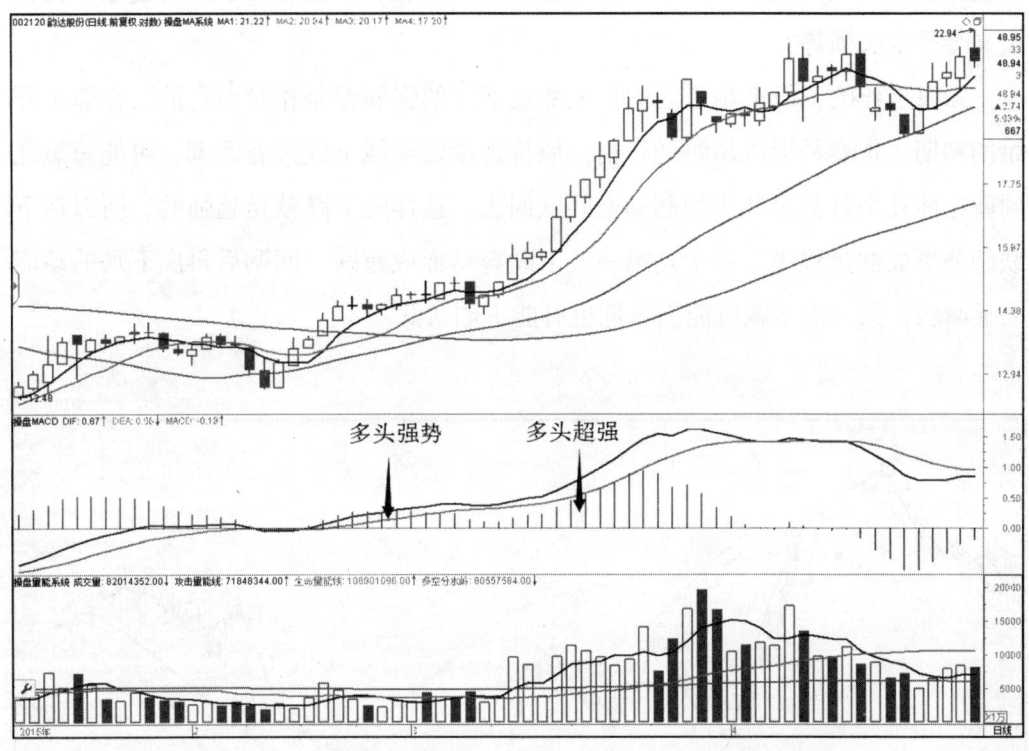

韵达股份（002120）2015年1月~2015年4月日K线走势图

！特别提示

空头行情和多头行情的成因差别显著。上涨需要前期有充分的横盘，下跌可能在高位很容易形成V形头部后快速向下，因为股价的上涨是需要人气和资金来推动的，即市场参与者积极采取做多的行动，但是股价的下跌只要场内产生了足够的做空意愿股价就会像跳楼一样下跌。

上文对下跌趋势和上升趋势产生的原因的描述会帮助投资者更好地理解汉王

科技（002362）的走势。在下降的第一波，股价做空的动能非常强势，DIF线从大多头快速坠落到零轴之下，MACD柱体也从零轴上方快速运行到了零轴下方，且在零轴下方快速变长。从下图的走势中可以看出，DIF线明显在MACD柱体的上方，按照上文的划分应该属于空头强势，可标注的竟是"空头超强"，在标注的"空头强势"的位置，DIF线非常明显在DEA线之下，应该属于空头超强，为什么又会是空头强势？

知识是死的，但市场是活的！上涨或下跌的强弱都是相对而言的。在熊市开始的初期，很容易形成超跌的行情，股价连续大阴线下跌没有回调，可能短短几周就把前几个月甚至几年的利润空间跌回去，这样的下跌就是超强的，所以在下跌趋势形成的过程中，通常是第一波下跌容易形成超跌，回调后再次下跌的动能明显减弱，第二次下跌可能创新低也可能不创新低。

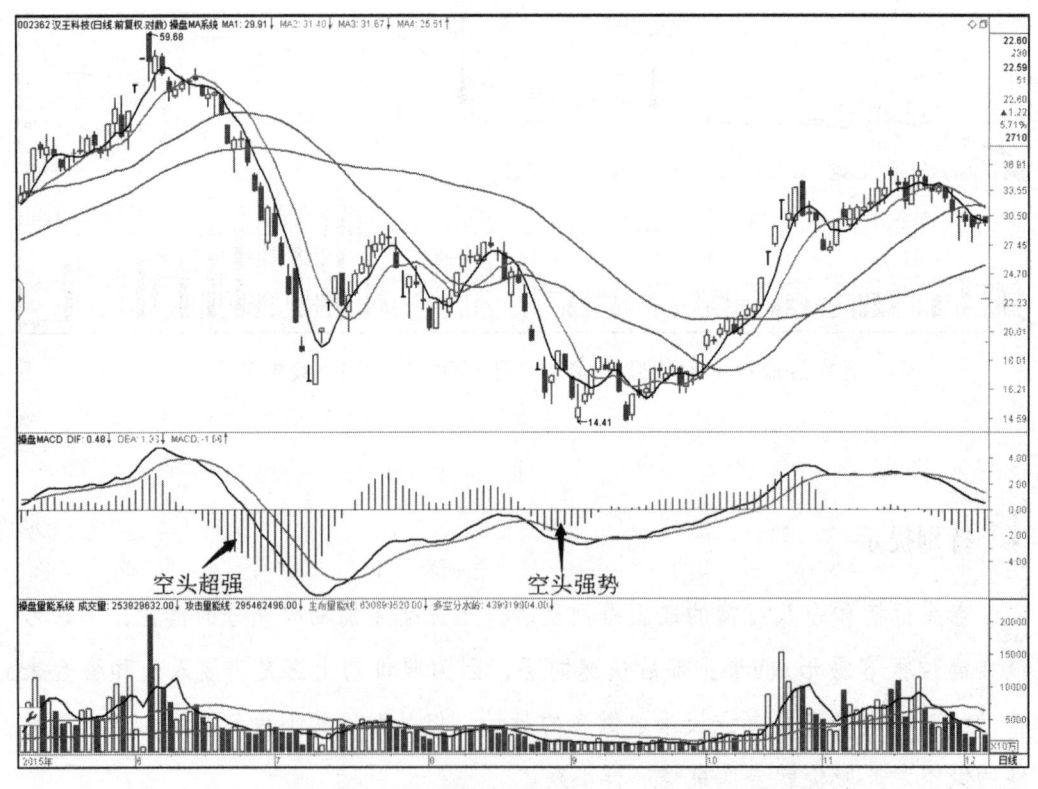

汉王科技（002362）2015年5月~2015年12月日K线走势图

第六节　DIF快线的背离

投资者对于背离这个词早就耳熟能详了，无论是在指标分析还是在量价分析的过程中都非常常见，其作为技术分析中非常重要的一个环节，在投资决策中起到了重要的作用。随着技术分析人士越来越多，市场上大资金的运作者也开始运用技术分析的一些常识性技巧诱骗普通投资者，这就对投资者分析指标背后股价涨跌的真实动因提出了更高的要求。

1. DIF快线正背离

DIF快线正背离是指在股价或指数持续两次或三次创新低时，DIF快线却没有同时创新低。正背离是中长期空头趋势可能反转的信号，表示行情在这时有筑底的可能。但是，理想是美好的，现实是残酷的。在实盘操作过程中，往往出现理解很到位，一用就被套的情况。凡事均有因果，那么股价出现背了再背不断创新低的原因是什么？趋势没有结束！

在笔者的助理曲君洁即将出版的《股市立论与财富革命》一书中会详细介绍趋势在交易中的核心作用。指标反映的只是股价运行过程中表象的东西，市场结构的核心是趋势，趋势没有结束，行情就不会扭转。所以使用背离的要点是一定要破下降趋势线或者站稳操盘线，否则就会失败。也就是说，出现价格创新低DIF线不创新低时，如果价格向上突破下降趋势线或者站稳所在周期的操盘线，那么背离就能得到确认，虽然暂时性低点基本可以确认，但还是要等待买点的出现。

图示案例

如图所示，精华制药（002349）在熊市开始的第一轮下跌中做空动能非常大，之后展开了小幅的反弹，当股价再一次下跌创新低的时候DIF线并没有创新低，虽然第二次下跌中空头动能依然比较强，但是经过了前期的充分下跌后股价并没有走出和前一波一样的下跌行情。从下图的背离点上可以看出，在最后的一个下跌波段，股价持续创新低，DIF线始终处于背离状态，按照"正背离后出现买点"的理论，进场就会被套。此时股价还在下跌趋势中，指标只是反映出了当下波段上涨或者下跌动能的状态，并不能反映趋势是否终结，只有在股价突破了原来的下降趋势线时，才能确定股价暂时进入了阶段性底部阶段，后期方向如何选择还待观察。

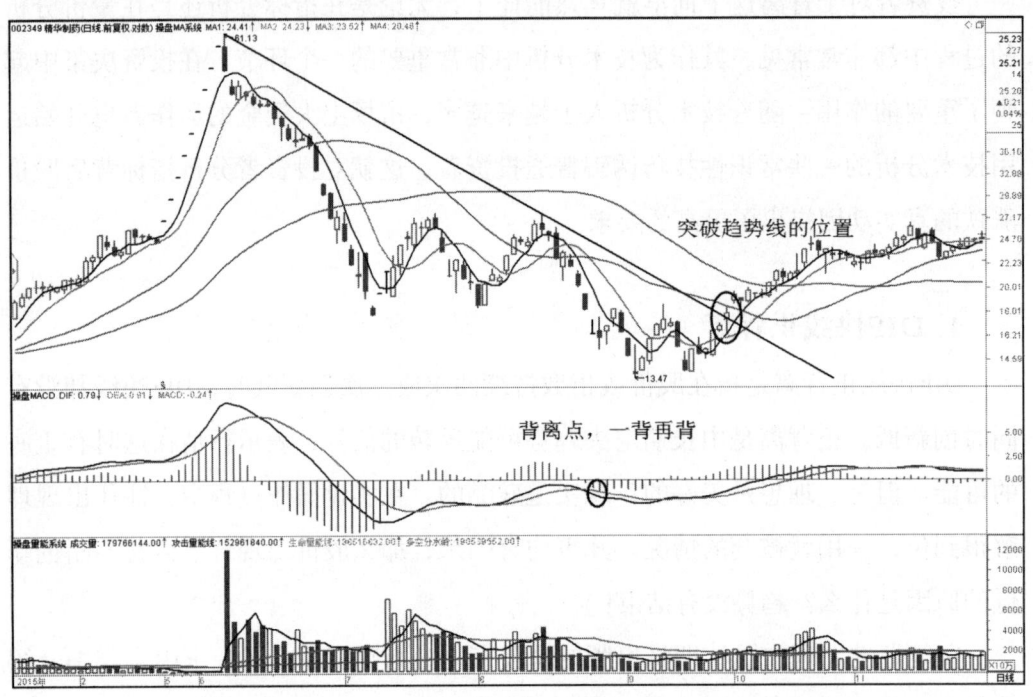

精华制药（002349）2015年1月~2015年11月日K线走势图

2. DIF快线负背离

DIF快线负背离是指在股价或指数持续两次或三次创新高时，DIF快线却没有同时创新高。负背离是中长期多头趋势可能反转的信号，表示行情在这时有到顶的可能。正背离是找买入信号的，负背离是找卖出信号的，但是同正背离一样，只用背离点往往会让投资者误入歧途，实战时还需要一个非常重要的工具——趋势线。

图示案例

如图所示，在聚光科技（300203）的上升趋势中，随着上升趋势的运行，上涨的动能从缓慢上涨到加速上涨后面临一次横盘调整，之后股价再次创新高，但是很明显DIF线很难再创新高，即使在最后连续上涨的行情中，DIF线也没有超过前一个上涨波段的高点。但是，此时只能作为一个风险即将来临的信号，而非真正离场的信号，真正的离场位一定是在破小周期趋势线的位置。

下图中破趋势线的位置是确认原来的上升趋势已经结束的位置，不是投资者操作时卖出的位置。实盘时的卖出位置一定是在小周期上跌破上升趋势线的位置，等到日线上跌破上升趋势线再卖出为时已晚。

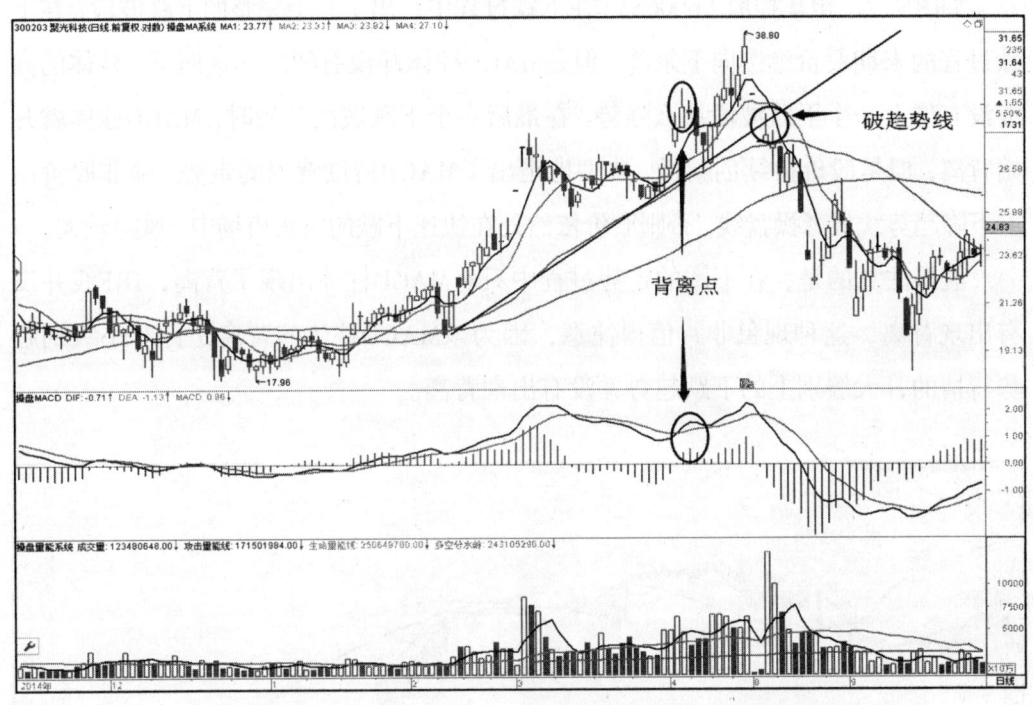

聚光科技（300203）2014年11月~2015年9月日K线走势图

第七节　MACD柱体的背离

在实盘过程中，DIF线的背离和MACD柱体的背离都是比较常见的，无论哪种背离出现都说明市场上趋势性动能开始减弱，都要引起投资者的注意。

1. MACD柱体正背离

正背离是指股价或者指数在不断创新低的过程中MACD的绿色柱体越来越短，表示价格或者指数的下跌有止跌甚至是筑底的迹象，通常股评家认为这时是多头短线的买进点。但是,在江氏交易天机体系中,需要等待价格或者指数向上突破下降趋势线后,才可以确认有筑底的迹象。

图示案例

如图所示,申华控股(600653)在下跌过程中走出了一个完整的下跌波段,在下跌过程的末期股价继续向下杀跌,但是MACD柱体却没有随之加速向下,柱体的高度没有像上一个下跌波段那么强势。在最后一个下跌波段开始时,MACD柱体就开始背离,但是股价持续创新低,典型地走出了MACD持续背离的走势。除非股价站上下降趋势线或者操盘线,否则股价依然处在快速下跌的空头市场中,风险较大。

值得注意的是,在下图的走势过程中只有MACD柱体出现了背离,DIF线并没有出现背离,这种现象非常值得注意,因为该MACD柱体的背离是针对小级别趋势行情的,大级别上的下跌趋势并没有出现背离。

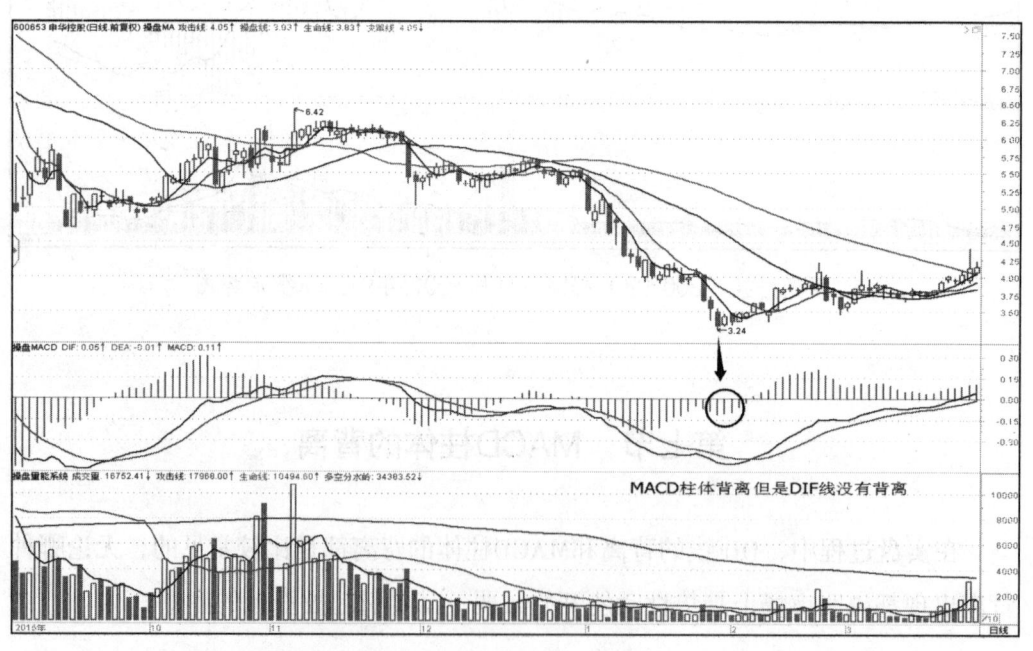

申华控股(600653)2015年9月~2016年3月日K线走势图

2. MACD柱体负背离

负背离是指股价或者指数在不断创新高的过程中MACD的红色柱体越来越

短，表示股价或者指数的上涨有滞涨甚至是做头的迹象，通常股评家认为这时是空头短线的卖出点。但是，在江氏交易天机体系中，需要等待股价或者指数向下突破上升趋势线后，才可以确认有到顶的迹象。

图示案例

如图所示，在众合科技（000925）的上升趋势中，出现了MACD柱体背了再背的情况，和筑底时候的正背离一样，背离不是投资者做出交易决策的时候，而是需要等待突破趋势线的位置出现。在下图的这段走势中，出现了两次MACD柱体的背离。第一次的背离出现时，股价继续创新高，但是明显股价上涨的动能开始减弱，可此时的DIF线并没有背离，所以该波段只是更小级别行情上的背离。在操作之前明确操作周期非常重要，只有明确当下操作的行情级别，才能够制订出明确的交易计划，在出现不同级别行情破位的时候，才能准确做出卖出或者持仓的决定。

在下图中的第二个MACD柱体背离时DIF线也背离了，说明更大一个周期上的行情出现了背离，一旦跌破更大周期上的上升趋势线，更大级别行情也会结束，后期将会面临更大级别行情的调整。

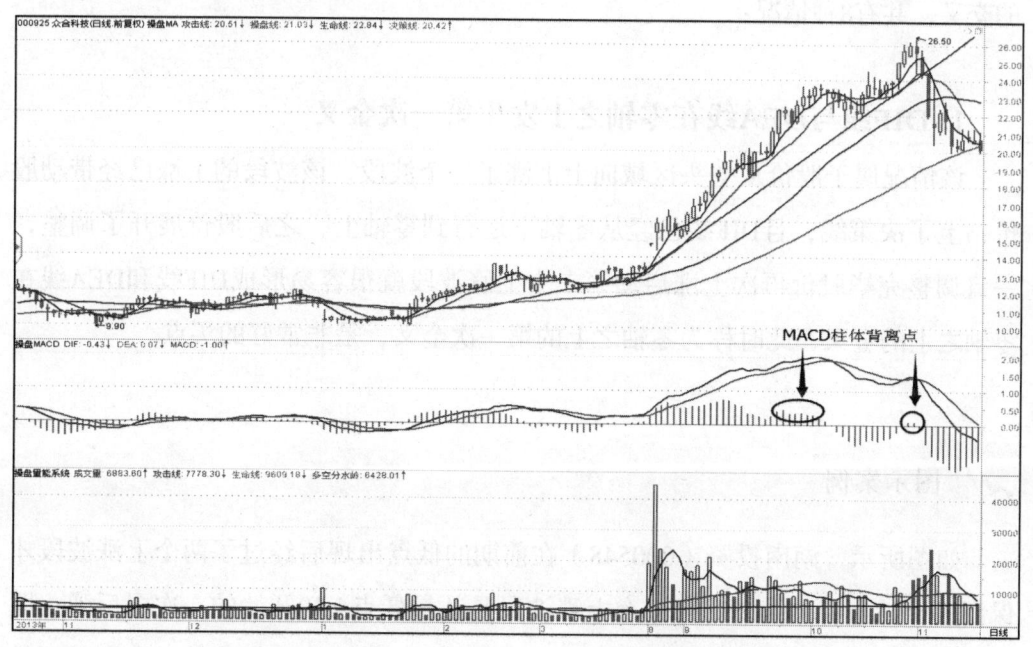

众合科技（000925）2013年10月~2014年11月日K线走势图

> **特别提示**
>
> DIF线和MACD柱体背离的区别：DIF线是识别中长期趋势的指标，MACD柱体是判断中短期趋势强弱的指标，其实这也就说明了两个指标在背离上的差异。如果MACD柱体出现了背离可能只是小级别行情上的背离，但是DIF线出现了背离可能是更大级别行情上的背离，该背离一定要在对应的主周期上看，不能在小周期或者大周期上看。

第八节　DIF线与DEA线的金叉、死叉

DIF线与DEA线的金叉和死叉是大家最熟悉的，但是在股价运行过程中形成的指标的金叉和死叉绝不是表面上那么简单，而是有着更深层次的含义。同均线的金叉和死叉一样，每次金叉形态出现一定是伴随着某个级别行情的上涨，每次死叉形态出现一定是伴随着某个级别行情的下跌。DIF线与DEA线的金叉是指DIF线从下向上穿越DEA线形成的交叉，其死叉是指DIF线从上向下穿越DEA线形成的交叉，共有8种情况：

1. DIF线与DEA线在零轴之上发生第一次金叉

该情况属于股价从空头区域向上上涨了一个波段，该波段的上涨已经带动股价站上了决策线，且DIF线已经从零轴下运行到零轴上，之后股价展开了调整，一旦调整完毕股价再次上涨启动第二个上涨波段就很容易形成DIF线和DEA线在零轴之上的金叉，此时称为零轴之上的第一次金叉，是非常好的买点。

> **图示案例**

如图所示，湖南投资（000548）在前期的低点出现后经过了两个上涨波段才保证股价站上了决策线。第一个上涨波段是从最低点4.29开始的一次弱反弹，股价运行到决策线的位置受到了较重的压力，直接导致股价没有直接向上突破而是

沿着决策线向下经过了短暂横盘。股价再次启动的时候，实现了对均线系统的修复，也真正实现了DIF线从零轴之下到零轴之上的转换。

从下图的走势中不难看出，股价完成了两个上涨波段之后进入了调整期，DIF线和DEA线在零轴上方形成了死叉。经过短暂调整后，股价向上突破了该调整期，同时DIF线和DEA线也形成了金叉，即零轴上第一次金叉点。学过波浪理论的投资者会比较清晰，这个点位是五浪的起点，从4.29启动的这一大波行情只是更大级别行情的第一浪。

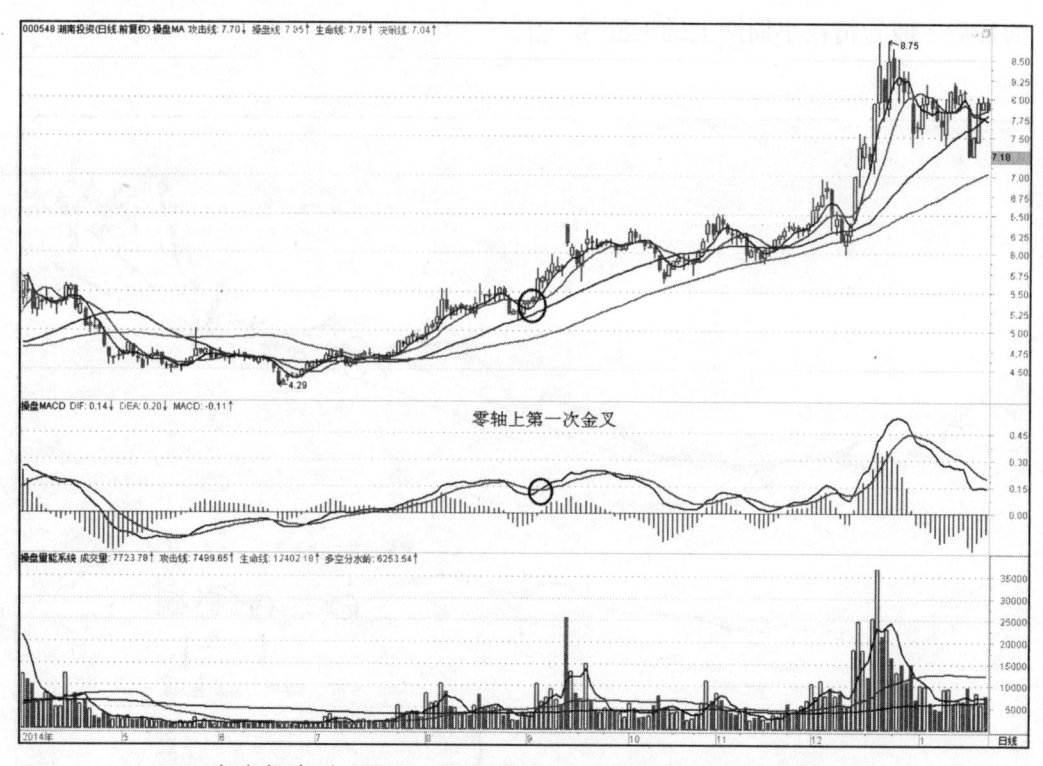

湖南投资（000548）2014年4月~2015年1月日K线走势图

2. DIF线与DEA线在零轴之上发生第二次金叉

DIF线和DEA线在零轴之上发生第二次或者多次金叉时，说明在大多头市场中经过短暂的调整股价再次启动了上涨行情，通常情况下这种行情的级别都会比较大，但是一旦此时不能转换成更大级别的行情，再次金叉点就是见顶的五浪。

图示案例

如图所示,湖南投资(000548)在完成了前一个上涨波段后进入了横盘期,该横盘期间股价每一次向上都会带动DIF线和DEA线金叉,这几次金叉点都有可能在大多头行情中形成再次向上的发力点。实盘时,更重要的还是要结合当前股价走出来的形态综合判断,不能单单将金叉、死叉作为买卖点。如果对于调整期间的结构要求非常清楚的投资者,看到下图就会明白该图中第一次金叉点为反弹的B浪,第二个金叉点为最后一波行情在小周期上的上涨第一浪,第三个金叉点为最后一波行情在小周期上的上涨第三浪。

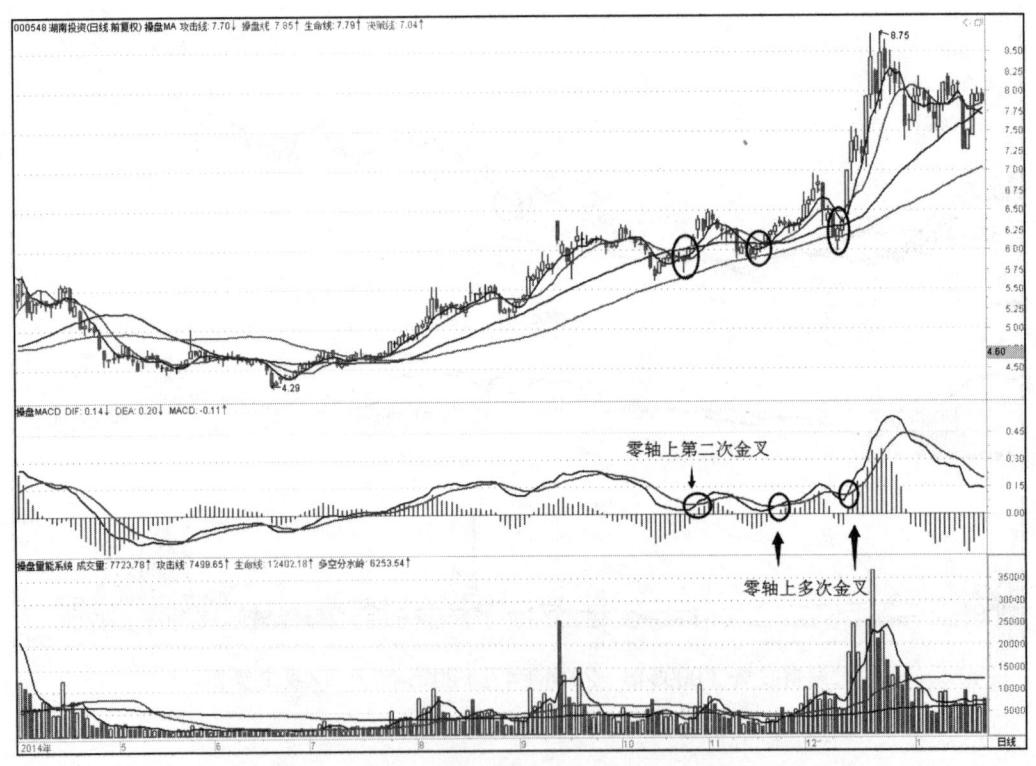

湖南投资(000548)2014年4月~2015年1月日K线走势图

3. DIF线与DEA线在零轴之下发生第一次金叉

股价经过几个下跌波段后,DIF会运行到零轴之下,此时一旦形成反弹行情很有可能带动DIF线和DEA线在零轴之下形成金叉。此时可能是反弹的B浪可能是筑底的一浪，但是如果前期走出了超跌行情，此时的金叉很可能会走出30分钟级别上的反弹，利润空间较大，具有一定的可操作性。

图示案例

如图所示，纳川股份（300198）在熊市的初期经过了惨痛的杀跌，DIF线直接从零轴上高位下滑到零轴之下，在零轴之下柱体的深度远远大于前一个调整波段的深度，下跌动能释放得比较强烈。股市中的机会是跌出来而不是涨出来的，暴跌之后通常会遇到强力反弹，如果没有遇到强力反弹只能说明漫漫跌途，毫无止境。

纳川股份在超跌之后，DIF线在零轴下形成金叉，说明股价在中长期空头趋势中走出了短暂的反弹或者反抽行情，对应的操作周期应该放在30分钟或者15分钟上。此时还属于大的下跌趋势中的抵抗性行情，遇到实质性压力行情就会结束，所以如果要操作一旦市场有点风吹草动就要快速离开。

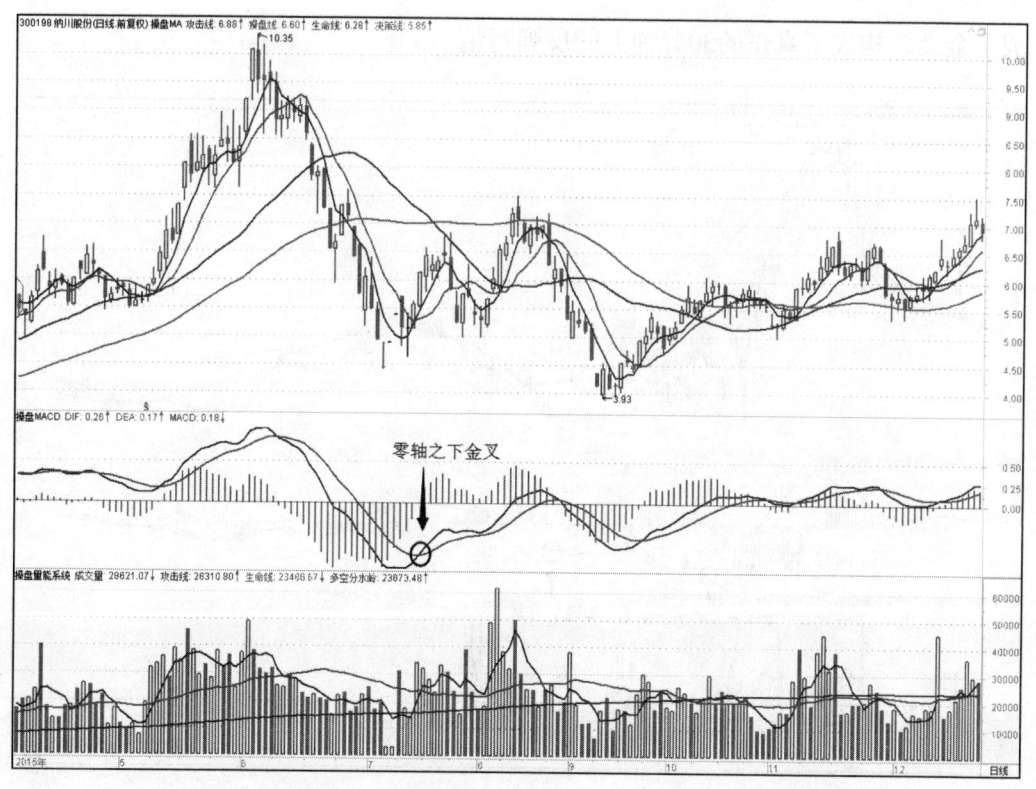

纳川股份（300198）2015年4月~2015年12月日K线走势图

4. DIF线与DEA线在零轴之下发生第二次金叉

在中长期的空头趋势中,股价会出现一次又一次的反弹行情,在MACD上的表现形式就是中长期空头状态下DIF线和DEA线的反复金叉。此时金叉点出现一定要研判前一次金叉形成的位置和强度,指标给予的信号一定要针对当下所处的位置进行综合分析,即要确定当下会产生5分钟、15分钟还是30分钟级别的行情。

图示案例

如图所示,对于丰林集团(601996)这段时间的走势,先分析一下零轴下方的第一次金叉。从金叉点和股价的位置来看,股价下跌过程中形成的DIF线和DEA线零轴之下的金叉是指标的滞后效用在作祟。前期的反弹行情已经将股价在空头方向上的动能减弱,所以股价再次下跌的深度就会开始变弱,MACD柱体在零轴之下的深度没有再创新低,也就是为什么下跌调整的ABC三浪出来后虽然创了新低,但是C点出现了背离。股价触底反弹,DIF线和DEA线在零轴之下再次形成了金叉,构成了真正的30分钟上的反弹行情。

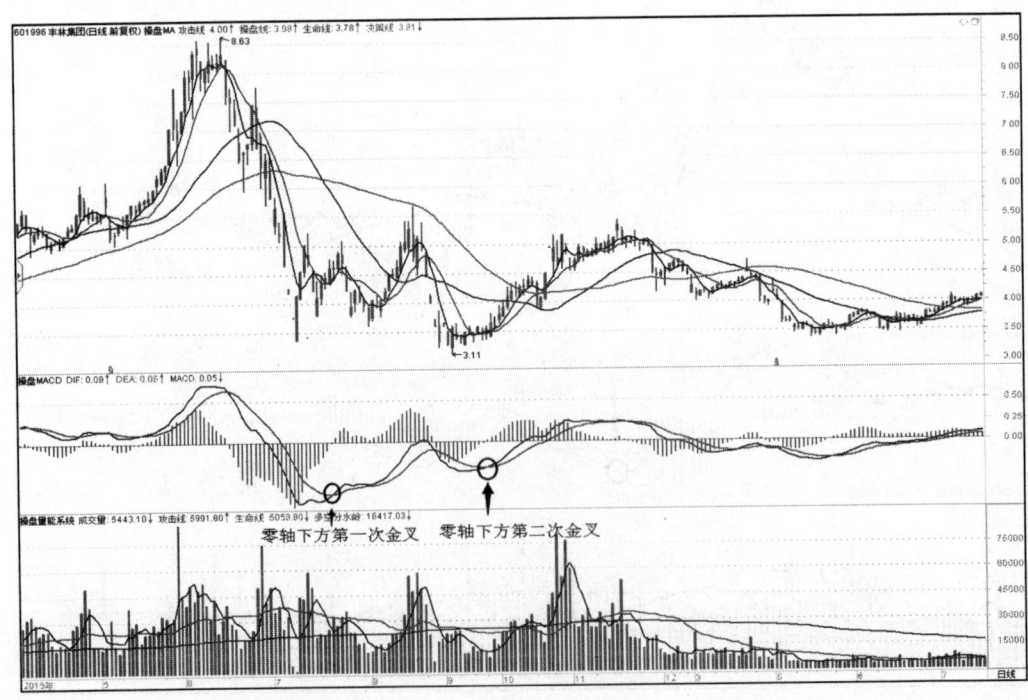

丰林集团(601996)2015年4月~2016年7月日K线走势图

5. DIF线与DEA线在零轴之下发生第一次死叉

一旦DIF线向下运行到零轴之下，说明股价已经进入了空方市场，但是从零轴之上到零轴之下的过程只是多方市场向空方市场的转势，还没有确认下降趋势真正形成。下降趋势形成需要两个下跌波段和一个反弹波段，反弹波段不创新高，第二个下跌波段创新低。此时股价已经运行了一个下跌波段，必然要面临向上的反弹行情，带动DIF线和DEA线在零轴下方形成金叉，一旦反弹行情结束就会延续原来的下跌行情，下跌开始DIF线和DEA线就会在零轴下发生第一次死叉。

图示案例

如图所示，龙溪股份（600592）在上涨到位后做了一个非常简单的头部，随后就进入了下跌趋势。在下跌的第一个波段，熊市杀多的动能让股价在两周的时间抹掉了前期半年的上涨空间，空头动能充分释放，DIF线和DEA线像跳水运动员一样直接跳到零轴之下，在第一阶段下跌动能释放完毕后迎来了短暂的反弹行情，形成了中长期空头市场环境的零轴下金叉。所有的调整结构必然要有ABC三

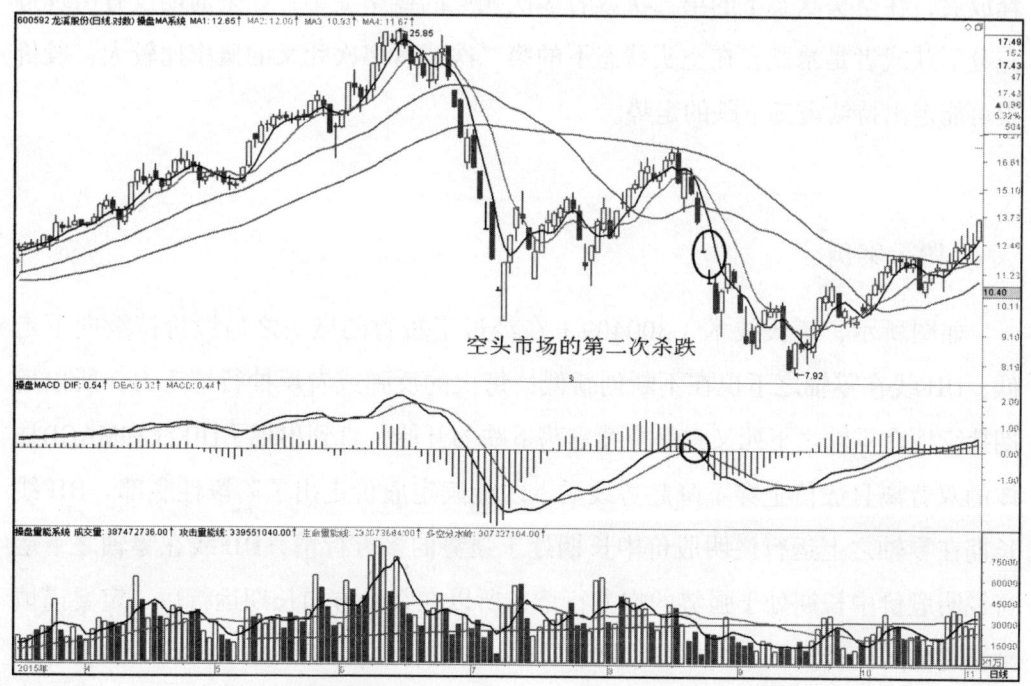

龙溪股份（600592）2015年3月~2015年11月日K线走势图

个波段，龙溪股份股价运行的结构还不完整，反弹到位后必然会再次下跌。反弹行情在遇到决策线的压制时正式宣布告终，股价再次快速向下拐头开启了下跌过程的第二个推动波段，直接带动了刚到零轴之上的DIF线不得不再次回到零轴之下，且在零轴之下和DEA线发生第一次死叉。

特别提示

DIF线和DEA线的金叉、死叉伴随股价上涨和下跌波段不断循环，但是又滞后于波段的转折点，所以关注DIF线和DEA线的金叉和死叉更在于波段的开始与结束，定位行情当下所在的位置和浪型，而不是找买卖点。

6. DIF线与DEA线在零轴之下发生第二次死叉

在大空头状态中，股价出现了第二次甚至更多次反弹后继续走弱，就会直接导致DIF线和DEA线在零轴之下再次或者多次死叉。根据前期的下跌状态来分析第二次或者多次死叉的含义：如果前期发生过充分下跌，导致空头动能得以充分释放后，在空头状态下的第二次或者多次死叉的概率变小；如果前期没有出现过充分下跌或者是暴跌，在空头状态下的第二次或者多次死叉的概率比较大，股价很可能走出持续震荡下跌的走势。

图示案例

如图所示，道氏技术（300409）在经过了短暂的做头之后股价持续向下走低，DIF线在零轴之下也在不断创新低，每次的反弹或者反抽行情乏力，所以后期持续地在零轴之下死叉只是持续震荡下跌的开始，直到出现了DIF线和MACD柱体的双背离且股价上穿下降趋势线后，才能确定股价走出了阶段性底部。DIF线长期在零轴之上运行说明股价中长期处于强势的多方行情，DIF线在零轴之下运行说明股价中长期处于强势的空方行情，所以在某个方向长期运行后一定要谨慎判断趋势的反转。

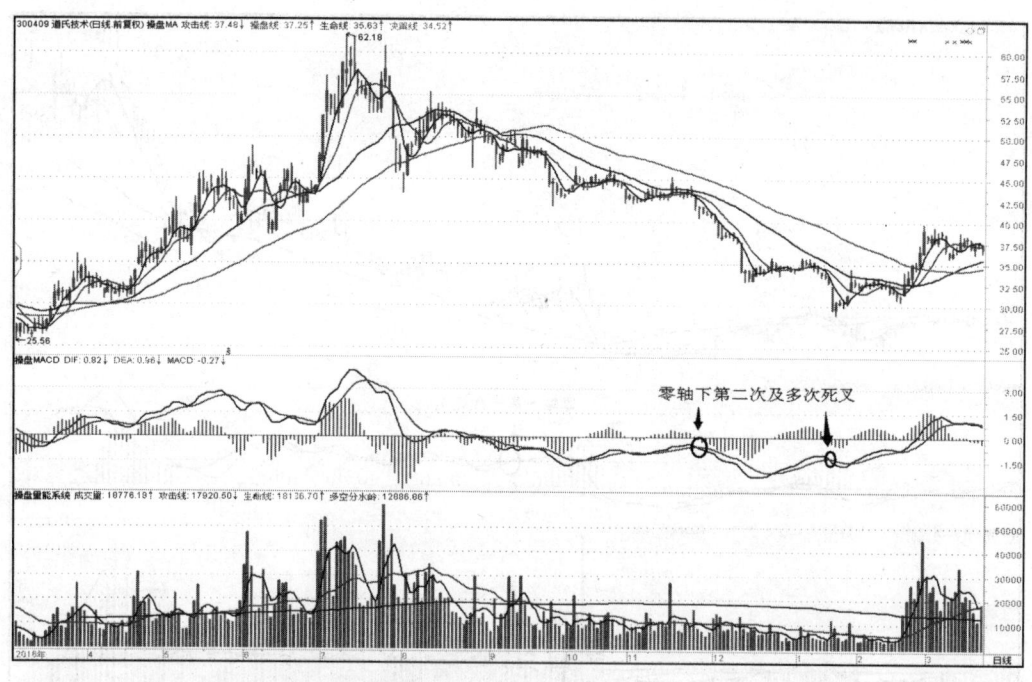

道氏技术（300409）2016年3月~2017年3月日K线走势图

7. DIF线与DEA线在零轴之上发生第一次死叉

当DIF线从零轴之下运行到零轴之上后，形成了趋势的初步扭转，市场从大空头状态逐渐转变为多头状态，股价持续走出缓慢上升行情。在新的趋势运行过程中，尤其是趋势形成的初期，市场中反方向的动能还比较强烈，在多头市场形成初期遇到的第一波段下跌幅度通常会较大，所以基本都会带动DIF线和DEA线在零轴之上发生第一次死叉。

图示案例

如图所示，云意电气（300304）在实现了由空到多的反转后，股价呈现通道式震荡上升的走势。由于第一波扭转的行情非常强势，在后面的震荡过程中股价在生命线上方震荡上升，DIF线和DEA线呈现反复金叉、死叉的状态，并且是在零轴上方相对平衡的位置上下交替。每波上涨或者下跌的动能是否强弱会直接影响MACD柱体的高低和整个指标的状态，通过分析这种状态可以判断趋势运行过程中动能是否健康，是否足够支撑起更强的趋势。

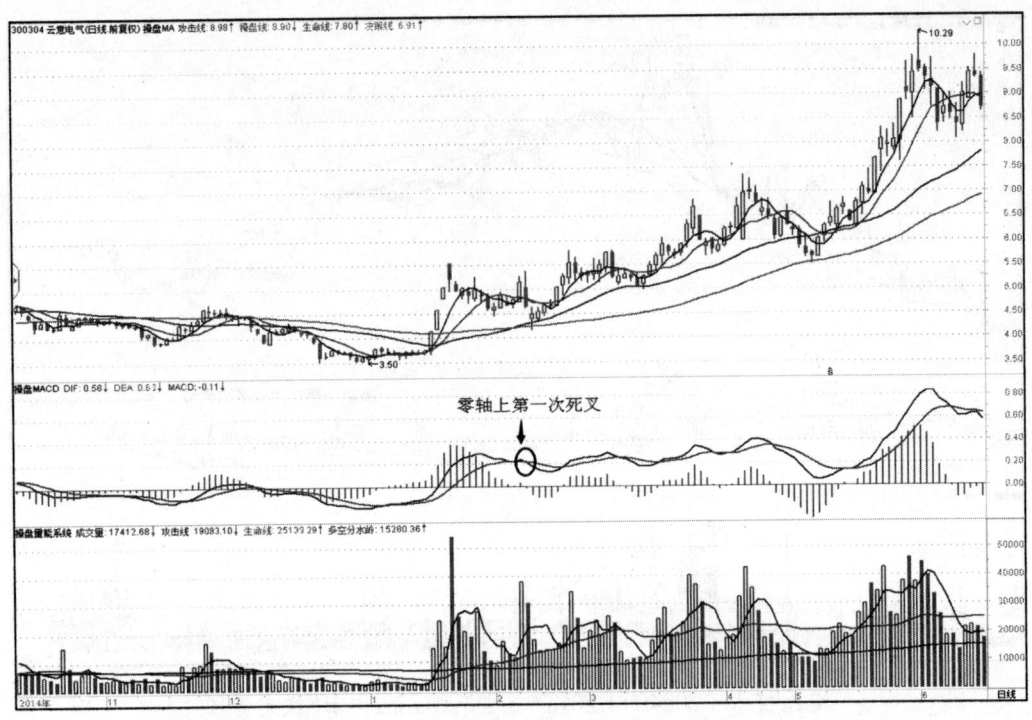

云意电气（300304）2014年10月~2015年6月日K线走势图

8. DIF线与DEA线在零轴之上发生第二次死叉

在多头行情的行进过程中，股价必然会有不断的调整和下跌，如果调整或者下跌的幅度深就会直接带动DIF线和DEA线的死叉。第二次死叉出现后说明股价已经在大多头环境中进行了两次调整，如果该波段行情的主周期在日线上，那么该上升波段已经完成了两次调整，再次冲高上涨就很有可能是见顶的五浪。

图示案例

如图所示，在中航重机（600765）的走势中，该波段的上升行情并不是日线级别上的上升趋势，而是30分钟上的上升趋势，而且走的是延长浪的模式。但是只要是日线或者日线以下级别的行情趋势，一旦走出了两次调整形态，也就是DIF线和DEA线在零轴之上走出了两次死叉状态后就要引起注意，因为后期一旦DIF线和DEA线再次死叉，就可能成为大级别下跌行情的反转。

第三章 均线之王——MACD

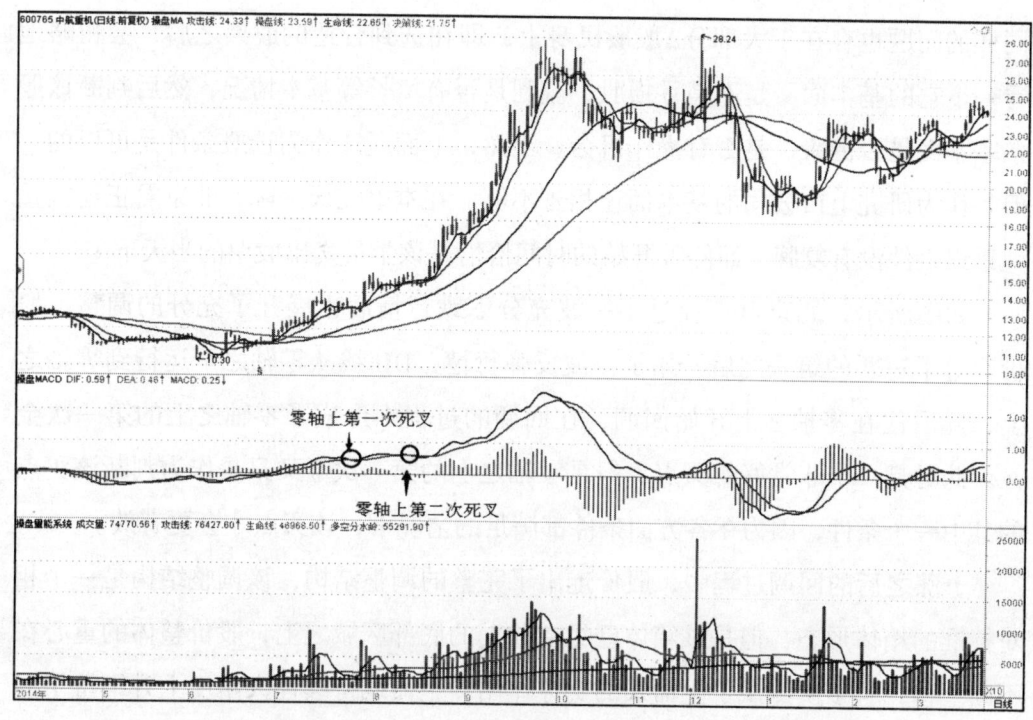

中航重机（600765）2014年4月~2015年3月日K线走势图

特别提示

MACD既有代表行情趋势方向的性质，也具有反映趋势动能的特征，对于研判趋势的运行、位置的更替和波浪的行进有非常大的作用，但是只能作为判断是否有交易机会的方式，而不能作为判断下单点位的信号。

实盘案例

操作标的	买入时间	买入均价	卖出时间	卖出均价	盈利比率
北京君正（300223）	2016年5月23日	31.23元	2016年6月2日	45.85元	46.81%

在学员的交割单中，北京君正（300223）的操作案例可以说既是最成功的也是最失败的。很多学员对于技术面的学习和分析很到位，但是容易忽略基本面。

同样的问题也存在于大部分A股股民身上,即在选到合适的股票之后,会粗略地看一下它的基本面,是不是亏损股、盈利是否有增长等基本情况,然后判断该股票基本面是否健康、是否有操作机会。当然,上面所述作为选股条件是可以的,但是作为研究上市公司的基本面还相当不够。在本书完成之际,北京君正还因重大重组事件没有复牌,而停牌开始的时间恰恰是该学员卖出股票的当天下午。

如图所示,北京君正经过了一波充分下跌行情后也展开了充分的调整,股价经过了短暂的筑底之后开始了一波反弹行情,DIF线从零轴之下运行到零轴之上,随后便在零轴之上开始回调,在回调的过程中形成了零轴之上的第一次金叉。此时是一个非常好的买点,但是零轴之上的第一次金叉只是作为判断该买点的其中一个条件,因为在各方面条件都满足的情况下,该买点才会更有效。

上涨之后的回调过程中,股价走出了完整的调整结构,该调整结构是一个相对标准的箱体形态,但是该箱体已经在前期的底部区域之上,股价整体的重心在不断上移,且多次测试了生命线的支撑作用,生命线持续性大角度上升维持了多

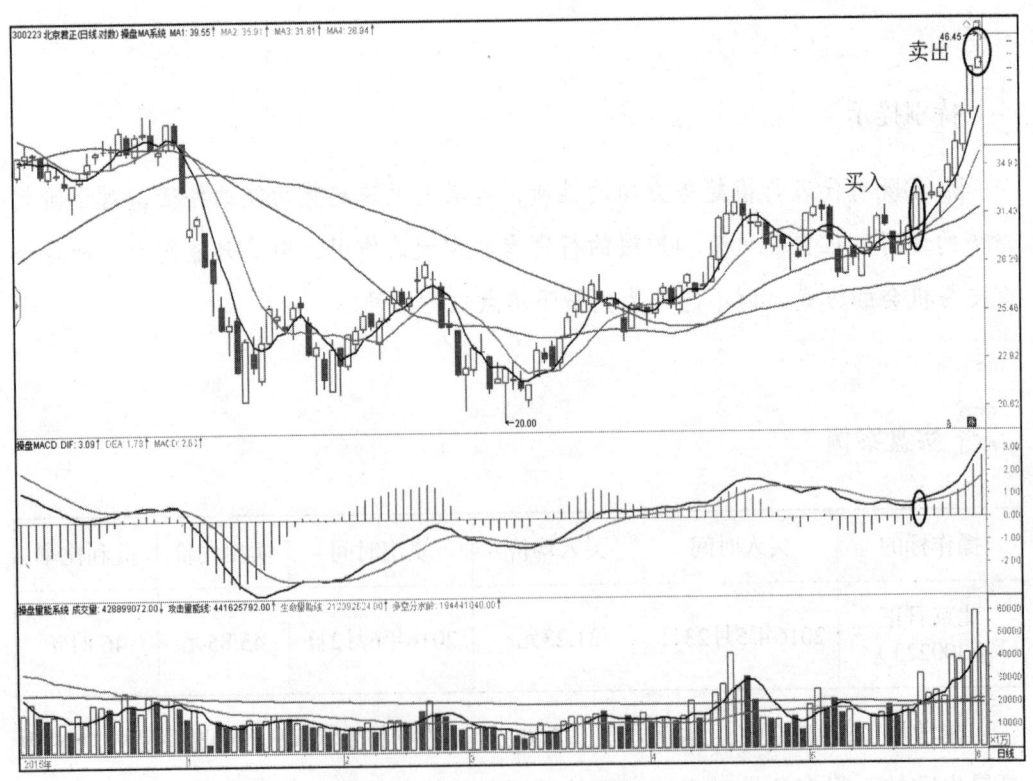

北京君正(300223)2015年12月~2016年6月 日K线走势图

头行情的强势。在箱体的底部确认之后，股价不再创新低，而是在抬高，在30分钟上走出非常标准的头肩底形态，在股价突破颈线位或者在头肩底形态右肩的小周期走势中确认上升趋势后就是进场点。

买入当天的分时走势如下图所示，早盘小幅震荡，但是在10点之前就走出了放量破前高点的强劲走势。对于大多头走势已经初步确认的股票来说，一旦在分时图上走出多次有规律放量的形态后，短时间内启动上涨行情的概率会越来越大，这就是将其作为买点的重要原因。

北京君正（300223）2016年5月23日分时走势图

进场之后的走势比较流畅，股价沿着攻击线持续向上，基本没有卖的机会。这是一种最理想的买进后的走势，对持仓心理的考验不大，股价持续上升很快拉开了整个波段的利润空间，之后加大对风险的防范意识显得非常必要。可能是这位学员的风险意识太强了，持仓的第8个交易日，在盘中盘口上呈现出无量上涨并走出了小双头的形态后就离场了。其实这个卖出的点位还是比较好的，卖出后股价就开始下滑，从最高7.33%的涨幅到下跌最深时只有1%的涨幅，更神奇的是当天下午就宣布该股停牌。关于上市公司基本面的分析以及怎么从中发现真正的投资价值，会在"江氏操盘实战金典"系列丛书之《价值爆点》中详细介绍。

北京君正（300223）2016年6月2日分时走势图

! 特别提示

基本面和技术面的关系：技术形态走得好的股票不一定能成为大牛股，但是大牛股的技术形态一定走得非常好。每个好的技术形态走出来后都需要基本面上出现引爆点，打破技术形态上赢弱的无趋势状态。

? 思考题

1. MACD和均线的关系是什么？对趋势的研判有什么作用？
2. MACD对实战选股的作用体现在哪里？

3. MACD柱体和DIF线的背离有什么含义？在研判趋势转换时的重要性体现在哪里？

4. DIF线和DEA线在不同位置的金叉和死叉有哪些情况？每种情况对应的股价位置是哪里？

5. 如何将MACD的要素加入到自己的选股模型中？

第四章
均线的趋势性

股市的天道在于趋势，趋势的形式在于均线。任何一种事物都会有其根本结构，但这种根本结构是不会轻易呈现在人们面前的，只有通过潜心钻研和修行才能够实现和这种根本结构的连接。

第一节 均线的基本运动

道氏理论对趋势的研究为投资者认知这个市场起到了非常重要的作用。但是作为和市场内部结构进行连接的重要方式，均线是任何一位想在这个市场中取得成就的人必须重视的。关于道氏理论在A股市场中的应用在《趋势为王》一书中有详细讲解，本书将围绕其三重运动同均线的关系进行展开，目的是对操作的行情级别进行定性分析。

均线的基本运动代表的是大趋势的轮回：对于大盘就是牛熊的轮回，对于个股就是黑马和垃圾股的交替。小的趋势隐藏在大的趋势中，大的趋势成就小的趋势。在均线系统中，120日均价线和250日均价线作为中长期趋势的代表对于大趋势的形成和运行有着巨大的作用。

120日均价线是半年线，250日均价线是年线，它们均是站在更大的视角上看待趋势的变化。大周期的均线更适合研判趋势，小周期的均线才是找买卖点。如果投资者操作的是中长线的股票,就一定得要求半年线和年线已经金叉,最好都拐头向上,且不对股价构成实质性的压力,如果半年线和中长期均线没有走出多头行情,当下的行情级别会比较小,遇到中长期均线的压制行情就结束了。

图示案例

如图所示,和顺电气(300141)在2012年到2016年的走势中,4年的时间维持半年线和年线的金叉状态,股价起起落落的振幅非常大,整体涨幅达到了5倍,股价多次下探半年线和年线,有的遇到了支撑,有的遇到了假突破,但是这两根线给予投资者的信息是大趋势继续看涨,只是中短期要经过下跌或者横盘。如果市场中的每位投资者在面对小的波动时都心如止水,有信心和耐心将持股的时间延长到一年,市场中二八分化的格局必将反转。

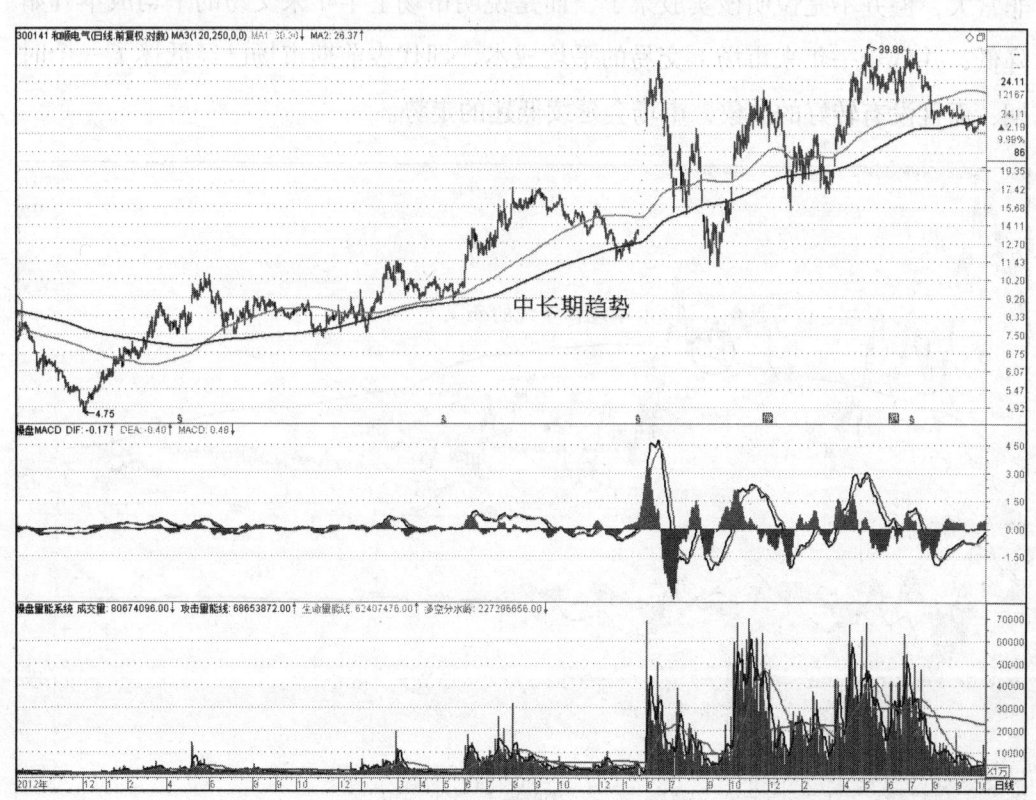

和顺电气(300141)2012年11月~2016年10月日K线走势图

特别说明

均线的最大属性就是趋势！均线也是趋势线的一种变体，是一种非直线的趋势线，在实盘过程中和趋势线的使用方法一样，是表现市场筹码支撑和压力最直接的形式。

图示案例

如图所示，从石基信息（002153）的走势中可以看出，在2015年12月的时候半年线和年线死叉，按照市场主流对均线的分析方法，得出的结论是：长期均线死叉，股价已经走坏了，要离场！但是，从2015年6月大盘见顶，股价就开始下跌，若等到12月两根线死叉时再卖股票已经为时晚矣。半年线和年线的死叉意义非常大，但并不是说明该卖股票了，而是说明市场上半年来交易的平均成本开始降低，并低于一年来市场上交易的平均成本，即代表前期市场已经低迷了一个时期，而且没有转好的迹象，市场会延续低迷的走势。

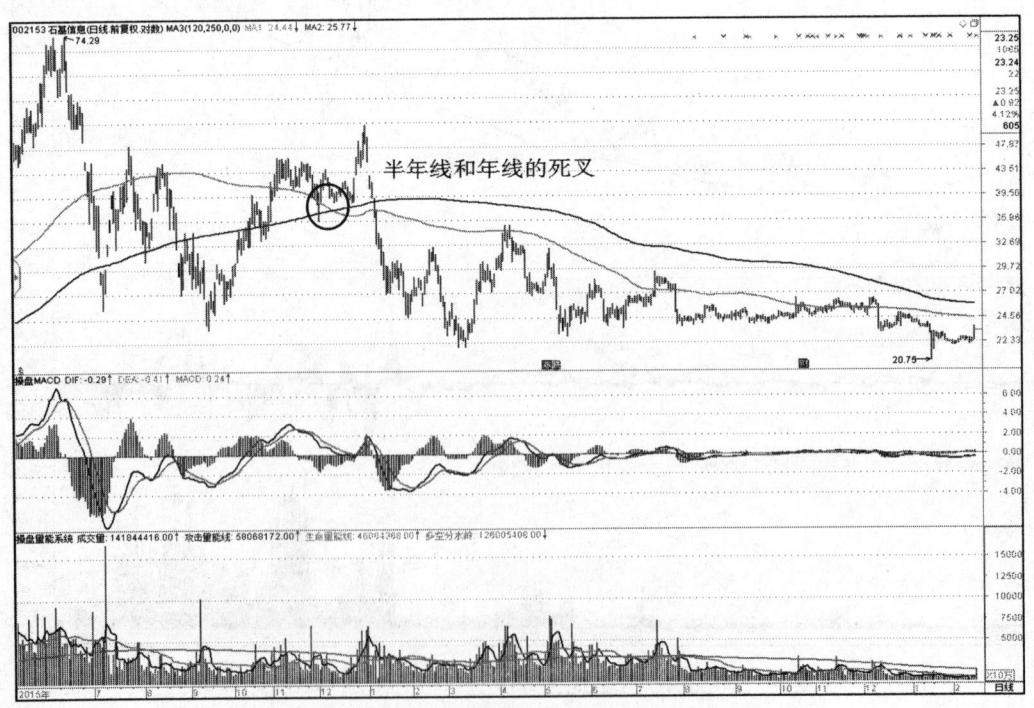

石基信息（002153）2015年6月~2017年2月 日K线走势图

!) 特别提示

不是所有均线的金叉就是买点，死叉就是卖点。就像MACD的金叉和死叉不能够形成买点和卖点一样，均线的金叉和死叉也是由不同级别的上升趋势和下降趋势带动的，分析趋势的转换比分析金叉和死叉更有意义。

第二节　均线的次级运动

在道氏理论中，次级运动是最具有诱惑性的一种运动，它既有基本运动的大趋势性，又有更小级别运动的迷惑性，但也是最容易给投资者带来利润的一种运动。上节介绍的和顺电气在4年的时间上涨了5倍，如果采用次级运动的方式进行交易，其所能够获得的利润空间一定会大于5倍。

次级运动的行情级别比基本运动要小，运行的时间3~6个月，对于普通投资者来说是最具有操作价值的行情，识别次级运动时需要参照的两根均线是生命线和决策线。随着行情级别变小，对应均线的周期也会变小，同时均线变化的速度和角度会变大，平滑度减弱。

!) 特别提示

趋势是有级别的！在江氏交易天机整套体系中会不断强化这个概念，任何一位投资者在任何一次交易中，都要清晰地知道当下的操作属于哪种行情机会，进而对每次操作的持仓时间和能够带来的利润空间有所把控，因为大趋势行情机会和小趋势行情机会的操作模式是截然不同的。

📈 图示案例

如图所示，东旭蓝天（000040）在大牛市的行情中股价沿着决策线上行，没有跌破过决策线，在牛市的末尾，股价与生命线、决策线出现了大幅度的乖离，

"股灾"开始初期,均线由于滞后性没有办法给予市场离场信号,直到第一波快速下跌结束后的反弹确认不能够给市场带来更大的人气,生命线和决策线死叉,牛市彻底结束,后期会展开大规模的调整,调整过程中会伴随生命线和决策线的反复金叉、死叉。

从下图东旭蓝天的两根均线走势上可以看出,生命线和决策线的变化速度要超过半年线和年线,操作时会给投资者带来更多的机会,当然如果把控不好就意味着更多的风险。

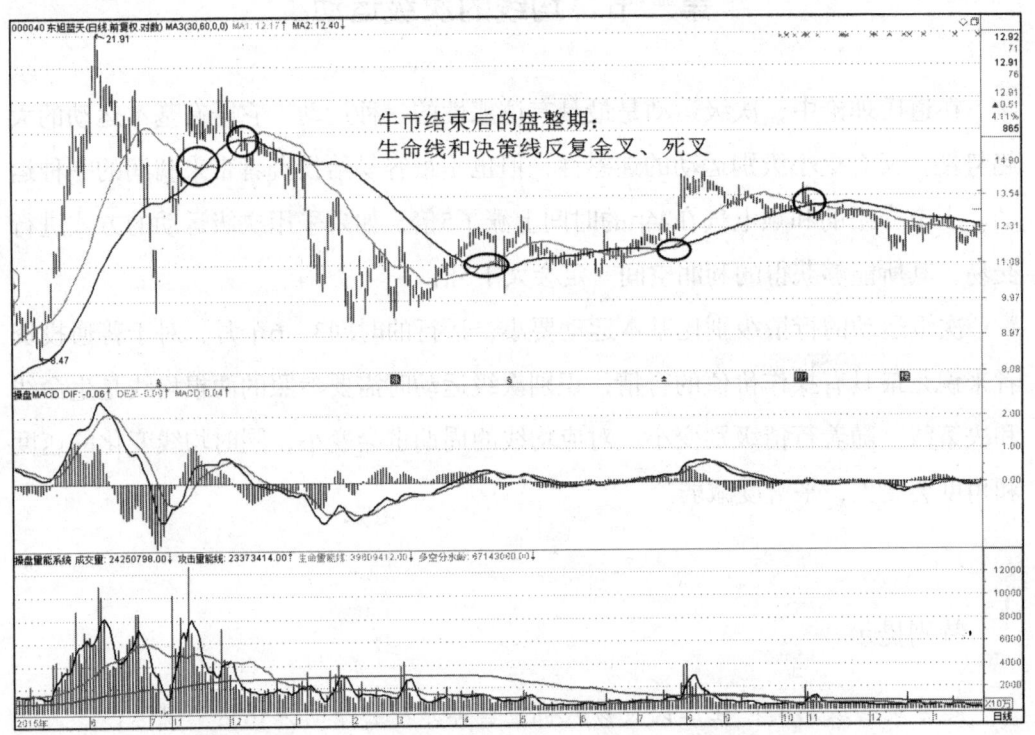

东旭蓝天(000040)2015年5月~2017年1月日K线走势图

第三节 均线的日常运动

日常运动是最具诱骗功能的行情,因为市场都是由人参与的,只要一个人的资金量够大,就会在短时间内对股价造成影响,但是这种影响只是暂时的,不能形成真正扭转市场趋势的力量,所以这样的行情最具诱骗性,如果不能识别其诱骗性,投资者进场就会踩雷。

均线的日常运动对应攻击线和操盘线，生命线和决策线是用来研判趋势，而攻击线和操盘线却能真正给投资者带来交易点位。短期均线的滞后性较弱，能做到最大程度上和价格的走势同步，所以用中长期均线判断趋势、用短期均线找交易点位才是均线系统配合使用的核心所在。

图示案例

如图所示，中船防务（600685）做了一个30分钟行情上的底部后，短期均线从粘合开始逐渐发散，因为价格上方受到决策线和颈线位的压制，所以在没有形成有效突破之前要以观望为主。股价第一次触碰决策线后确实受到了抛盘的压力，留下了一根上影线，之后出现了一根调整十字星。其实这就是一个短暂的回踩过程，攻击线向股价靠拢，次日小幅低开回打攻击线后放量上涨就是波段的狙击点。

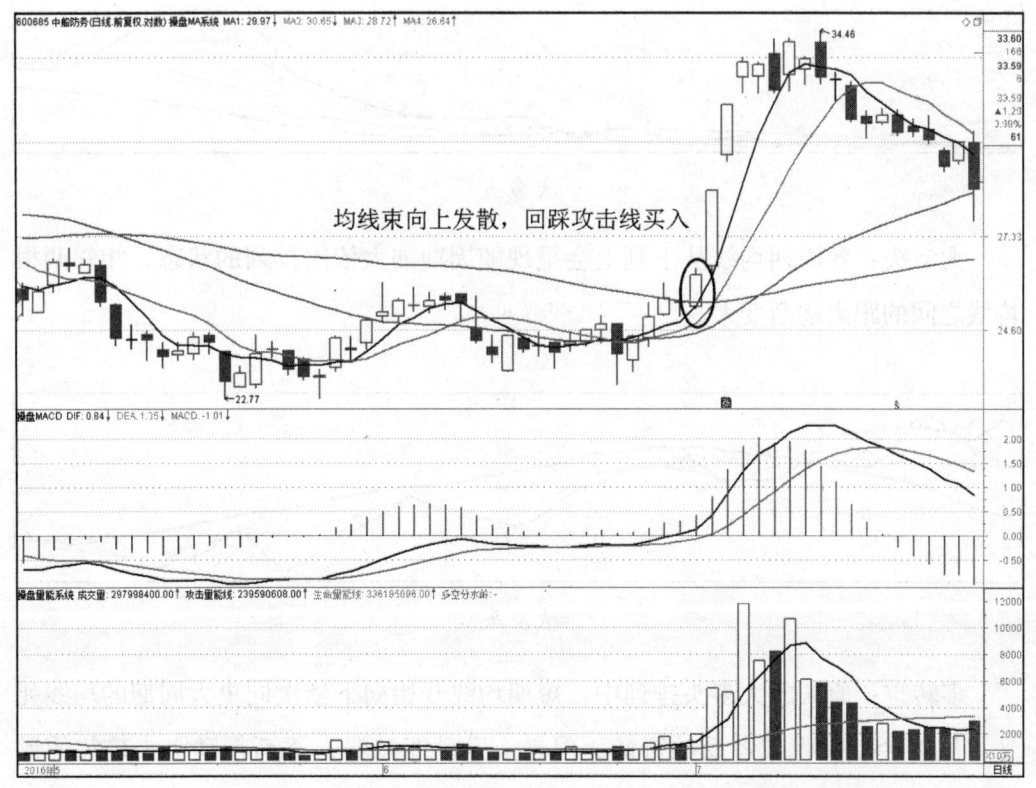

中船防务（600685）2016年5月~2016年4月日K线走势图

第四节 均线的多空转换

前三节介绍了均线的基本运动、次级运动和日常运动，从长到短对均线的周期进行了分析。投资者在使用均线系统的时候老是纠结参数是多少，其实完全没有必要，只要均线参数能够代表短、中、长三个阶段就是有效的，短、中、长期的定义也会因人而异。"江氏操盘实战金典"系列丛书中提到的均线系统都以攻击线、操盘线、生命线和决策线为主，有的时候在不同的周期上会用到特殊的均线，但是不多。其实这是在帮助投资者固化自己的交易模型，保证实盘交易过程能够真正地做到知行合一，避免出现这套均线系统短暂使用后又换成别的均线系统，那就永远也没有办法固定自己的交易模式。

大多头：各周期均线从上到下会呈现随周期加大依次排列的状态，相邻两根均线之间的距离逐渐变大。

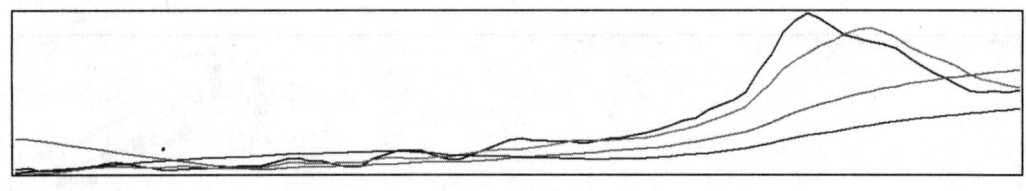

大多头

大空头：各周期均线从下到上会呈现随周期加大依次排列的状态，相邻两根均线之间的距离逐渐变大。

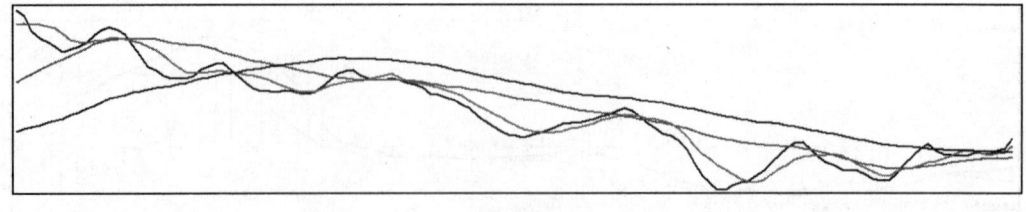

大空头

多转空：原来的大多头排列中，短期均线开始向下依次同更大周期的均线死叉，虽然会有反弹或者反抽行情，但是上升动能减弱，逐渐带动空头趋势的形成。在多转空的过程中，会形成一段时间的均线胶着期。

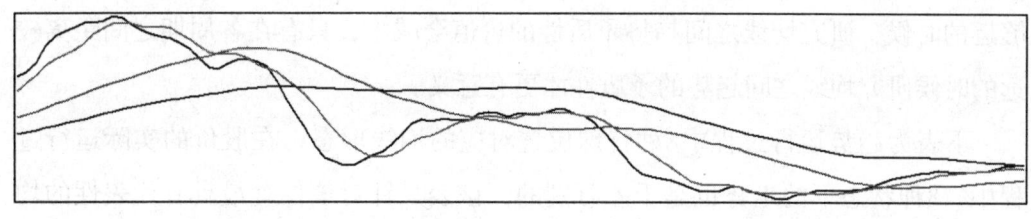

多转空

空转多：原来的大空头排列中，短期均线依次同更大周期的均线金叉，虽然会有回踩，但是下跌力量已经很弱，逐渐带动多头趋势的形成。在空转多的过程中，会形成一段时间的均线胶着期。

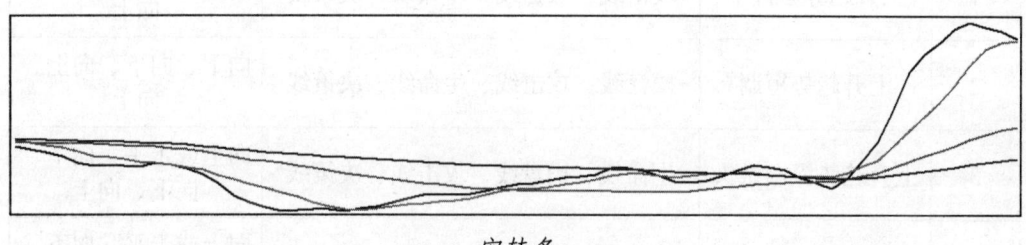

空转多

关于均线的金叉、死叉、多头、空头等基础知识在本书中不再赘述，如果对这些定义不是很清楚，建议买本均线的基础书学习一下。

!|特别提示

趋势的运行与转换在均线上的体现就是：均线有序排列后被打破，然后再形成新的有序排列，即破坏与修复的循环过程，也就是波浪中的推动和调整的交替过程。

第五节 趋势的矛盾性

均线之间趋势的一致性就是上文所介绍的大多头和大空头：各周期均线都向上为大多头，各周期均线都向下是大空头，但是，在实战过程中出现更多的是各周期均线趋势的矛盾性。本节将要深度讨论的是各周期均线趋势方向之间的关系，尤其是在其出现趋势不一致后股价该如何运行的问题。当均线之间的距离足够近的时候，研究均线之间趋势矛盾性的价值会减小，只有在各周期之间距离较远的时候研究均线之间趋势的矛盾性才更有意义。

下表为趋势运行过程中8种特殊位置对应的均线形态，在股价的实际运行过程中，8种状态下的走势也是千差万别的，该表只针对该位置最具有代表性的均线形态，在后文会深度分析每种特殊位置出现的不同均线特征。

8种特殊位置对应的均线形态

情况	位置	均线束从上到下排列顺序	均线束的方向
1	上升趋势运行中	攻击线、操盘线、生命线、决策线	向上、向上、向上、向上
2	上升趋势短调	操盘线、攻击线、生命线、决策线	向下、向下、向上、向上
3	上升趋势深调做头	生命线、操盘线、攻击线、决策线	向上或走平、向下、向下、向上
4	头部破位	决策线、生命线、操盘线、攻击线	向上或走平、向下、向下、向下
5	下降趋势运行中	决策线、生命线、操盘线、攻击线	向下、向下、向下、向下
6	下降趋势反抽	决策线、生命线、攻击线、操盘线	向下、向下、向上、向上
7	下降趋势反弹筑底	攻击线、操盘线、决策线、生命线	向上、向上、向下、走平或者开始向上
8	底部突破	攻击线、操盘线、生命线、决策线	向上、向上、向上、向下或走平

说明：最后一列中每种情况的4个方向是针对其所在位置均线束从上到下排列均线的对应方向。

1. 上升趋势运行中

此时为名副其实的大多头，K线、攻击线、操盘线、生命线和决策线从上到下依次排列，角度全部向上，股价处于完好的趋势运行中，持仓为主。股价的上升趋势也是变化莫测的，切记只要股价还在攻击线上方，攻击线还没有拐头向下就还是强势的大多头。

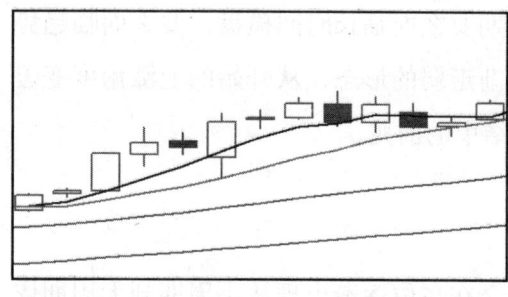 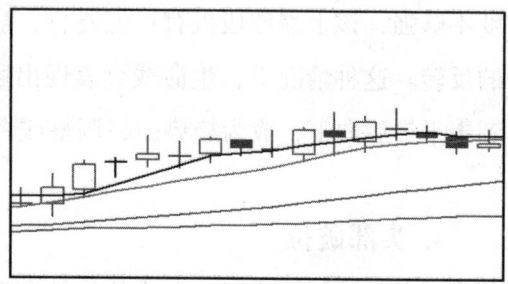

上升趋势运行中均线束形态

2. 上升趋势短调

中长期均线向上，短期均线回调，也就是生命线和决策线维持多头向上的走势，且上升的角度都没明显地变弱，但是K线出现了回落，该回落的过程可能带动攻击线拐头向下，可能带动攻击线和操盘线死叉，甚至快速下跌时会跌破生命线。此时，鉴于中长期均线还是在完好的向上趋势中，所以只定位为上升趋势中的短调，后期继续看多。

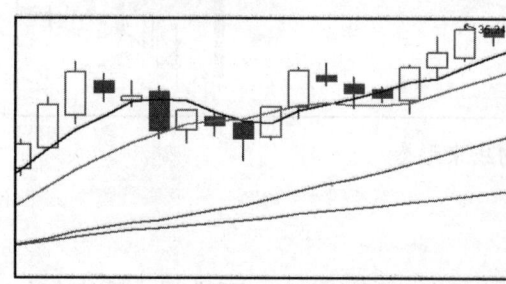 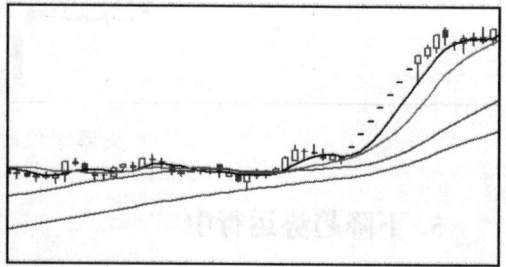

上升趋势短调时均线束形态

3. 上升趋势深调做头

上升趋势运行的中后期，股价调整的深度也会加大，之前趋势中的短期回调不会破坏生命线，但是此时的深度调整会带动生命线逐渐走坏。一旦后期反弹力

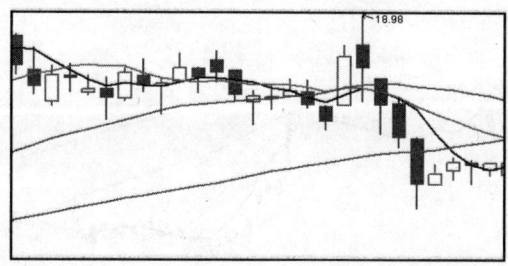 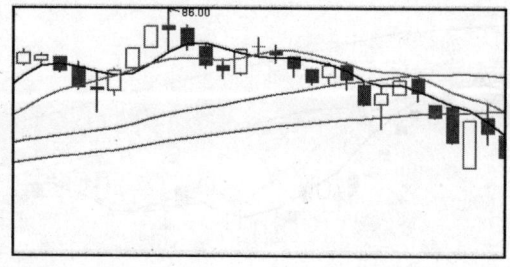

上升趋势深调做头时均线束形态

度不够强，该上涨波段极有可能终止，后期要么面临长时间横盘，要么面临趋势的反转。这种情况下，生命线会表现出逐渐走弱的形态，从开始的上涨角度变缓到走平最后向下，成为趋势面临调整或者结束的前兆。

4. 头部破位

对于日线行情来说，上升趋势结束后会在高位逐渐出现从小周期到大周期依次走坏的变化，上一种情况下是生命线逐渐走弱，如果后期没有反弹或者反弹较弱就会直接带动决策线走弱，甚至导致生命线和决策线的死叉。生命线和决策线一旦死叉，整个上升趋势就会彻底结束，只有等待新的蓄势期形成才会有新一轮的上升趋势。

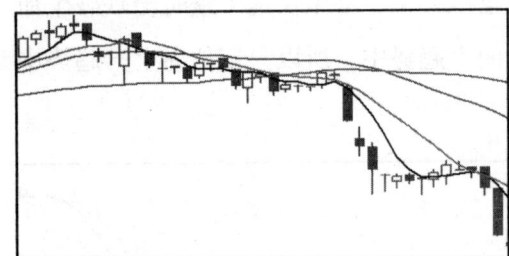 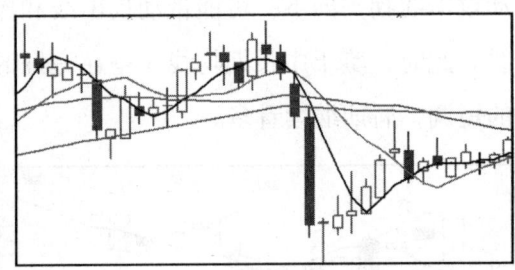

头部破位时均线束形态

5. 下降趋势运行中

此时为低迷的大空头行情，均线系统从长期到短期依次向下排列，虽然会有K线的上下起伏，但是并不能扭转攻击线的角度，K线实体的重心不断下降，做多人气很难持续性带动股价回升，只有少量的抄底资金会带动股价短时间向上反抽，股价随时有继续创新低的风险。大空头行情下的操作机会非常有限，最好以空仓观望为主。

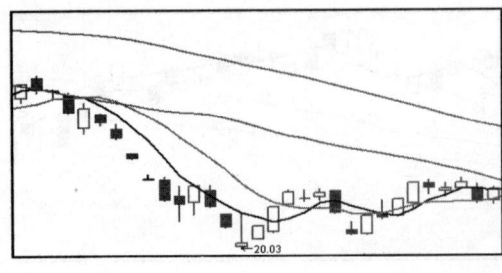 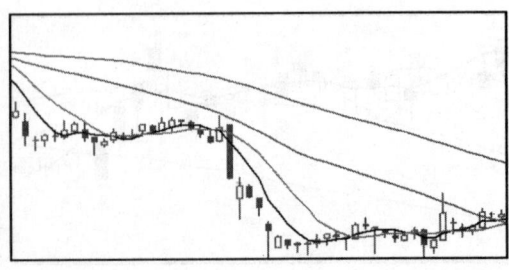

下降趋势运行中均线束形态

6. 下降趋势反抽

无论是上升趋势还是下降趋势，股价的运行都不会呈现直线型的上涨和下跌的，而是通过三重运动的交替来实现的：下跌过程有上涨，只是下跌的动能强于上涨的动能；上涨过程有下跌，只是上涨的动能强于下跌的动能。下降趋势中的反抽行情中，股价小级别的上涨会带动攻击线、操盘线走平或者金叉，甚至股价会运行到生命线上方，但是并没有足够的能力带动生命线走平或者拐头向上，后期继续看空。

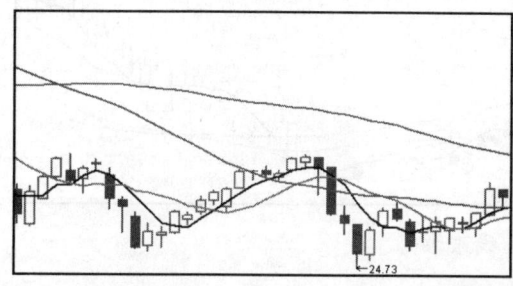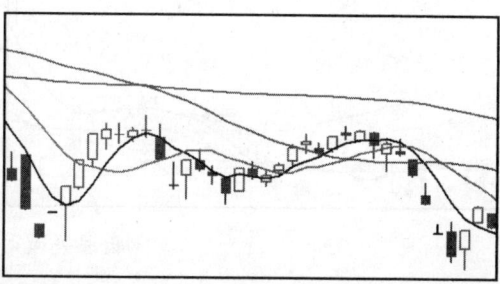

下降趋势反抽时均线束形态

7. 下降趋势反弹筑底

在下降趋势末期，下跌动能减弱，上升动能变强，单波反弹上涨的时间和空间都变长，股价站上生命线之后有时会有更大幅度的上涨，有时会在生命线或者决策线上方展开横盘，此时股价再创新低的概率减小，后期在没有强大的做多动能驱动下股价展开横盘的概率非常大。一旦股价从大空头站在了生命线上方后，很可能又要开始一个新的轮回，前期下降趋势就要结束，股价即将进入新的蓄势期。

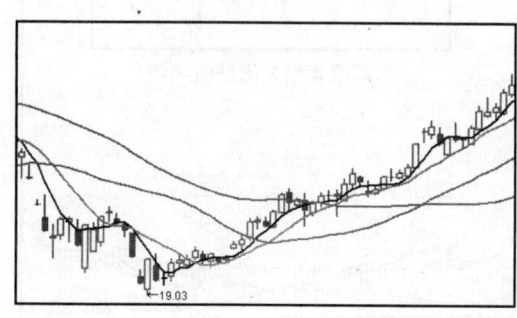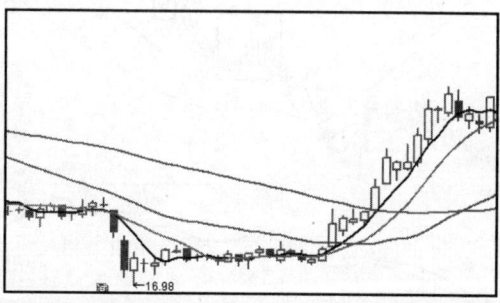

下降趋势反弹筑底时均线束形态

8. 底部突破

上种情况已经到了股价开始筑底的过程，其实此时更多的是对前期下跌趋势的修复，让所有均线系统走成"中性"，从而展开新的一次选择方向。在底部运行过程中，决策线从大角度向下逐渐走平到拐头向上，并伴随着生命线和决策线的金叉。在这种情况的运行过程中，一旦股价走出了双突破形态就可以确认上升趋势，但是要股价在最短的时间内走出均线系统健康的大多头形态，如果不能满足该条件就需要规避风险。

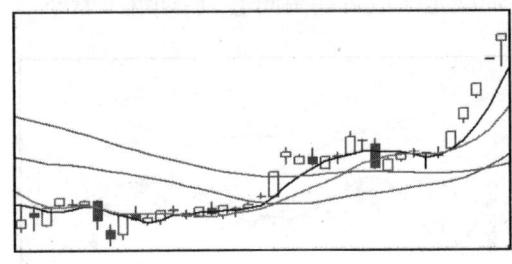 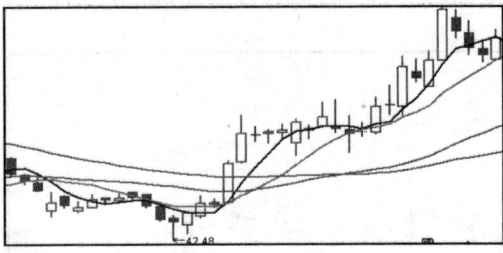

底部突破时均线束形态

图示案例

如图所示，*ST昆机（600806）的上升趋势并不是非常强势，虽然不断创新高的K线带动了整个上升趋势的形成，可是几乎每根K线都有上下影线，说明在

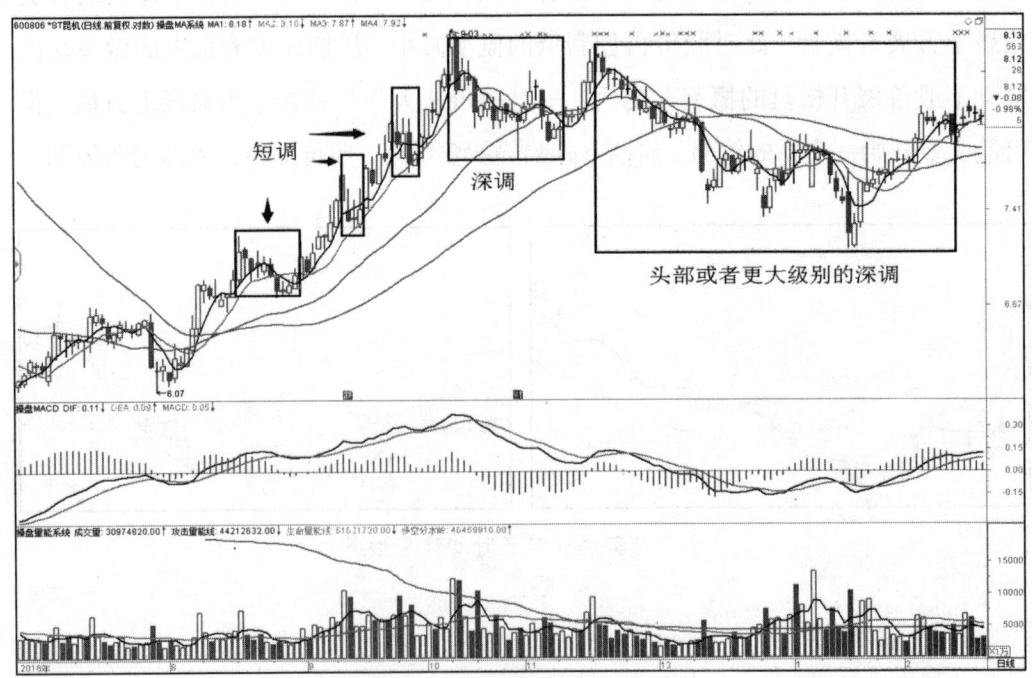

*ST昆机（600806）2016年7月~2017年2月日K线走势图

整个上升趋势行进的过程中有非常强的多空双方的分歧。在上升趋势中的短调行为，有的只是跌破了攻击线，有的跌破了操盘线，有的甚至带动了攻击线和操盘线的死叉，但是从图中可以清晰地看出生命线始终维持非常强势的上涨角度。

从最后一次调整开始时的K线形态可以看出，此次调整面临的做空动能非常强。关于K线动能的知识请参阅《买在起涨》。虽然调整的初期下跌动能比较强，带动攻击线下跌的角度明显加大，但是在调整的初期仅根据均线系统还很难确定本次调整的深度和是否会带动趋势的反转。本次调整直接打到生命线，且股价再次反弹的动能并不是非常强大，股价不再创新高，且股价再次上涨也没有带动生命线拐头向上，此时可以真正确认上升趋势告一段落，股价开始进入做头阶段。随着股价横盘运行和K线的重心不断下移，决策线逐渐走平然后向下，更大级别的调整确认。

图示案例

如图所示，海南航空（600221）的整个上升趋势运行的最大特点是上涨动能越来越强，前期还是小阳线为主，但是到了后期阳线的实体变得越来越大，均线

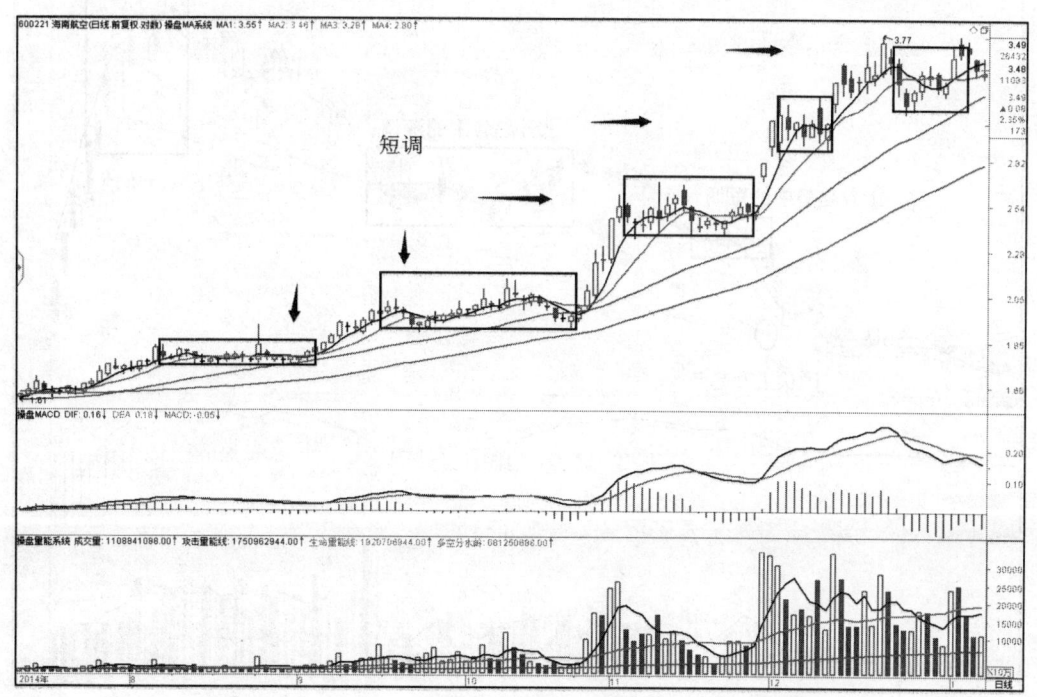

海南航空（600221）2014年7月~2015年1月日K线走势图

的角度越来越大，均线之间的乖离也越来越大。从上图的短调过程中不难发现，虽然在大的上升趋势中反向的调整无处不在，可是不论调整时间的长短，即使造成了攻击线和操盘线不断走平或者死叉，都没有破坏生命线。也就是说，小级别的调整并没有影响大趋势的运行。

分析上图中最后两次的短调可以发现，阴线的根数越来越多，阴线的实体越来越大，虽然生命线的上升角度还没有改变，但是攻击线和操盘线上涨时候的角度已经开始走弱，上涨动能不足，后期很可能要展开大级别的调整。

图示案例

如图所示，苏州固锝（002079）的上升趋势是由两个小级别上涨波段构成的，在第一个上涨波段启动初期完成了生命线和决策线的金叉，发生金叉之前股价已经走了一个小的上升波段，已经形成了攻击线、操盘线和生命线的多头排列，生命线和决策线的金叉是对上升趋势的进一步确认。在前期的上涨波段过程

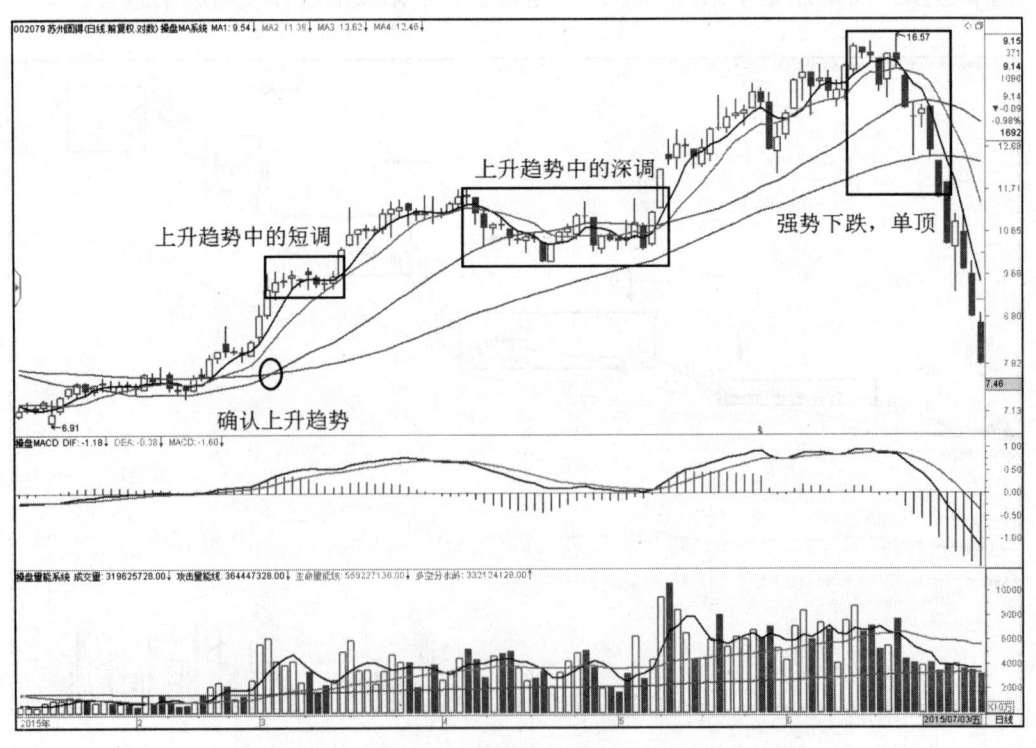

苏州固锝（002079）2015年1月~2015年7月日K线走势图

中，股价也会有不同程度上的调整，但是都在操盘线之上。上涨动能骤减，一旦股价跌破操盘线，很可能就会展开深度调整。

在完成了第一个上涨波段后，调整波段带动生命线走平，但是决策线维持了良好的上涨角度，调整结束后股价以涨停板的方式向上突破，再次迎来第二个上涨波段。在第二个上涨波段的运行过程中，回调K线的做空动能越来越强，最后在高位走了短暂的平顶后股价开始快速向下杀跌，攻击线持续向下同各周期均线死叉，该顶部以单顶的形式结束了前期的上涨行情。

图示案例

如图所示，恒生电子（600570）顶部经过一段时间的横盘后，决策线开始走平，快速下跌的阴线带动了生命线和决策线拐头向下直到两根均线死叉。前期高位横盘震荡区间的下破基本可以说明行情的结束，中长期均线的死叉只能说明漫长的冬季行情开始，新一轮上涨行情的启动遥遥无期。

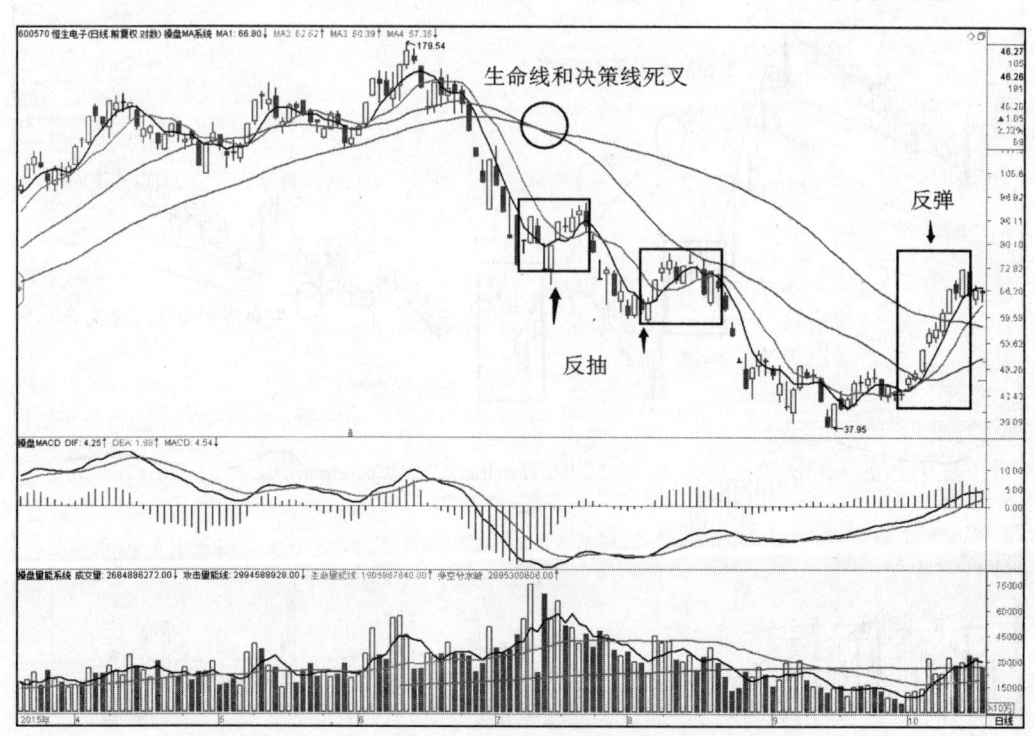

恒生电子（600570）2015年3月~2015年10月日K线走势图

在下降趋势确认后，也会不断有反抽的行情，但是最多带动攻击线和操盘线金叉后行情就会结束，生命线的压制让想要反抗的多头行情没有办法施展力量。在空方能量得以充分释放后，股价展开了横盘震荡，直到股价、攻击线、操盘线一起离生命线的距离越来越近，强势的大阳线再次向上选择了方向，才真正走出了一波非常强势的反弹行情，股价直接冲破决策线，虽然没有带动生命线和决策线的金叉，但是生命线已经开始大角度向上。

图示案例

如图所示，广宇发展（000537）前上升趋势末期，股价明显滞涨，形成慢涨快跌的单顶后，均线系统走出了大空头的形态，反抽行情遇到操盘线的压制后继续下行。股价出现6.30元的低点后快速反弹，但是生命线的压制作用让股价很难直接上行，之后就展开了横盘震荡，即短期均线和中长期均线汇合、修复的过

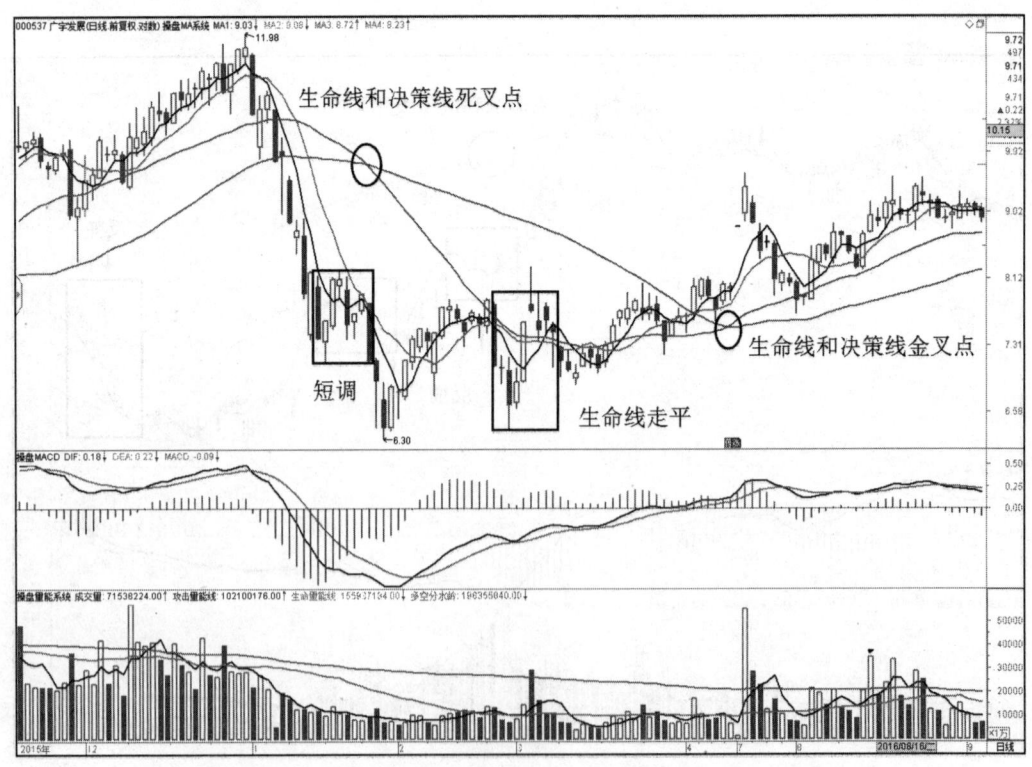

广宇发展（000537）2015年11月~2016年9月日K线走势图

程。股价不再创新低，生命线走平，决策线离K线及其他均线的距离越来越近，股价向上突破底部整理平台后也带动了生命线和决策线的金叉，上升趋势确认。但是从上图中可以看出，后期的上升趋势并不是很强，一个原因是决策线修复的时间太短，另一个是上升趋势启动时的动能不够强，以至于整个均线系统向上的角度不够大。

特别提示

均线系统配合K线完全可以组成一个强大的交易系统来应对各种各样的行情，但是这不仅要求投资者对均线的构成和各周期均线变化的形态充分掌握，更要清楚推动均线变化的根本动因：趋势的不同阶段K线涨跌动能的变化。否则，就会走向只注重其"形"，不知道其"魂"的误区。

实盘案例

操作标的	买入时间	买入均价	卖出时间	卖出均价	盈利比率
陕国投A（000563）	2016年7月28日	5.80元	2016年8月19日	6.82元	17.59%

如图所示，陕国投A（000563）前期经过了筑底和对下降趋势的修复后，决策线开始走平，在2016年7月28日以涨停板的方式确定趋势行情启动，这天就是进场的最好时机。趋势启动后，股价沿着攻击线持续向上运行，在经过了一次短调后，股价在操盘线下方形成了一个低点，该低点和前低点的连线就是上升趋势的趋势线，该趋势线也是操作的防守线，一旦股价跌破该趋势线就是离场的点位。

短调的低点出现后，股价的上涨明显出现了变弱的迹象，连续几天都伴随股价低开的迹象，8月19日股价延续前一个交易日低开低走的行情再次低开低走，股价呈现出极度乏力的走势。此时该15分钟级别的上涨行情的结构已经完整，指标也出现了背离，虽然没有破趋势线，但是上涨动能的减弱已经给出了足够多的行情已经走弱的信号，无须等到向下跌破趋势线才离场。

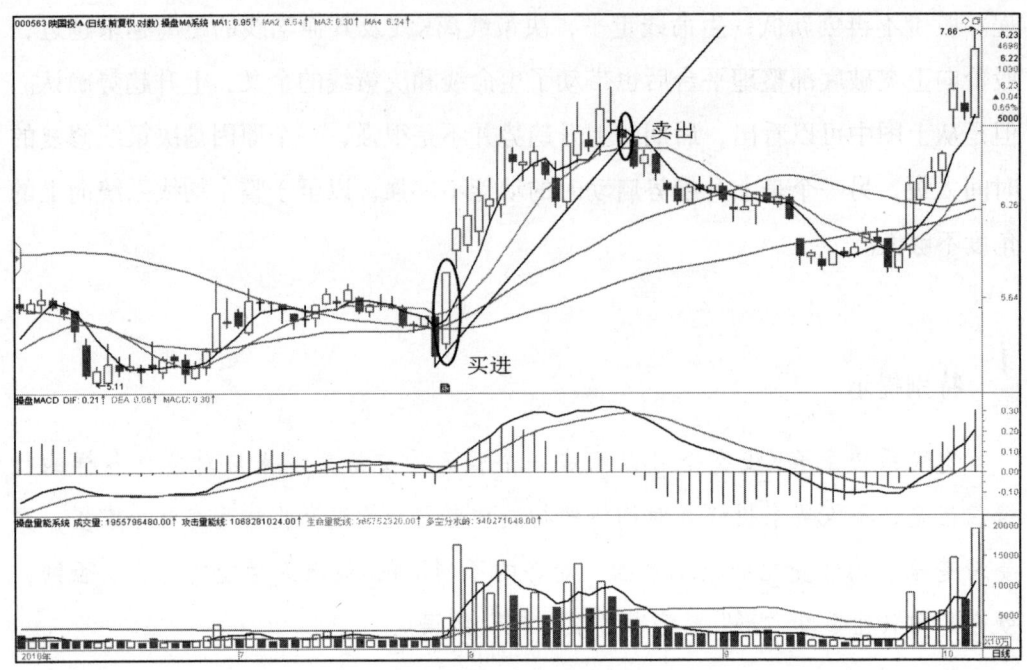

陕国投A（000563）2016年6月~2016年10月日K线走势图

下图是涨停板启动上升趋势当天的盘口走势，开盘15分钟以缓慢爬升的形态上涨，股价回调不破均价线。关于盘口走势的强弱关系请参见《庄散博弈》。当

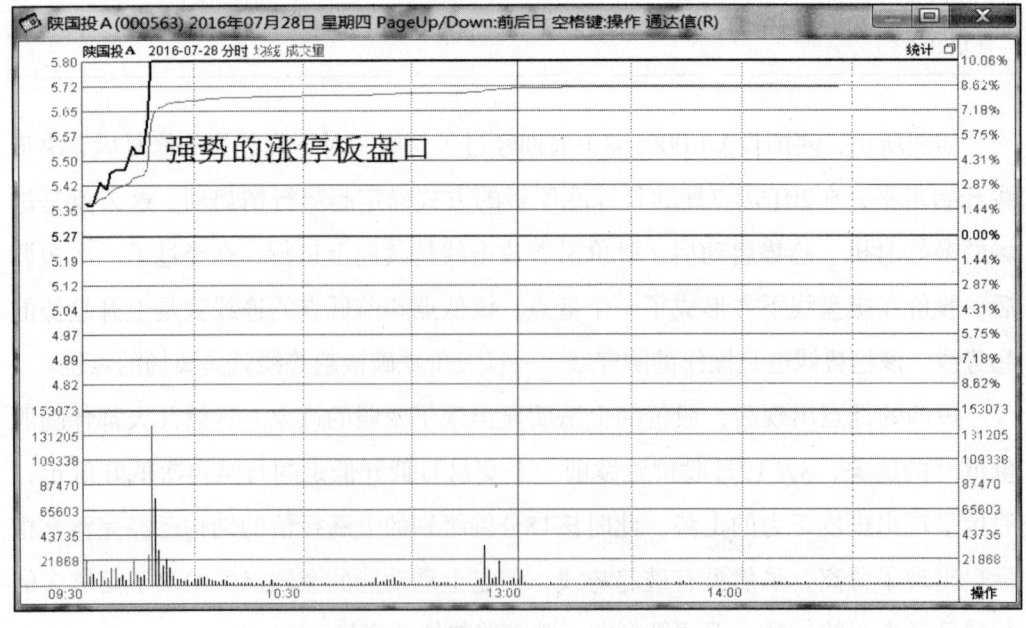

陕国投A（000563）2016年7月28日分时走势图

天涨停的一波上涨以接近90°角的方式进行拉升，持续的时间不足2分钟，如果不是一直盯盘很难有买入的机会，但是涨停板的一种操作策略就是确定当天股价足够强势时就要以涨停板的价格买进，即使没有立刻成交也要排队等候。

? 思考题

1. 道氏理论的3种运动关系在均线系统中是怎么体现的？
2. 上升趋势行进的过程中，各周期均线是如何转换的？
3. 下降趋势行进的过程中，各周期均线是如何转换的？
4. 无论是上升趋势还是下降趋势，在趋势的运行过程中有几种特殊的均线形态？
5. 第四个问题中每种均线形态的特征是什么？给予投资者怎样的交易机会？

第五章

多周期看盘

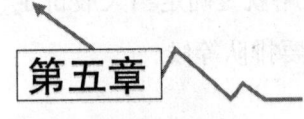

周期的转换就像潮汐、波浪和涟漪的关系，一层影响着一层，既不断递进又不断制约。不同周期的均线系统更是相辅相成，在趋势的转折点小周期引领大周期，在趋势运行过程中大周期制约小周期。

第一节 上升趋势中的三周期看盘

当股价在日K线上走出大多头排列的时候，60分钟、15分钟K线图上是否也走出了多头排列会直接决定当下日K线上的多头排列是否具有持续性。采用三周期看盘，日K线上攻击线、操盘线、生命线和决策线依次多头向上，60分钟和15分钟K线图上的走势有以下4种可能：

1. 60分钟上大多头、15分钟上大多头

这是4种情况中多头趋势最强的一种，此时应以持仓为主，既没有进场点也没有出场点，如果没有仓位只能等待好的进场点，不能盲目追高。

图示案例

如图所示，湖南投资（000548）在2月16日和2月17日两天形成的两个涨停板行情，完全将前期震荡的日线走势转变为了多头排列行情，强势的涨停板也导致了小周期的大多头行情，60分钟和15分钟的走势图上均是大多头排列，此时只能观赏行情，切忌追高。

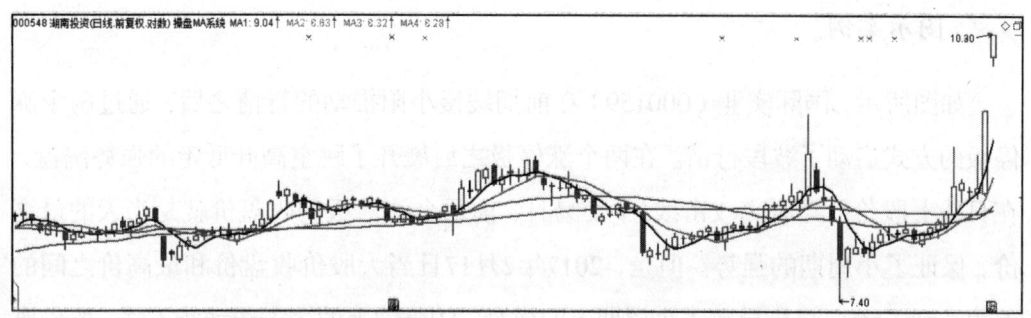

湖南投资（000548）2016年8月~2017年2月日K线走势图

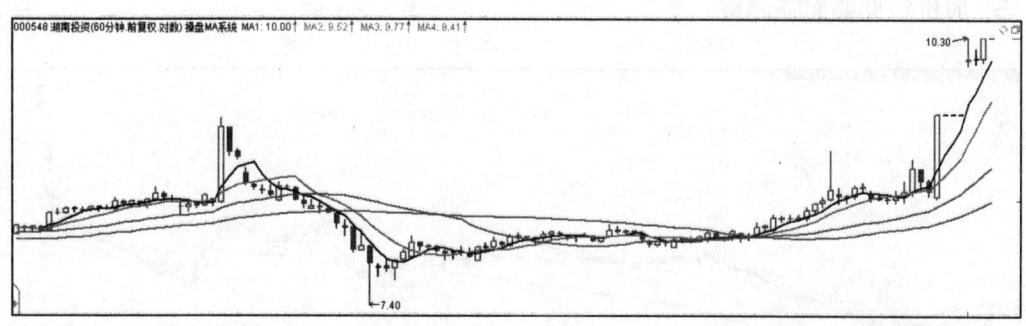

湖南投资（000548）2016年12月30日~2017年2月17日60分钟K线走势图

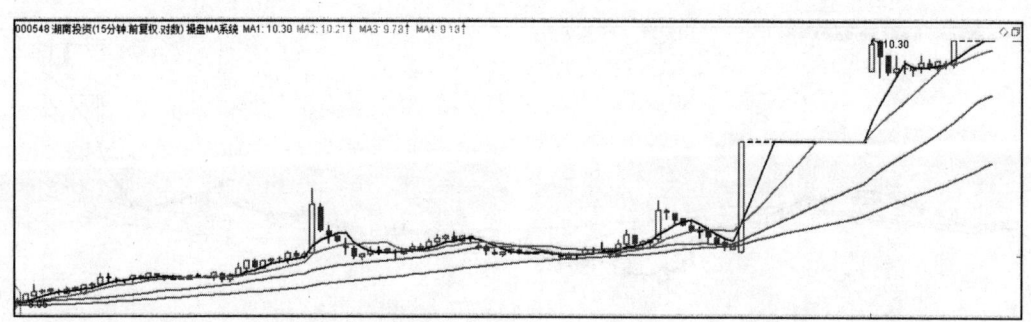

湖南投资（000548）2017年2月8日~2017年2月17日15分钟K线走势图

2. 60分钟上回踩到攻击线、15分钟上跌破操盘线

日线上的大多头走势强劲，但是小周期已经开始出问题。虽然股价在当天有创新高，但是分时走势中出现了明显的冲高后回落，导致60分钟K线上先出现向攻击线回踩，而此时15分钟上回踩的深度已经跌破操盘线，甚至攻击线和操盘线已经死叉。

图示案例

如图所示，国际实业（000159）在前期缓慢小阳推动的行情之后，通过两个涨停板的方式启动了波段行情。在两个涨停板之后展开了跳空高开低走的强势洗盘，在日线上股价已经脱离攻击线3个交易日，前两个涨停板的收盘价就是当天的最高价，保证了小周期的强势。但是，2017年2月17日当天股价收盘价和最高价之间的差距达到了5%，直接导致了小周期上的横盘，60分钟上的攻击线动能不强，股价已经回落到走平的攻击线上，而此时的15分钟上已经走出了攻击线和操盘线的死叉状态，股价短期要面临调整。

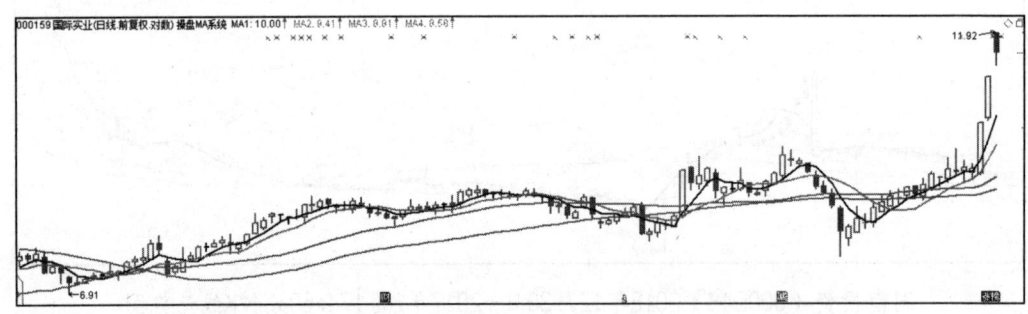

国际实业（000159）2016年8月~2017年2月 日K线走势图

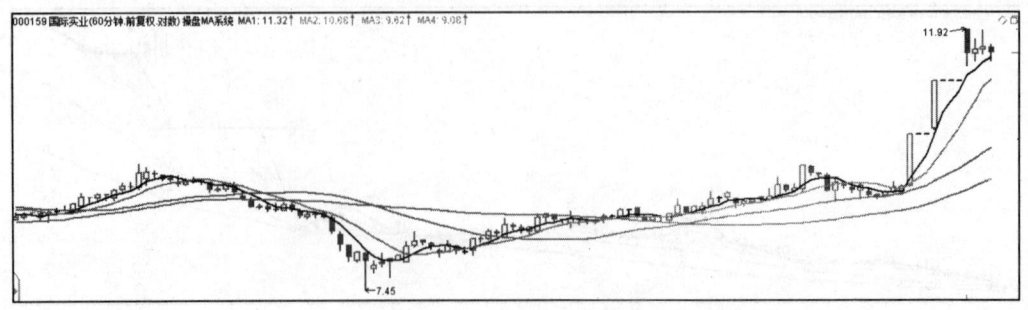

国际实业（000159）2016年12月30日~2017年2月17日60分钟K线走势图

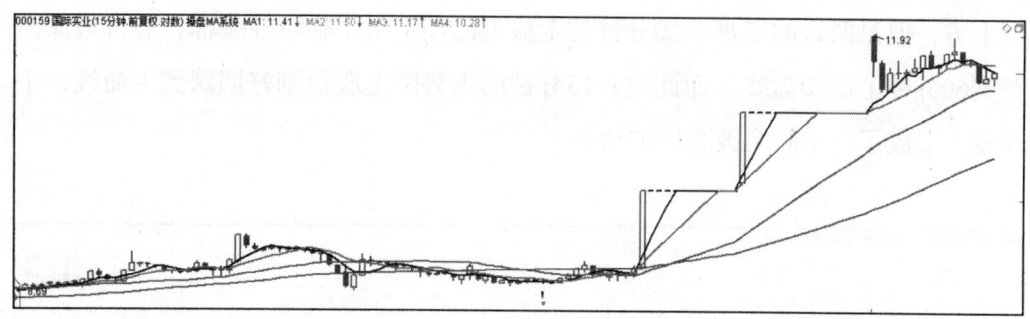

国际实业（000159）2017年2月8日~2017年2月17日15分钟K线走势图

3. 60分钟上回踩到操盘线、15分钟上跌破生命线

4种情况都是按照60分钟上均线回踩的深度依次解析的，随着回踩深度的加强，股价横盘的时间也在变长。在上升趋势形成后，股价所在的上升通道会越来越窄，所面临的调整时间会短、周期会小，有的时候会被投资者忽略，但是就是这短暂的调整时间会给投资者带来好的进场机会。

图示案例

如图所示，北方国际（000065）上升趋势的确认明显没有前两只股票强势，在该上升波段都是由小阳线或者中阳线推动的，股价沿着攻击线缓慢上行，生命线和决策线近期才在操盘线之下金叉，所以还处于一个新的上升波段的初期。鉴于上涨启动初期的做多动能还不是非常强，还没有造成各周期均线较大的乖离，所以日线上短暂的横盘小周期就会回踩到重要的均线位置。日线上股价还在攻击

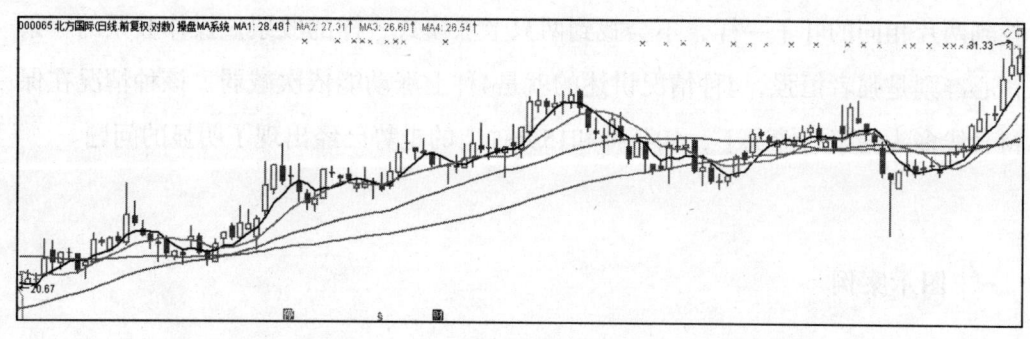

北方国际（000065）2016年8月~2017年2月日K线走势图

线上方,但是两日的横盘在60分钟的走势上已经走出了临时性头部,股价最深回踩到60分钟上的操盘线,而此时在15分钟的走势图上股价刚好回踩到生命线,小周期上形成了一个假突破之后继续向上。

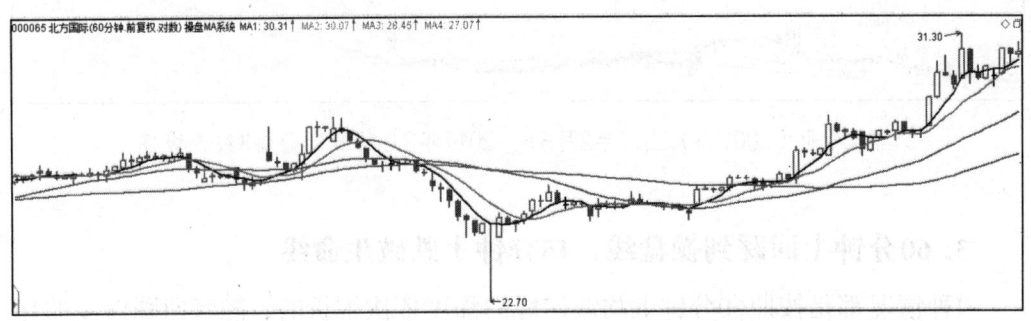

北方国际(000065)2016年12月26日~2017年2月14日60分钟K线走势图

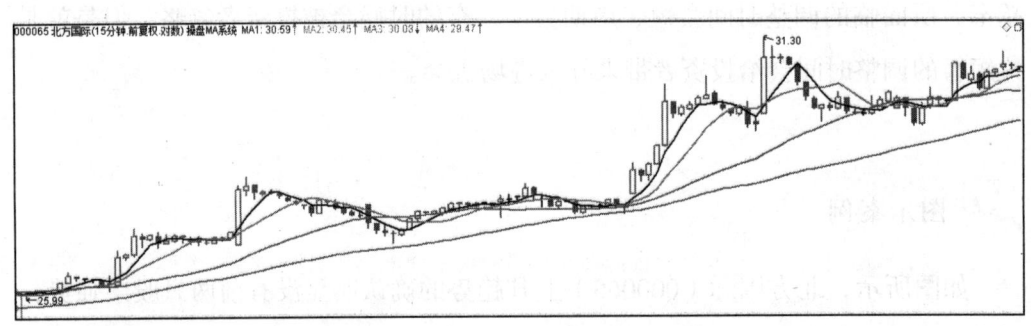

北方国际(000065)2017年2月3日~2017年2月17日15分钟K线走势图

4. 60分钟上回踩到生命线、15分钟上跌破决策线

上升趋势形成的过程中,每次的回踩幅度越小越好,这也是洗盘和调整的最大区别。A股有3000多只,每只股票的上升趋势都会有它自己的特点,就像不能找到两片相同的叶子一样,不会找到两只上涨模式一样的股票。操作股票的一条核心准则是强者恒强,4种情况讲述的就是4种上涨动能依次减弱。该种情况在保持日线多头健康的情况下,60分钟和15分钟上的走势已经出现了明显的问题。

📈 图示案例

如图所示,从日K线的走势图上就可以判断,这种情况形成的上升趋势更弱,联美控股(600167)在启动开始的K线中夹杂着很多的阴线,且不断有上影线,虽然均线系统呈现大多头排列,但是股价经常会踩到攻击线和操盘线上。在2017年2月16日股价跳空回踩操盘线时,在60分钟上股价已经回踩到了生命线,在15分钟上走出了跌破决策线的大空头。

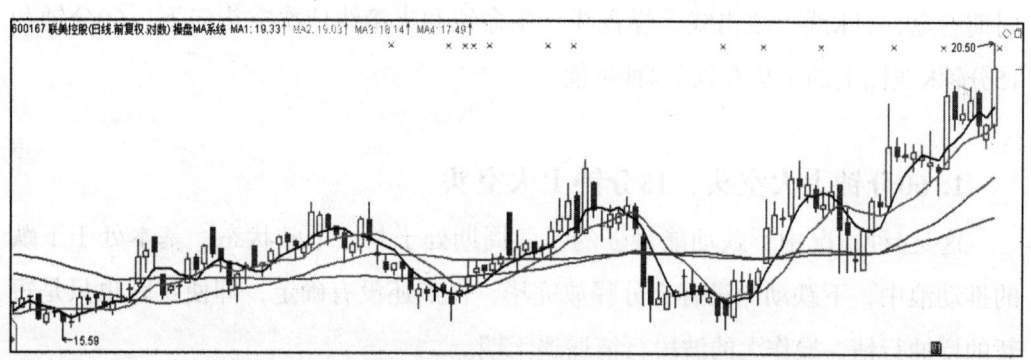

联美控股(600167)2016年8月~2017年2月日K线走势图

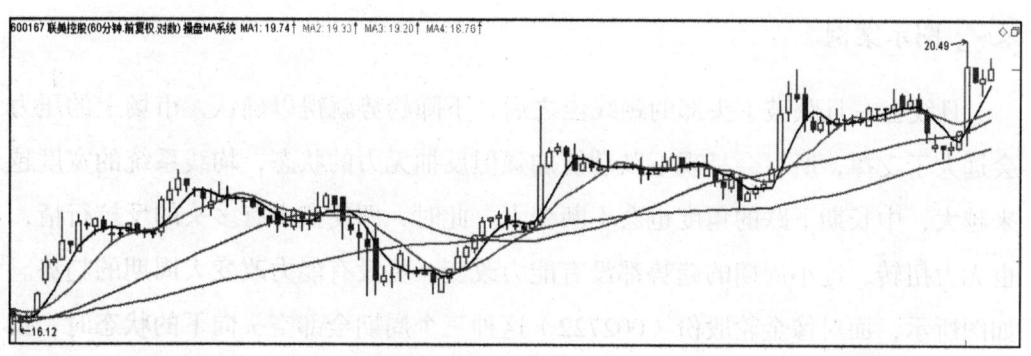

联美控股(600167)2016年12月30日~2017年2月17日60分钟K线走势图

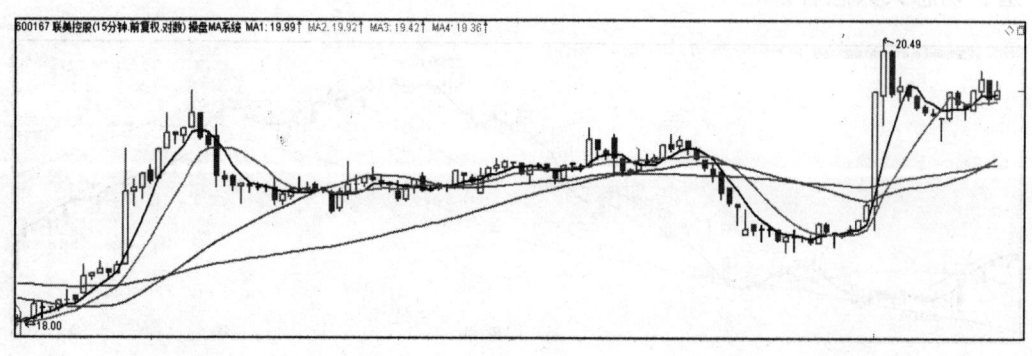

联美控股(600167)2017年2月8日~2017年2月17日15分钟K线走势图

第二节　下降趋势中的三周期看盘

当股价在日K线上走出了大空头排列的时候，60分钟、15分钟K线图上是否也走出了空头排列，会直接决定当下日K线上的空头排列是否具有持续性。采用三周期看盘，日K线上攻击线、操盘线、生命线和决策线依次空头向下，60分钟和15分钟K线图上的走势有以下4种可能：

1. 60分钟上大空头、15分钟上大空头

这是4种情况中下跌动能最强的，各周期处于共振下跌状态，基本处于下跌的推动浪中，下跌动能没有充分释放完毕，低点还没有确定，即使止跌也只是短暂的反抽行情，操作大的波段行情遥遥无期。

图示案例

日线上一旦跌破了头部的颈线位之后，下降趋势就得以确认，市场上的压力会远大于支撑，所以会呈现下跌动能加强但反抽无力的状态，均线系统的宽度越来越大，中长期下跌的角度也会不断变大。此时，即使盘中有多头的反抗行情，也无力扭转，连小周期的趋势都没有能力改变，更没有能力改变大周期的趋势。如图所示，面对像金轮股份（002722）这种三个周期全部空头向下的状态时，投资者只能空仓等待，而且要清楚等待的时间会很漫长，寻找更合适的标的才是王道，切忌天天想着抄底。

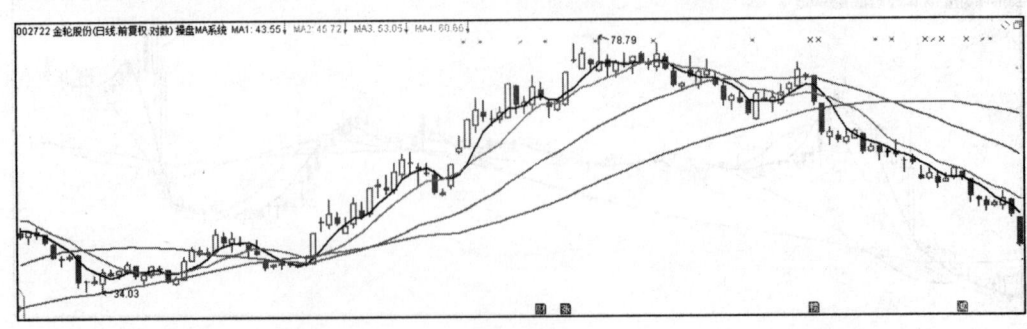

金轮股份（002722）2016年7月~2017年1月日K线走势图

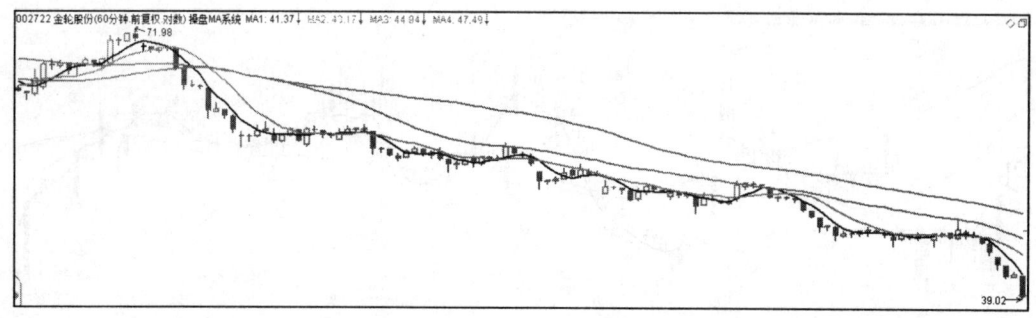

金轮股份（002722）2016年12月2日~2017年1月16日60分钟K线走势图

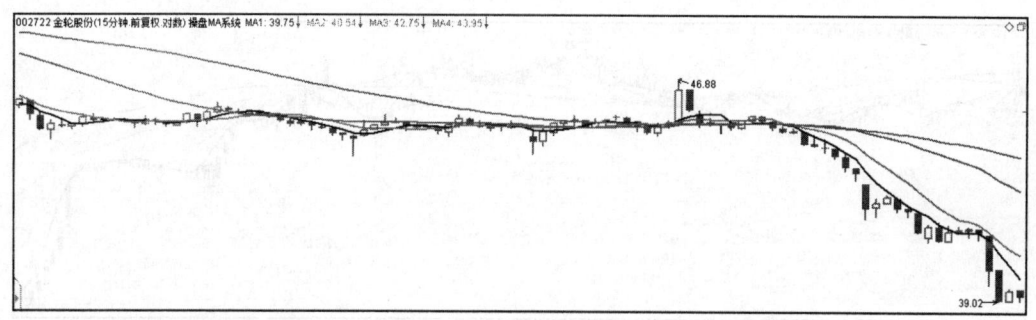

金轮股份（002722）2017年1月6日~2017年1月16日15分钟K线走势图

2. 60分钟上反抽到攻击线、15分钟上向上突破操盘线

在下降趋势中，多头的反抗有时比较强烈，有时微弱得就像大海中的一个小波浪，没有办法改变大的趋势。但是作为普通投资者，在面对波浪的诱惑时往往会按捺不住，总以为会有狂风暴雨，殊不知只是微风飘过。此时的下跌动能明显减弱，做多动能有所显现，但是还没有强过空方动能，所以还是以观望为主，切忌贸然进去。

图示案例

如图所示，清水源（300437）在日线的均线系统走出了空头排列后一根大阴线加强了下跌动能，此时60分钟和15分钟的K线走势图上都呈现出非常明显的大空头向下的形态。大阴线次日下跌的动能有所减弱，率先在15分钟的K线上呈现出攻击线和操盘线走平的趋势，股价缓慢站上操盘线。但是，此时只是非常弱的回踩行情，还没有发出交易信号。

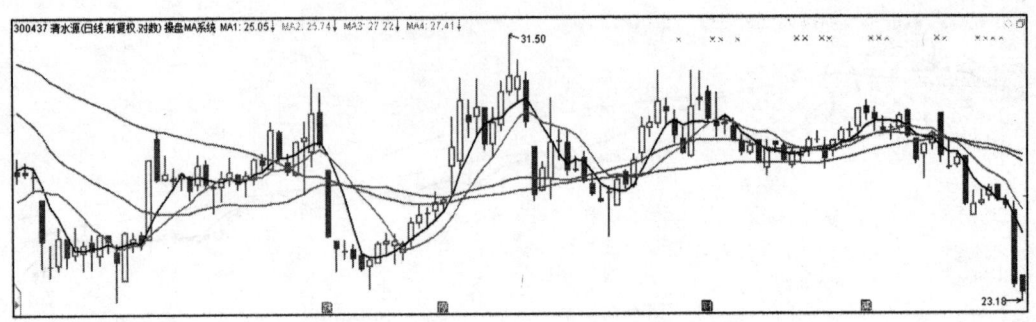

清水源（300437）2016年6月~2016年12月日K线走势图

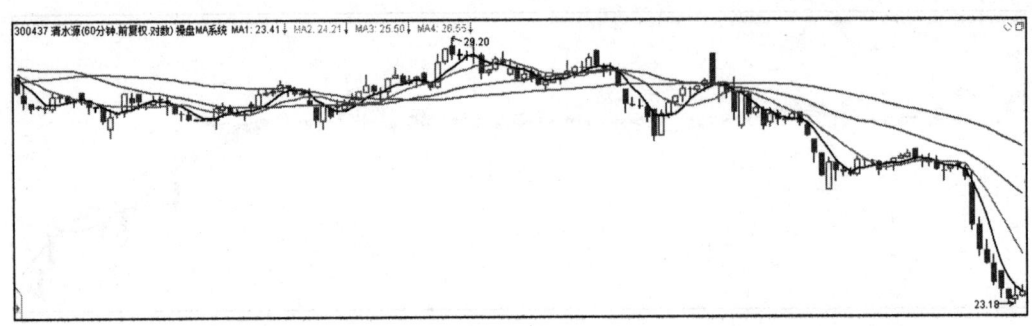

清水源（300437）2016年10月25日~2016年12月13日60分钟K线走势图

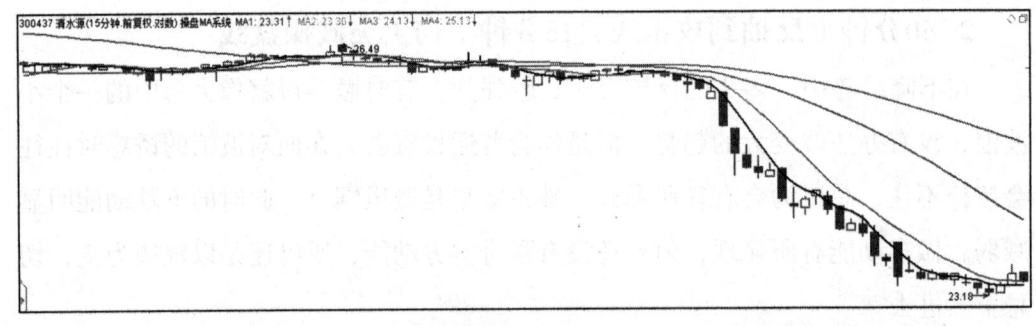

清水源（300437）2016年12月6日~2016年12月13日15分钟K线走势图

3. 60分钟上反抽到操盘线、15分钟上向上突破生命线

在下降趋势中，经常会出现一根中阳线或者大阳线，这会直接引起60分钟K线快速反抽到攻击线甚至是操盘线之上，通常会引来很多市场上的跟风盘，做出一种放量V形底的走势。在笔者的体系中，只有涨停板构成的V形底才真正具有操作价值，否则哪怕是大阳线构成的V形底也不建议参与，因为此时的行情级别最多是15分钟上的，如果不是涨停板确保后期有继续冲高的动能，就很可能踩上

一日游行情的尾巴。

图示案例

如图所示,长亮科技(300348)在大空头的走势中出现了一根中阳线,给低迷的市场带来了人气,此时60分钟上股价也反抽到了操盘线之上,15分钟上更是在形成了攻击线和操盘线的金叉后站在了生命线上方。在此反抽过程中已经形成了15分钟上的上升趋势线,只要股价跌破该趋势线,后期延续空头行情的概率会非常大。

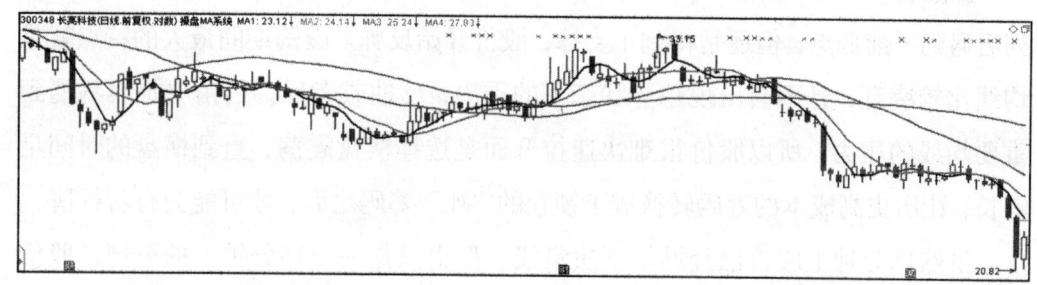

长亮科技(300348)2016年7月~2017年1月日K线走势图

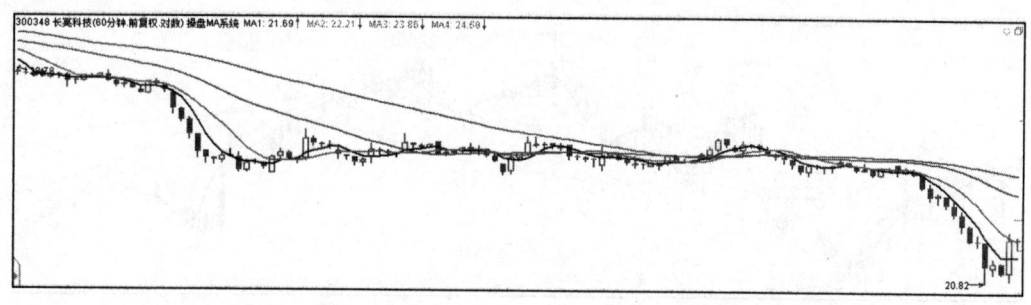

长亮科技(300348)2016年12月5日~2017年1月17日60分钟K线走势图

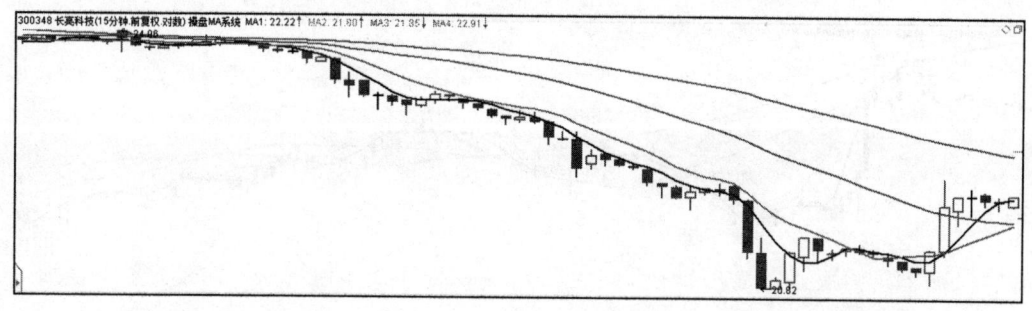

长亮科技(300348)2017年1月11日~2017年1月17日15分钟K线走势图

4. 60分钟上反抽到生命线、15分钟上破决策线

在日K线上为大空头的情况下，60分钟上反抽触碰到生命线说明前期的下跌动能已经开始减弱，股价的下跌方式是缓慢的阴跌，均线和股价之间的乖离不大。虽然这种情况是最有可能见底的，但是真正的启动时间还存在很大的不确定性，即使见底了，也只能按照日线上的盘整进行操作。

图示案例

如图所示，恒华科技（300365）处于长时间的宽幅震荡中，均线走出了空头排列后遇到了前低点，但还是得到了支撑，股价开始反弹。震荡期间最大的特点就是均线比较凌乱，且不会出现趋势状态下的乖离，反抽或者反弹行情更加容易遇到重要均线的压力，所以股价很难快速拉升而是选择横盘震荡，直到横盘的时间足够长，让历史高成本的筹码转换成了锁仓的"死"筹码之后，才可能会有新行情。

虽然15分钟上股价已经站上了决策线，但也只是一个15分钟上的行情，股价跌破15分钟趋势线时必须无条件离场。

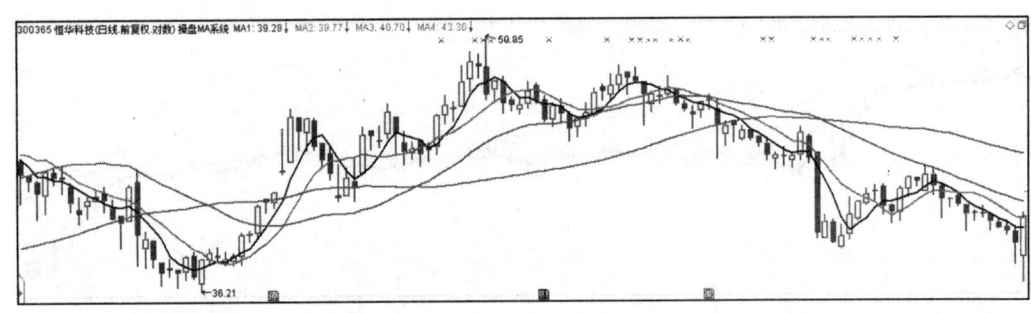

恒华科技（300365）2016年7月~2017年1月日K线走势图

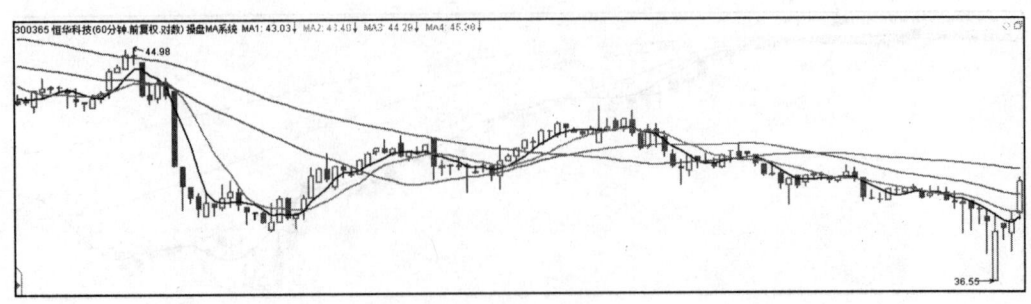

恒华科技（300365）2016年12月5日~2017年1月17日60分钟K线走势图

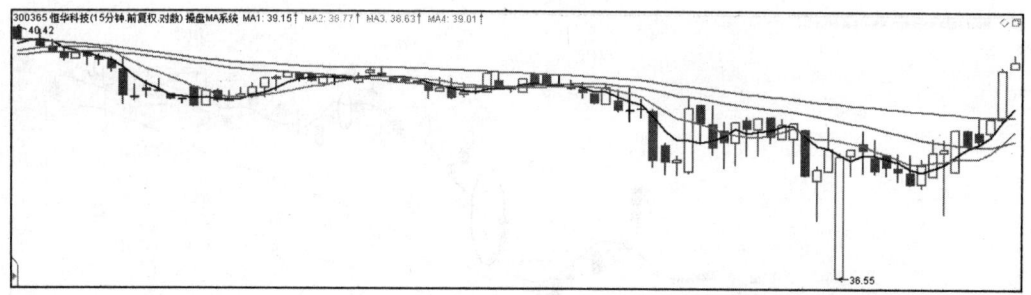

恒华科技（300365）2017年1月10日~2017年1月17日15分钟K线走势图

! **特别提示**

本章介绍的8种多周期均线系统的状态虽然不能穷尽市场中所有的多周期均线形态，但却是最典型的。上升趋势中的4种状态是值得参与的；下降趋势中的4种状态是不能参与的；其他均线状态产生的行情级别基本在15分钟和30分钟行情之间，如果参与，要以短线为主。

实盘案例

操作标的	买入时间	买入均价	卖出时间	卖出均价	盈利比率
腾达建设（600512）	2016年8月8日	4.86元	2016年8月23日	5.51元	13.38%

如图所示，腾达建设（600512）经过了前期的筑底后，生命线和决策线逐渐金叉，但是就在两根线金叉的次日走出了一根高开低走的大阴线，这说明一旦股价回调到位就会给出非常好的进场机会。股价如预期一样缓慢下跌，带动了攻击线和操盘线死叉直接打到了生命线上。请投资者切记：不是到线就买入，一定要等待对应的线起到决定性的支撑作用后才可以进场。

股价碰到生命线后开始上涨，以连续阳线的形式开始了新的上升波段。虽然有根阴线，但实质上是假阴线。之后的交易日也就是2016年8月8日当天开盘价刚好触碰攻击线，且带动了攻击线和操盘线金叉，盘中构成的阳线实体形成了对前一日的阳包阴之后，基本可以确定股价将要启动上升波段，此时应盘中买入。

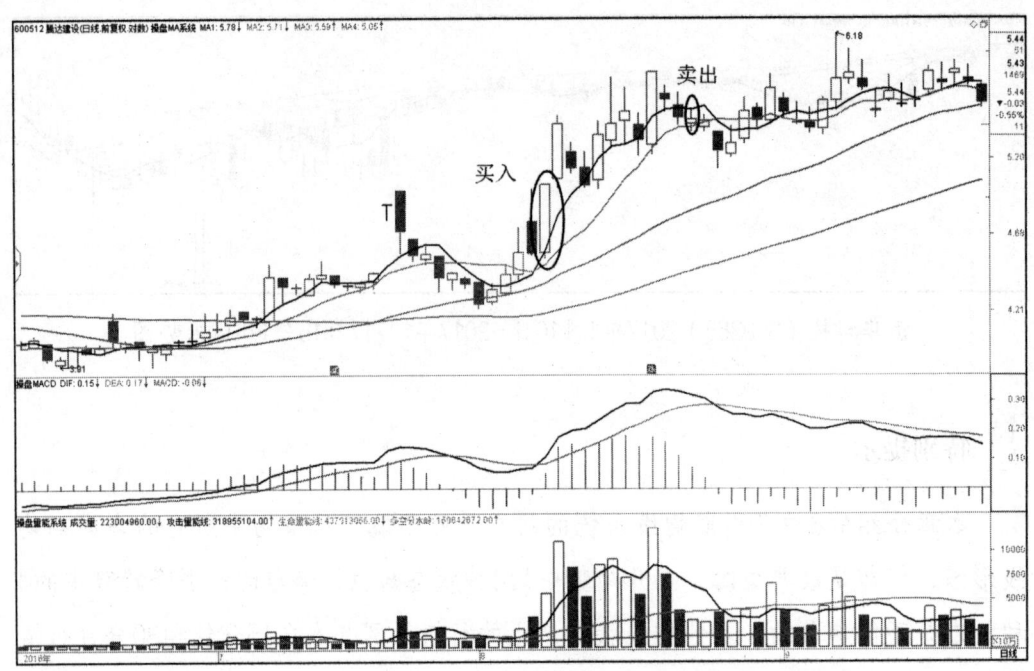

腾达建设（600512）2016年6月~2016年9月日K线走势图

从60分钟上的走势上来看，买入的位置均线系统还没有走出大多头，但是突破了前期的一个小平台，突破的过程中攻击线和操盘线已经金叉。虽然生命线和

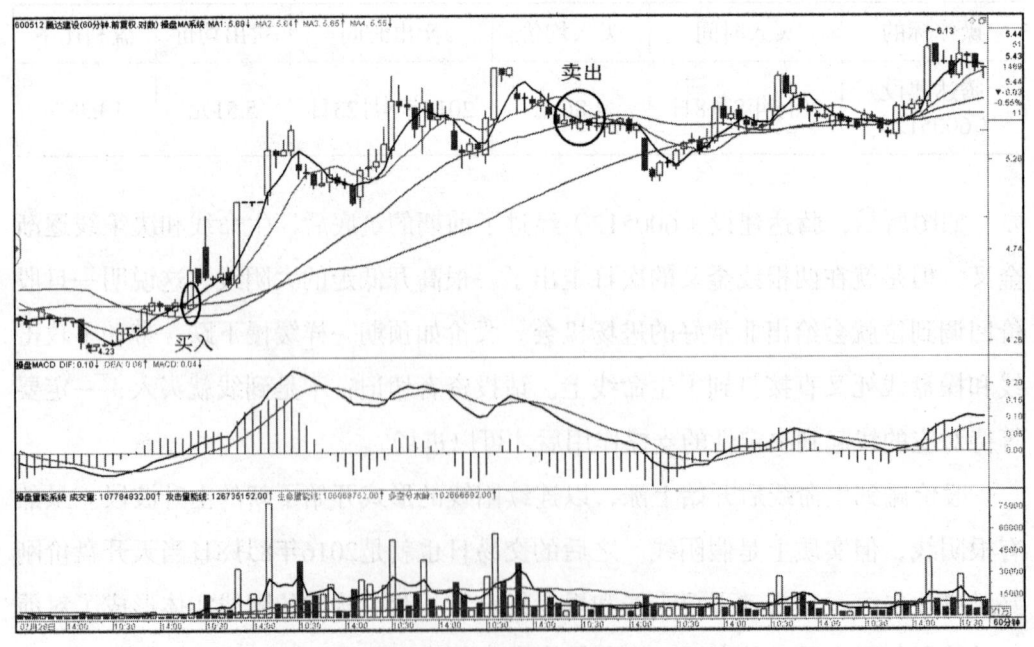

腾达建设（600512）2016年7月28日~2016年9月9日60分钟K线走势图

决策线还没有金叉，但是对股价已经没有压制作用。60分钟均线系统不健康可能会导致上涨过程不流畅，但是不会影响大趋势的方向。

持仓的这段时间，在更小周期上的走势如下图，在实盘操作的过程中，明确操作周期是最为重要的，15分钟上的走势波动性变强，会更考验持仓的耐心和决心。从60分钟和15分钟的走势上可以明显看出，股价上涨的动能减弱，进场后遇到过两次股价跌破决策线，但是并没有形成大的风险，因为并没有跌破趋势线。但是，股价出现第三次跌破决策线就完全不一样了，因为股价已经跌破了对应的趋势线，后期即使有新高也是短暂的诱多。

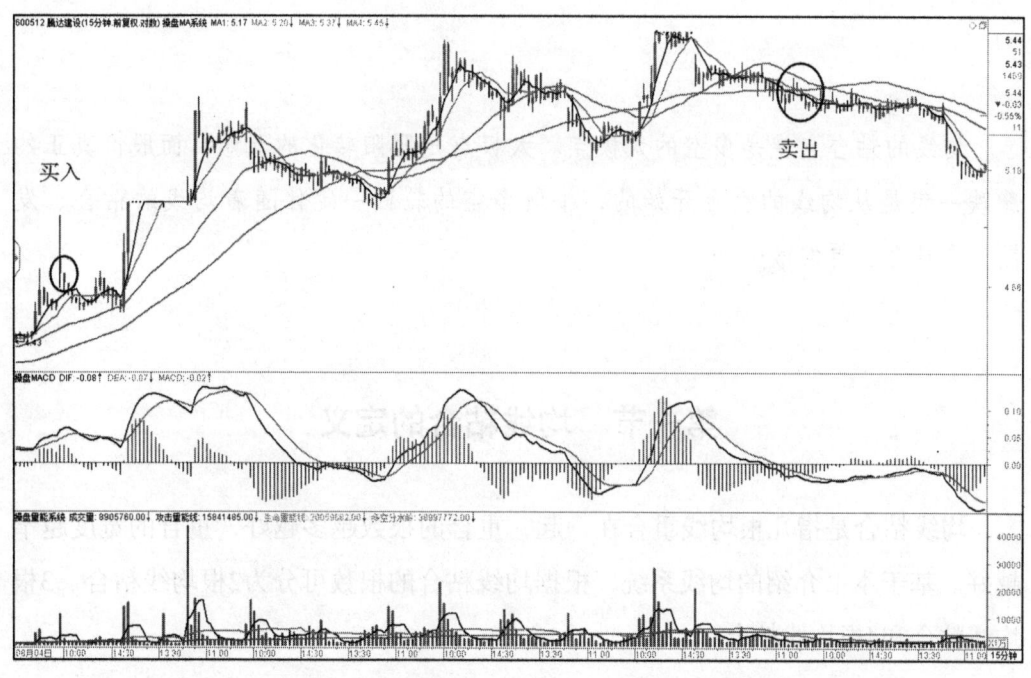

腾达建设（600512）2016年8月4日~2016年8月25日15分钟K线走势图

❓ 思考题

1. 不同周期均线的趋势性有什么特征？
2. 哪些均线是用于研判趋势的？哪些均线是用来交易的？
3. 上升趋势中，哪些周期均线的特征会给投资者带来交易机会？
4. 下降趋势中，哪些周期均线的特征会给投资者带来交易机会？

第六章
均线的粘合性

均线的粘合点就是多空的太极点。太极点是阴阳转化的开始，而股价真正的涨跌一定是从均线的粘合开始的，牛熊多空的轮回一定伴随着均线的粘合、发散、再粘合、再发散……

第一节 均线粘合的定义

均线粘合是指几根均线重合在一起，重合的根数越多越好，重合的宽度越窄越好。基于本书介绍的均线系统，根据均线粘合的根数可分为2根均线粘合、3根均线粘合和4根均线粘合。

1. 均线粘合的厚度

无论几根均线粘合，都要求在某一个交易日均线系统最大值和最小值之间的差小于近期5个交易日K线实体的平均差值。K线实体的差值即为K线的开盘价和收盘价差值的绝对值。该标准是为了保证在最近的5个交易日中均线束有收紧的过程，保证了市场上不同周期平均筹码的一致性，才能够确保后期走出更强悍的行情。

2. 2根均线粘合

攻击线和操盘线粘合：此时如果在趋势中，粘合之后沿着原来趋势运行的概率大；如果在震荡整理期研究价值不大。

生命线和决策线粘合：此时攻击线和操盘线基本已经做出了方向的选择，只要短期均线能够带动生命线和决策线的发散角度变大就会确认趋势。

3. 4根均线粘合

攻击线、操盘线、生命线和决策线汇聚在一起，处于无趋势状态，即将对趋势做出方向性选择，此时只有根据趋势结构是否完整才能够判断后期选择的方向。此处没有专门介绍3根均线粘合的状态，是因为它和4根均线粘合基本相同，整个粘合期的形成会从3根均线粘合开始逐渐变成4根均线粘合。

图示案例

如图所示，世纪游轮（002558）先是在相对低位走出了4根均线粘合的走势，之后向上选择了方向，在上升趋势的运行过程中，生命线和决策线的角度没

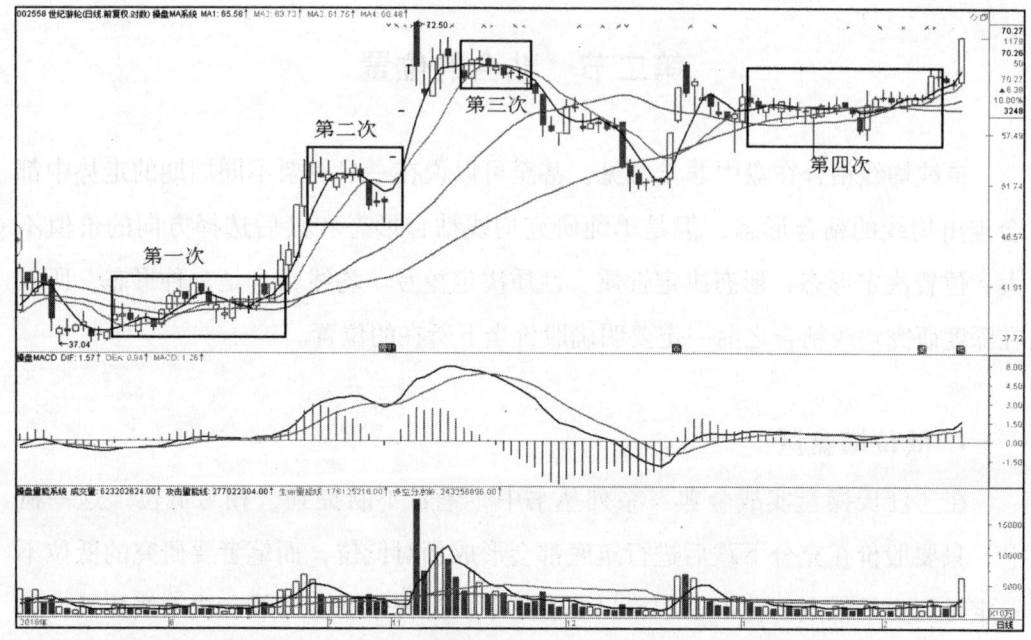

世纪游轮（002558）2016年5月~2017年2月日K线走势图

有办法跟上攻击线和操盘线的角度，所以攻击线和操盘线必然需要调整，以等待生命线和决策线"跟上"。因为攻击线和生命线的调整过程就是日常运动的调整过程，在基本运动和次级运动尚在完好趋势中的时候，日常运动调整后选择方向会与原趋势一致。第二次2根均线的粘合过程可能没有办法满足均线粘合的标准定义，我们研判的是股价运行背后的真正规律，不能局限于标准，刻舟求剑。

图中第三次均线粘合是标准的2根均线粘合，此时生命线和决策线仍然处于大多头状态，遗憾的是此次粘合后选择方向并没有顺应大趋势，而是选择了向下，和上文所介绍的内容相矛盾。市场中唯一不变的就是"变化"。

对波浪理论或《趋势为王》这本书有了解的读者能够明白其中的奥妙：五浪结构已经完整，股价要面临大级别的调整。此时，短周期选择方向就不是服从大周期，而是要引领大周期走出反向行情，所以在波段结构完整后小周期的走坏基本会引领大周期走坏。

股价完成了一个完整的上升波段后展开调整，调整过程就是让均线再次走出粘合形态。第四次均线粘合是积蓄后期继续上涨能量的过程，但是，此次上涨只有放量突破前高才会形成新的趋势，否则只是反弹B浪中一个更小的波段。

第二节　粘合的位置

单纯均线粘合在盘中非常常见，甚至可以说在一只股票不同周期的走势中都会走出均线的粘合形态，但是单纯研究均线粘合形态和其后选择方向的价值不大。位置决定形态，形态决定性质，性质决定盈亏。均线粘合是一种形态，所以在深度研究均线粘合之前一定要明确股价当下所在的位置。

1. 低位横盘区

在"江氏操盘实战金典"系列丛书中，笔者不断提到"相对低位"这一概念，只要股价在充分下跌后进行筑底都会形成相对低位，而笔者要研究的低位不一定是历史最低点。在本书中，只要满足下跌过程带动生命线和决策线死叉，股价遇到低点后反弹幅度超过决策线，之后股价不再创新低都可视为低位。

第六章 均线的粘合性

低位横盘区是对前期下跌趋势的缓冲,是对空头均线的修复。在该横盘区,均线下跌的角度会放缓,股价将在一个区间内震荡,随着时间的推移,股价振幅越来越小,K线和均线越来越紧密,从而构成了均线粘合。

图示案例

如图所示,联美控股(600167)就是非常典型的阶段性的底部横盘震荡,在完成了筹码的充分换手后,各周期的平均成本越来越接近,一旦走出了带动多周期成本同时上升或者下跌的走势,该走势会是非常强势的。在横盘期间,股价的重心在不断抬高,决策线在走平,K线和短期均线围绕决策线上下震荡,实现均线系统重新走好,一旦放量向上,新的趋势就会开始。

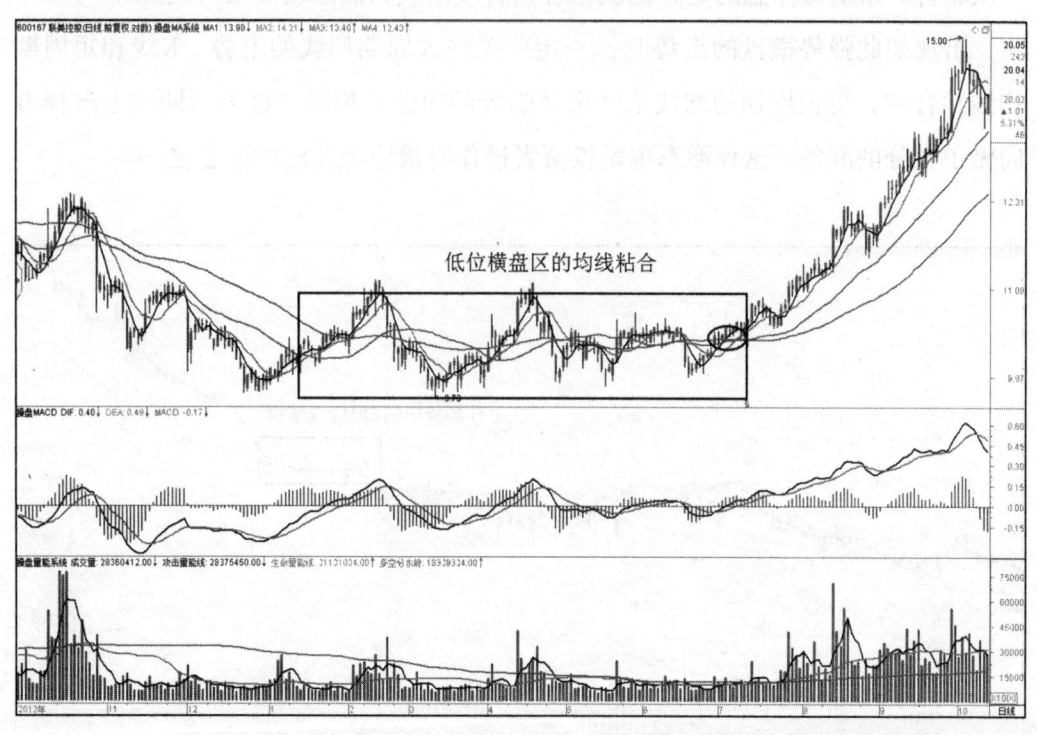

联美控股(600167)2013年10月~2014年10月日K线走势图

2. 向上脱离横盘区的第一次粘合

股价的上升与下跌都不是一蹴而就的,需要一波三折后才能完成,只有股价选择了向上脱离横盘区才说明趋势刚刚形成。在趋势行进的初期最多只能形成2根均线的粘合，如果形成4根均线的粘合就不是笔者此时要讨论的内容。2根均线和股价形成粘合的过程中，生命线和决策线一定要维持继续向上运行，且角度不能变缓，否则粘合后选择的方向很难确定。

图示案例

如图所示，合兴包装（002228）在整个走势中为大多头，虽然股价经过了长时间的横盘整理，但是并没有破坏决策线，所以中长期仍然看多。在横盘整理的过程中，股价重心不断抬高，在一根带有小上影线的大阳线向上突破后展开横盘，但是该横盘的位置在前期长期横盘区间的上方，构成了向上脱离横盘区的第一次粘合。最值得注意的是，此次粘合只有攻击线和操盘线两根均线。

出现如此强势横盘的走势时，一定要关注大周期均线的走势。K线和短周期均线粘合时，更长周期的均线依然维持强势的向上的角度，这为后期向上选择方向做了充分的准备。这种形态也是投资者操作时最应该关注的形态之一。

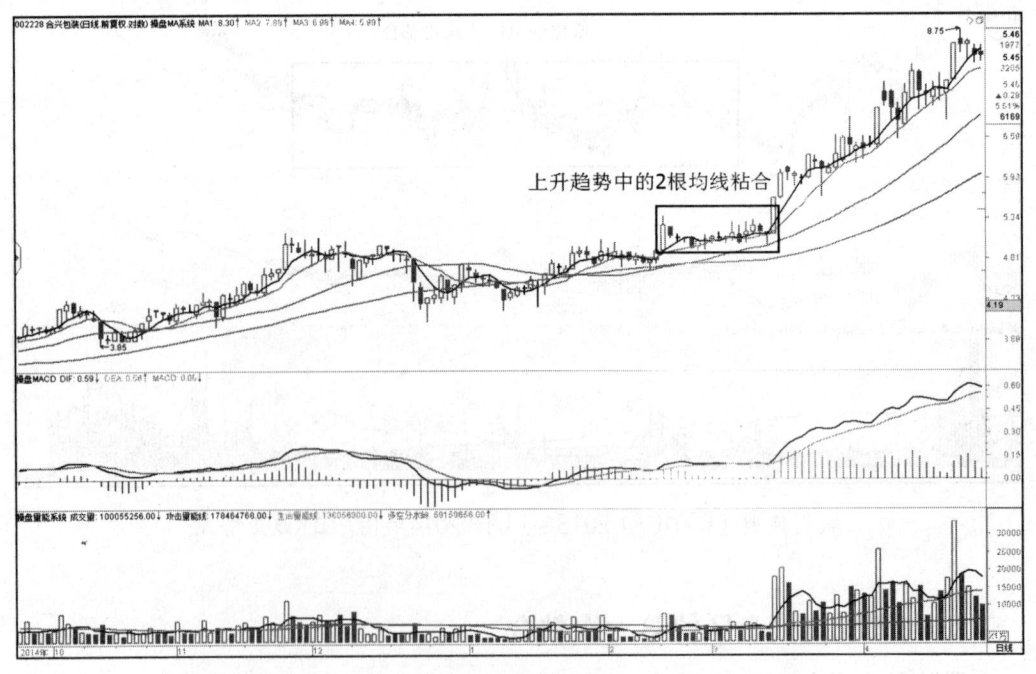

合兴包装（002228）2014年9月~2015年4月日K线走势图

3. 向上脱离横盘区的第二次粘合

在上一种情况的基础上,股价向上突破的概率特别大。随着趋势的运行,股价很可能形成第二次粘合,切记此时也只要2根均线的粘合。也就是说,在上升过程中,股价经过了两次回踩或者跌破操盘线,完成了波浪理论中上升推动浪的第二个调整浪,接下来股价继续选择向上的概率非常大,但是此时的交易机会并不大,要么操作按照短线进行交易,要么就完全规避高位的风险。

图示案例

如图所示,莫高股份(600543)在突破了前期的横盘整理区之后,沿着攻击线持续上涨,第一次的粘合过程走得比较复杂,经过了K线、攻击线和操盘线的粘合后股价上破,但是上冲动能不足,股价被打压下来,此次股价的回踩幅度较深,直接触碰到了生命线。其实在这个过程中完成了一个非标准的ABC三浪整理,为股价后期上涨做了铺垫。

股价继续沿着攻击线向上运行,迎来了第二次粘合,K线、攻击线和操盘线

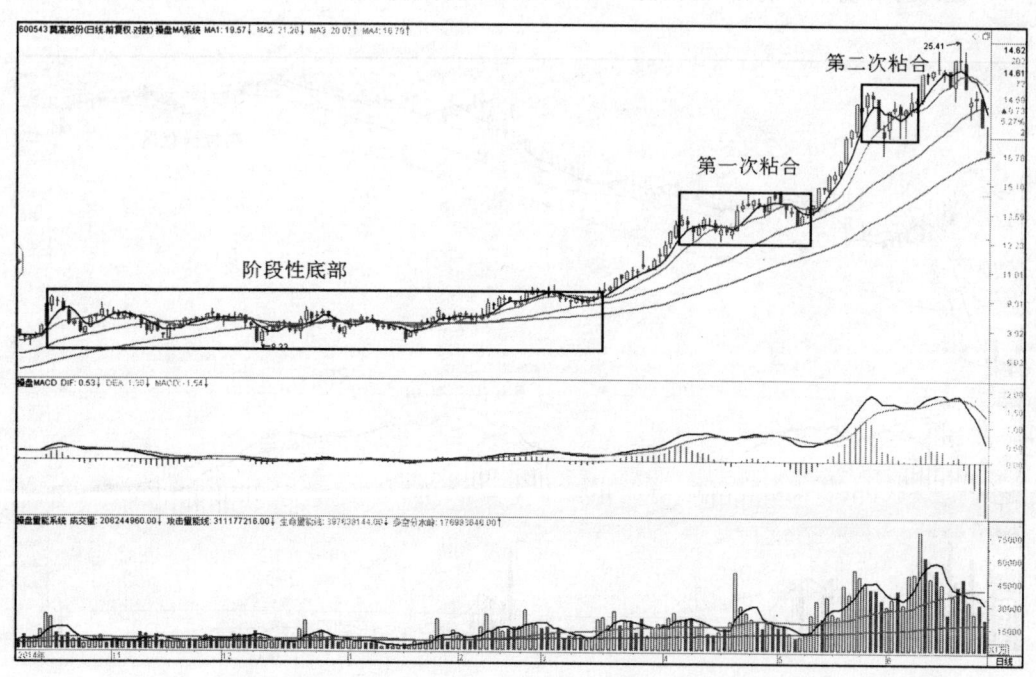

莫高股份(600543)2014年10月~2015年6月日K线走势图

再次交汇，虽然攻击线拐头向下，但是操盘线始终维持大角度向上，短期上涨动能仍然较强。但是，此时已经不适合加仓，而应以警惕风险为主，一旦市场有风吹草动要第一时间离场。

4. 高位横盘区

高位横盘是最需要投资者注意的，它经常和阶段性低位混淆起来，如果股价持续上涨到高位，对应的大周期结构完整，一旦形成多根均线的粘合就基本说明离变盘点不远了。其实，股票见顶和见底的结构是不一样的，经常是漫长的复杂的底部和简单的单一的顶部，因为主力资金都是在上升过程中出货的。在上涨的末期，一旦股价开始转头向下，就说明主力资金基本出逃完毕。没有大资金来护盘，普通投资者看到股价下跌很容易恐慌，跟风将手上的筹码抛出，形成快速砸盘。

图示案例

在A股市场中，像宏磊股份（002647）这样的大牛股并不罕见，有的股票是

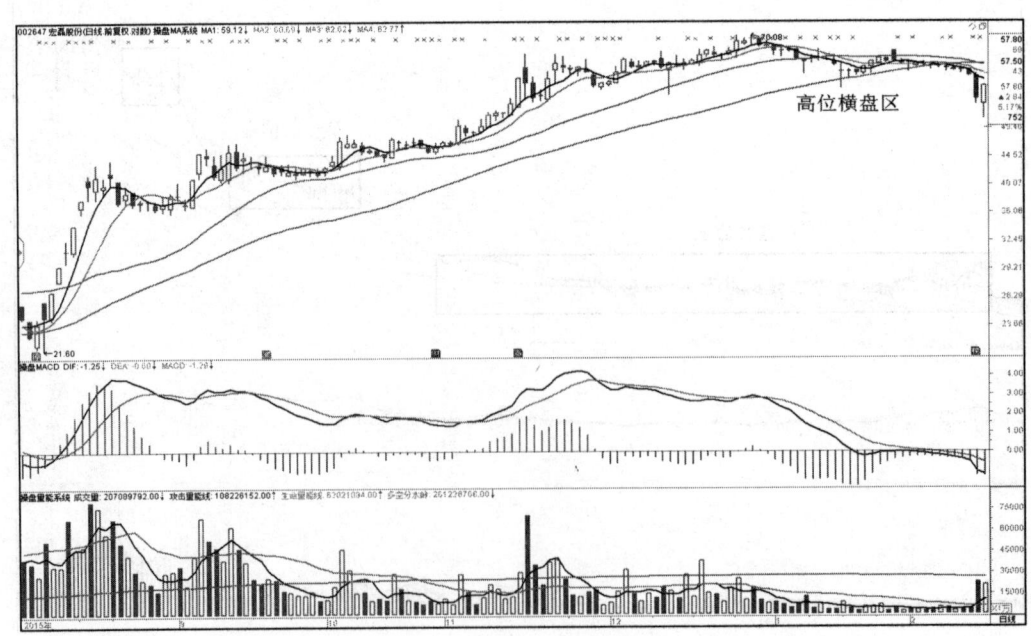

宏磊股份（002647）2015年8月~2017年2月日K线走势图

因为基本面好，具有非常大的价值投资意义；而有的股票却是因为主力在不停地运作，以拉高建仓后拉高出货的方式进行循环，这种股票的价格非常强势，很难跌破操盘线，但是如果到高位了，股价上升的角度明显变弱，各周期均线之间的乖离开始缩小，逐渐有粘合的趋势，一旦股价跌破决策线就是快速下跌的开始。

5. 向下脱离横盘区的第一次粘合

向下脱离横盘区的第一次粘合时下跌波段不完整，该横盘只是下跌过程中的一个中枢。关于趋势、波段、结构以及顶底和中枢的转换请参阅《股市立论与财富革命》一书。向下脱离横盘区的第一次粘合和向上脱离横盘区的第一次粘合类似，都要求只有2根均线的粘合，不能出现4根均线的粘合，这样股价继续下跌的概率会更大。

图示案例

如图所示，安德利（603031）在头部走出了非常标准的M头形态，即标准的大资金出逃形态，股价创新高之后跌破原上升趋势，再次上冲不创新高，量能和

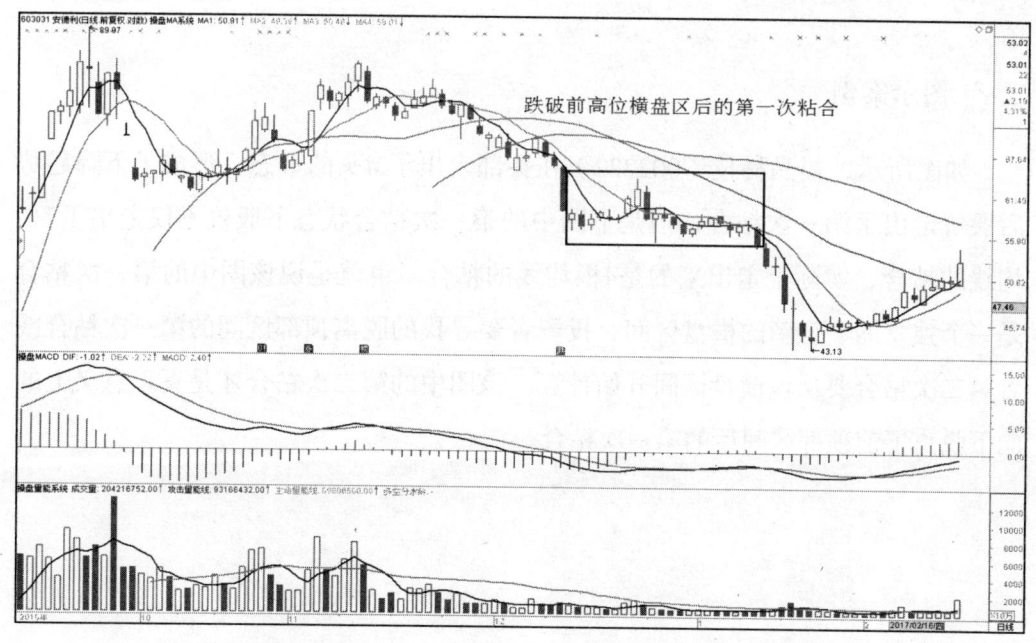

安德利（603031）2016年9月~2017年2月日K线走势图

市场人气也跟不上，一旦股价跌破颈线位就确认了下跌趋势。向下脱离横盘区的第一次粘合就是下降趋势开始后的第一次横盘，任何趋势的形成至少会走两个或两个以上的推动波段，所以横盘后会延续下跌趋势。

股价在该粘合的过程中也走出了非标准的ABC三浪形态，整体股价重心下移，K线和攻击线、操盘线越来越紧密，最重要的是生命线和决策线处于死叉状态，走出大空头状态下的弱势反抽行情，后期以看空为主。

6. 向下脱离横盘区的第二次粘合

同向下脱离横盘区的第一次粘合相同的是向下脱离横盘区的第二次粘合时市场处于大空头状态，不同的是此时股价已经经过了两波下跌，结构逐渐趋向完整。虽然此时还是以小周期服从大周期趋势为主，可是此时短期均线和长期均线已经出现了乖离，需要更大级别的调整进行回归。关于股价和均线的乖离和回归的问题在后文会详细介绍。

第二次粘合同样要求2根均线的粘合，如果出现了4根均线的粘合就会形成一个新的更大级别的横盘区间，只有在新的更大级别的横盘区间出现前，2根均线的粘合才会遵守小周期服从大周期的规则。

图示案例

如图所示，福晶科技（002222）在头部走出了M头的形态，形成了下降趋势后股价走出了第一次粘合，但是下图中的第一次粘合状态下股价不仅走出了2根均线的粘合，实际上走出来的是4根均线的粘合。也就是说该图中的第一次粘合是一个独立的、全新的横盘区间，投资者要寻找的脱离顶部区间的第一次粘合或者第二次粘合要从该横盘区间开始计算。该图中的第二次粘合才是真正意义上的向下脱离了前顶部区间后的第一次粘合。

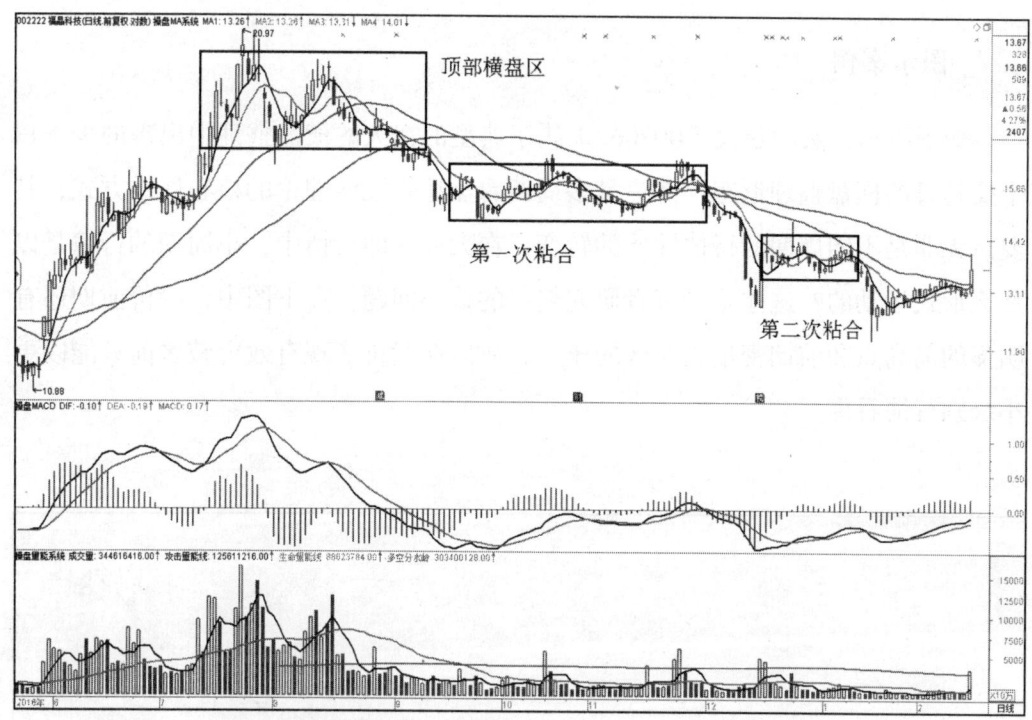

福晶科技（002222）2016年5月~2017年2月日K线走势图

第三节 粘合的时间

一只股票在任何一个周期的走势图上，都可能出现均线粘合形态，但是有的股票的粘合状态持续时间很长，有的持续的时间很短。粘合持续时间的长短将直接决定后期走势选择的方向。分析粘合的时间是要在粘合的位置基础上进行分析的，否则单纯去看粘合的时间的意义不大。均线粘合的时间是从股价进入调整阶段开始计算的。根据日K线走势图上形成的粘合时间的长短可分为4类：

1. 13天以内的粘合

13天以内的粘合是粘合时间最短的一种情况，但是由于不同周期均线形态上的不同衍生出两种最常见的13天以内的粘合状态：

第一，趋势中出现13天以内的横盘整理。

第二，大的横盘形态中出现13天以内的横盘整理。

图示案例

如图所示，宏润建设（002062）属于典型的在大的横盘整理中出现的少于13个交易日的横盘整理形态。无论是多周期看盘还是混沌理论的核心思维方式，其要点无非是不同周期的行情性质的转变：在大周期的行情中，小周期的行情是以什么形式运动的？这才是投资者研究趋势的核心问题。在下图中，股价前期还有明显的前高点和前期密集成交区的压力，所以在股价实现有效突破之前只能以更小级别行情看待。

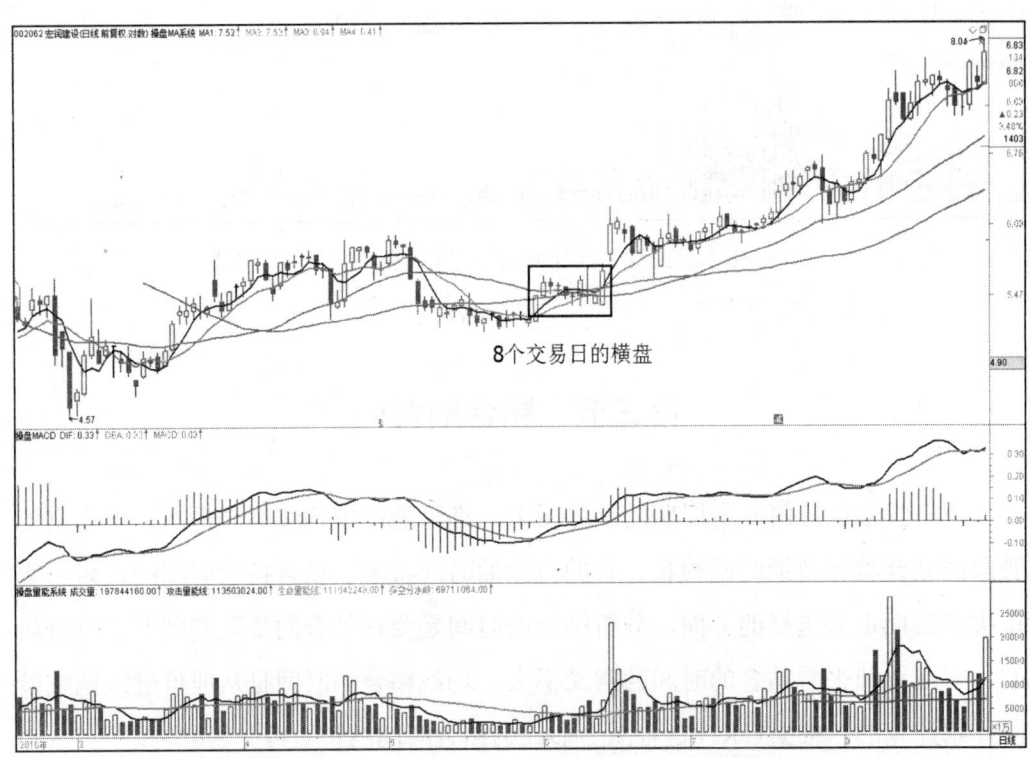

宏润建设（002062）2016年2月~2016年8月 日K线走势图

在该大级别的横盘行情中，均线系统还处于纠缠的状态，在下图中出现的均线粘合状态是更小周期上向上脱离底部盘整区后的第一次粘合，如果要分析该走势，对应的行情周期在30分钟上。

下图是针对上图13天内粘合区域在30分钟K线图上的放大，可以非常清晰地看到股价在脱离了前期的横盘整理区后展开了新的横盘。该横盘的方式是围绕30分钟上的攻击线和操盘线震荡下跌，在该过程中K线、攻击线和操盘线维持着一种持续下跌的粘合状态，虽然它们依次跌破了生命线和决策线，但是更大周期上的趋势没有走坏，也没有形成和生命线或者决策线的粘合，所以完全满足向上脱离底部整理区域后的第一次粘合，股价向上选择方向的概率更大。

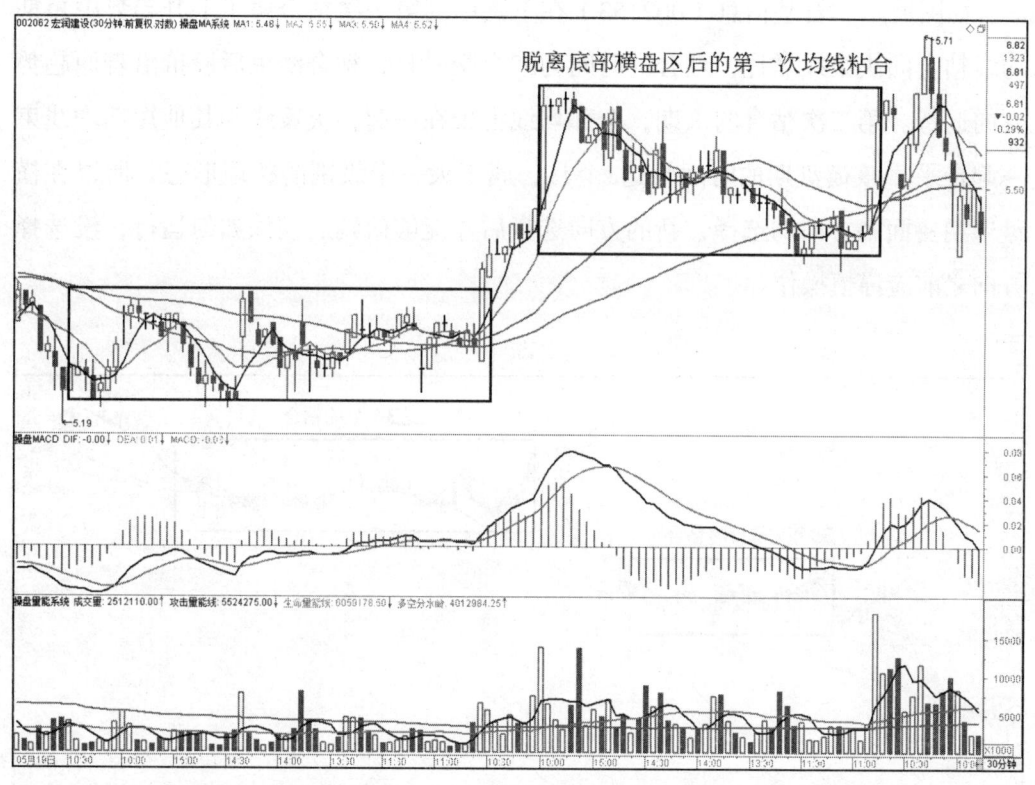

宏润建设（002062）2016年5月19日~2016年6月14日30分钟K线走势图

2. 13天到3个月的粘合

随着粘合时间的延长，横盘震荡对应的行情级别会逐渐变大。13天到3个月的粘合也会对应两种情况：

第一，趋势中出现13天到3个月的粘合：要求决策线大角度向上或者向下，粘合过程是向决策线进行回踩确认的过程，小周期服从大周期，后期还会有延续原趋势方向的波段行情。

第二，横盘震荡期出现13天到3个月的粘合：均线系统均粘合在一起，后期会面临方向的选择，选择后会在对应的方向走出两波或两波以上的推动，一个或一个以上的整理行情。

图示案例

如图所示，石基信息（002153）在下图中的第一次粘合属于上升趋势中短期均线粘合向决策线靠拢，粘合的时间为33个交易日，粘合结束后股价沿着原趋势方向运行。第二次粘合的末期，全部均线汇聚在一起，决策线和其他短期均线束一起走平，该横盘期的时间长达3个月，属于大一个级别的整理形态，所以在横盘末期要面临方向的选择，新的方向选择后才能够研判后期该如何运行，没选择方向之前应谨慎操作。

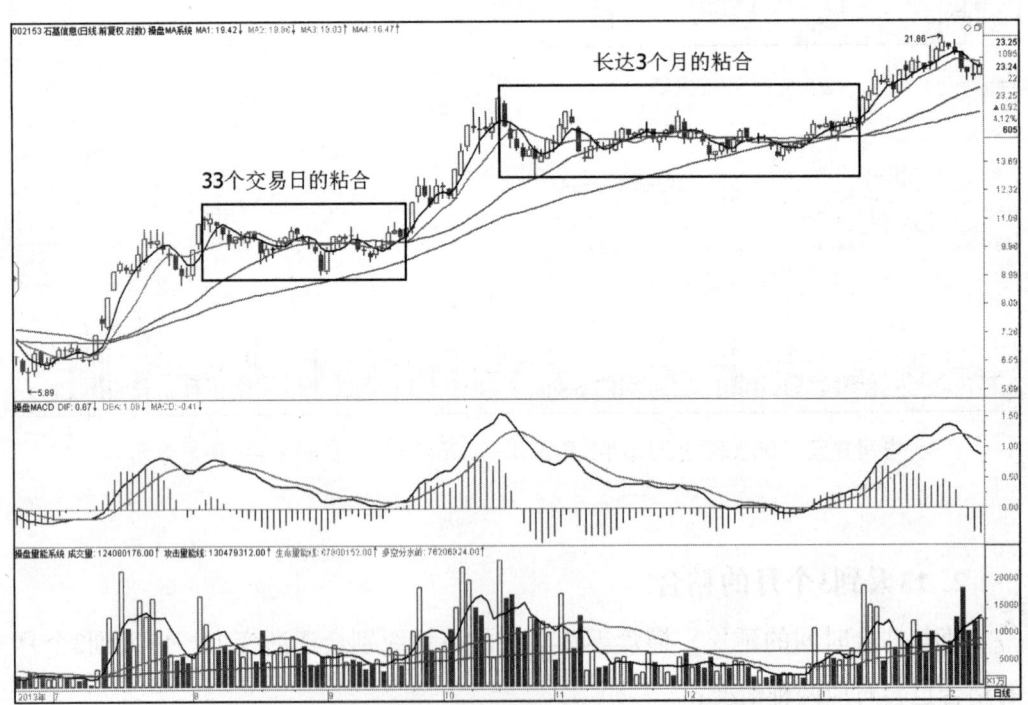

石基信息（002153）2013年6月~2014年2月日K线走势图

3. 3个月到8个月的粘合

从上一种情况中可以看出，达到3个月的粘合后所有均线束都会走平进入横盘整理期，所以超过3个月的粘合，如果不进行方向选择而是延续横盘整理就会进入均线束和股价紧紧压缩的状态，整个盘面死气沉沉，市场对后期走势失去了希望，当大部分投资者悲观的时候往往蕴藏着大机会。市场出现这么长时间的粘合后，投资者一定是需要等待选择方向的，同时要更多地关注大环境，一旦市场宽松，整体向上选择方向的概率会更大。

图示案例

如图所示，中航三鑫（002163）用5个月的时间走出了一个中继整理形态。其实，在前两个月的时候股价已经实现了均线束的汇聚，此后的3个月围绕决策线展开了横盘震荡，该区间属于新的趋势蓄势阶段。2015年3月开启了大牛市最后疯狂上涨的阶段，市场做多人气旺盛，中航三鑫选择了向上突破，后期走出了非常值得羡慕的强势上升行情。

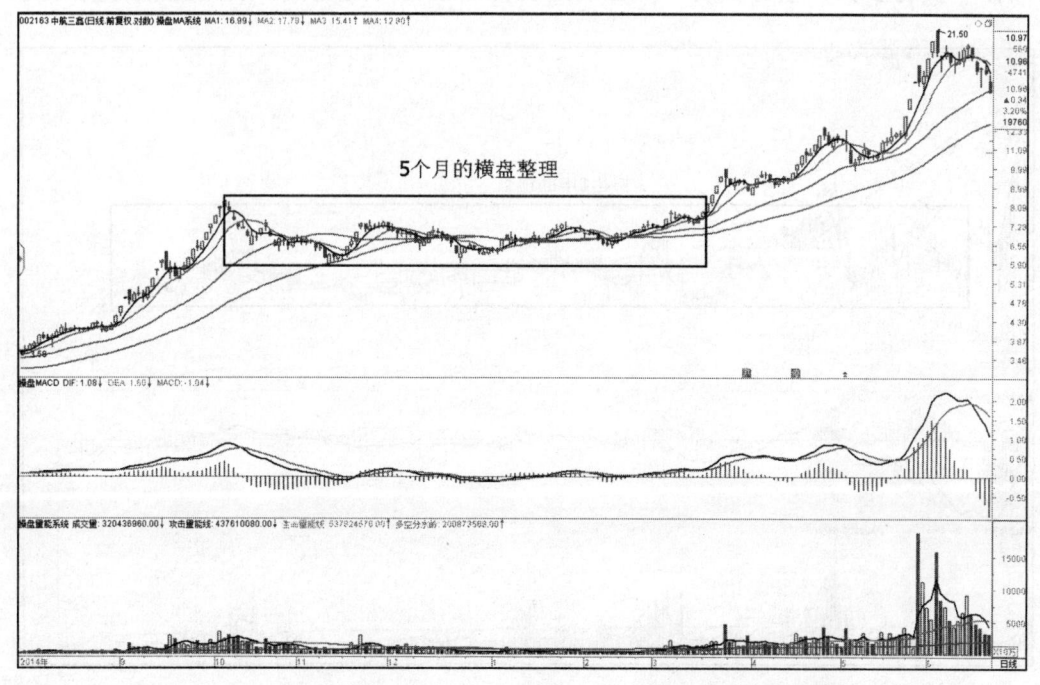

中航三鑫（002163）2014年8月~2015年6月 日K线走势图

4. 8个月以上的粘合

股价一旦走出了超过3个月的横盘期，就说明在构建大的横盘阶段，其间会有充分的换手，后期的方向很难确定。超过3个月的横盘就已经非常要命了，对于普通投资者来说，如果参与了长达8个月的横盘简直就是受罪。而现实中一旦牛市结束，很多曾经的大黑马就开始了漫长的下跌走势，有时终于止跌后横盘8个月还没有启动的迹象，更让投资者崩溃的是这么长时间的修复后却选择了向下突破。

这种情况在《趋势为王》中有过解释，该行情级别至少是周线上的，此次长时间的横盘只是周线上的一个弱反弹波段，周线上的波段结构还不完整，还需要一个下跌波段，这就是在日线上长时间横盘后选择下跌的原因。此时就要使用本书推荐的均线系统，要把看盘周期放在周线上。

图示案例

二三四五（002195）长达一年的横盘给了投资者不少期待。在股市上有句话叫作"横有多长，竖有多高"，也就是说，横盘的时间越长，后期上涨的空间就

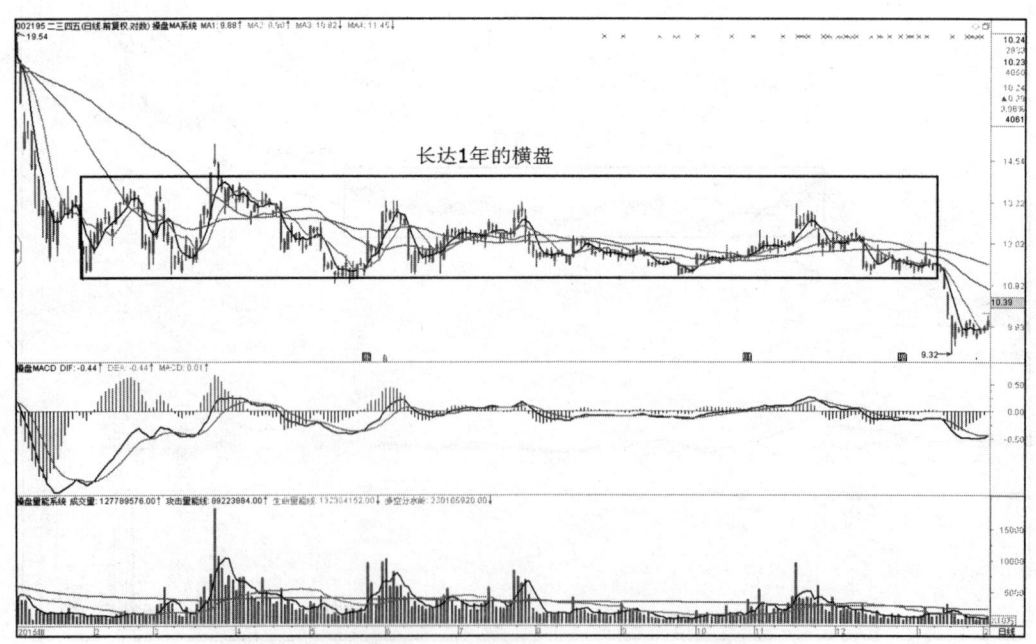

二三四五（002195）2015年12月~2017年2月日K线走势图

越大。但是这针对的是真正的底部横盘，而不是在下跌中继状态下的横盘。出现这种问题的原因就是不能确认行情级别，对于波段的结构不清晰。如果说波浪理论、趋势理论让投资者在分析的时候比较茫然，那么本书的均线系统则是给那些经典的理论确定了定量的标准，以便更能明确投资者的交易模式。

第四节　粘合后方向的选择

本节前面介绍的所有内容其实都是在为一件事做铺垫——均线粘合后选择什么方向。市场只有上升趋势、下降趋势和横盘整理3种趋势。由于趋势的惯性，既很难从上升趋势直接转变为下降趋势，也很难从下降趋势直接转变为上升趋势，其间需要横盘整理过渡，而均线粘合就是横盘整理的无趋势状态，该状态的结束必然会对应一个新趋势的开始。

其实市场非常简单，只有上升、下降和横盘3种状态，但是时间维度加入后就衍生出了千变万化的行情走势，难就难在如何区别3种趋势处于哪个行情级别，以及判断它对后期行情级别转换的影响是什么。

1. 粘合后向上选择方向

生命线和决策线向上，攻击线和操盘线在中长期均线上方形成2根均线粘合，且是脱离前低位横盘区后的第一次或者第二次粘合，那么第三次及以后的粘合就要小心；周K线上生命线和决策线金叉向上，日K线上4根均线粘合，是脱离周线上前低位横盘区后的第一次或者第二次粘合，那么第三次及以后的粘合就要小心。

图示案例

如图所示，中航三鑫（002163）在前期的阶段性底部区域走出了相对底部，横盘时间达到了3个月，其实该横盘区域是周线上升行情中的一个均线粘合，根据小周期服从大周期的原理，此次必然会在日线上走出向上选择的形态。在突破后的第一次和第二次粘合完成了该上涨波段的结构，走出了清晰可见的上涨五浪。但是，该上涨五浪的诱惑性非常强，最后一个上涨波段的动能远远超过了之前两个上涨波段。所以在该位置出现均线粘合一定要小心，市场是不会一直上涨或一直下跌的，当在一个方向接近疯狂的时候就意味着行情会随时结束。

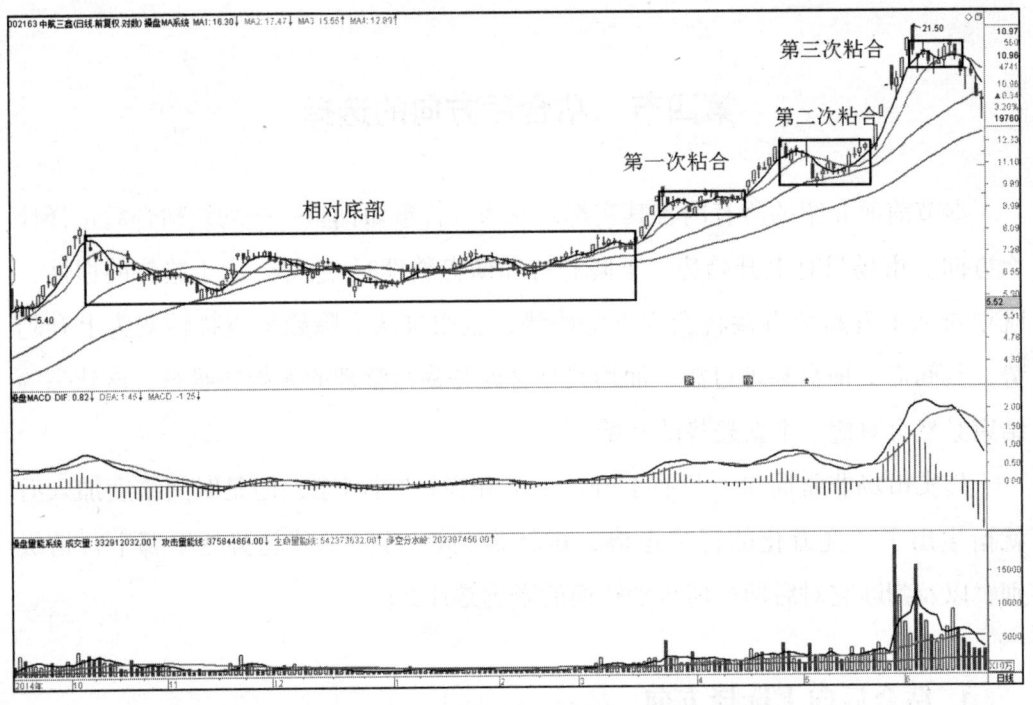

中航三鑫（002163）2014年9月~2015年6月 日K线走势图

图示案例

上文中航三鑫的案例中就提到了日线行情和周线行情的转换，其实是在为该案例做铺垫。3个月的横盘走势，股价和所有的均线系统粘合，决策线走平，此时大周期均线不能给出非常明确的方向，所以投资者要参照的是周线的走势。

下图在日线上的横盘走势对应在周线只是带动了周线上的攻击线和操盘线死叉，生命线和决策线继续向上，且此时是周线上脱离了阶段性底部区域后的第一次均线粘合，也就是处于周线上的上升趋势刚起步的阶段，后期行情继续向上的概率大。下图日线上的横盘末期，均线从短期均线开始向上就做出了横盘后的方向选择。

第六章 均线的粘合性

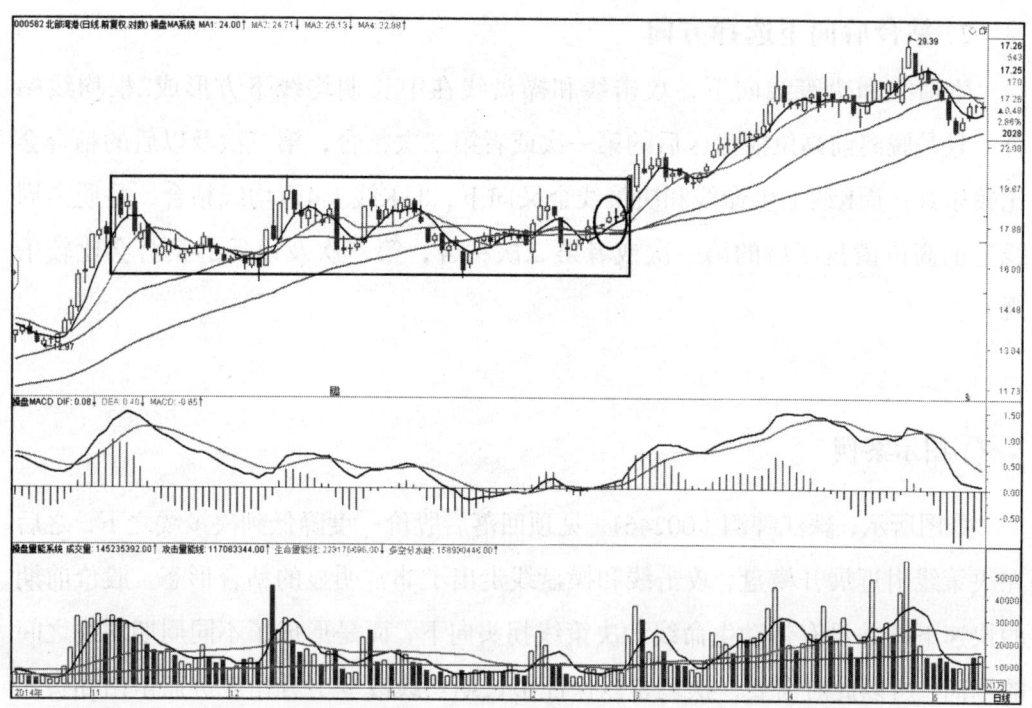

北部湾港（000582）2014年10月~2015年5月日K线走势图

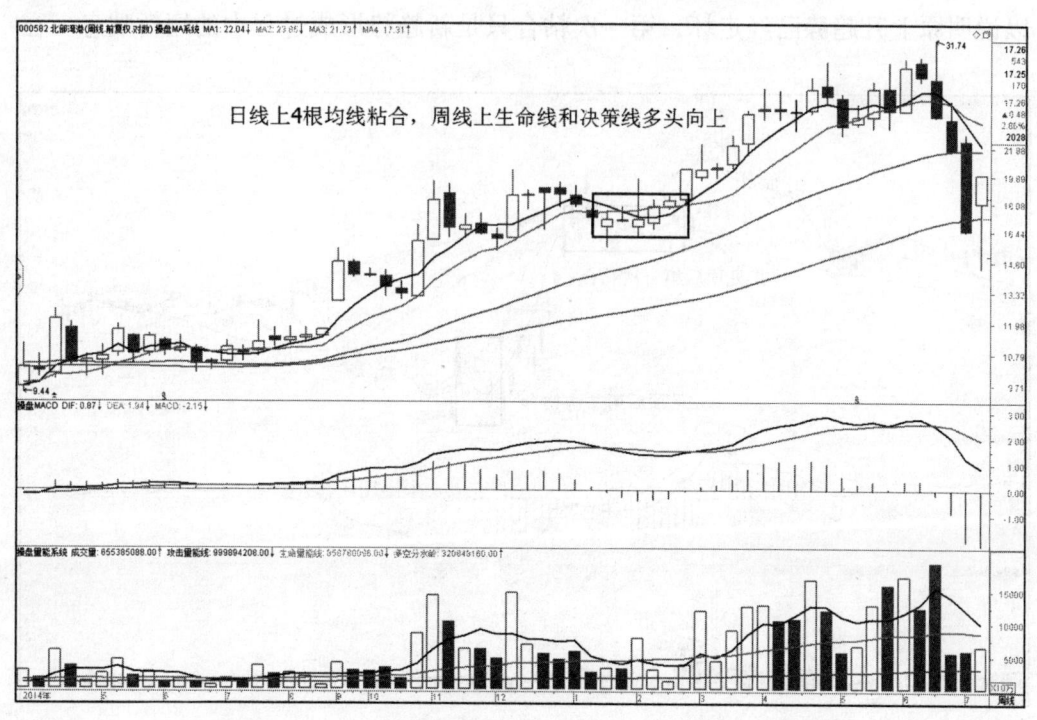

北部港湾（000582）2014年4月~2015年7月周K线走势图

2. 粘合后向下选择方向

生命线和决策线向下，攻击线和操盘线在中长期均线下方形成2根均线粘合，且是脱离前高位横盘区后的第一次或者第二次粘合，第三次及以后的粘合会比较乐观；周K线上生命线和决策线金叉向下，日K线上4根均线粘合，是脱离周线上前高位横盘区后的第一次或者第二次粘合，第三次及以后的粘合会比较乐观。

图示案例

如图所示，珠江啤酒（002461）见顶回落后股价一度降低到决策线之下，之后在决策线附近展开横盘，攻击线和操盘线走出了非常明显的粘合形态。股价前期的快速下跌并没有带动生命线和决策线拐头向下，而是形成了不同周期均线之间的乖离，所以此时需要一次调整以保证中长期均线改变上升角度进而走出拐头向下的趋势。该粘合形态的反弹并没有有效突破生命线，股价向下突破的概率变大。

虽然珠江啤酒还没有走出非常清晰的顶部形态，但是前期下跌动能的强势足以说明原上升趋势已经走坏，第一次粘合只是新趋势形成过程中的短暂喘息。在

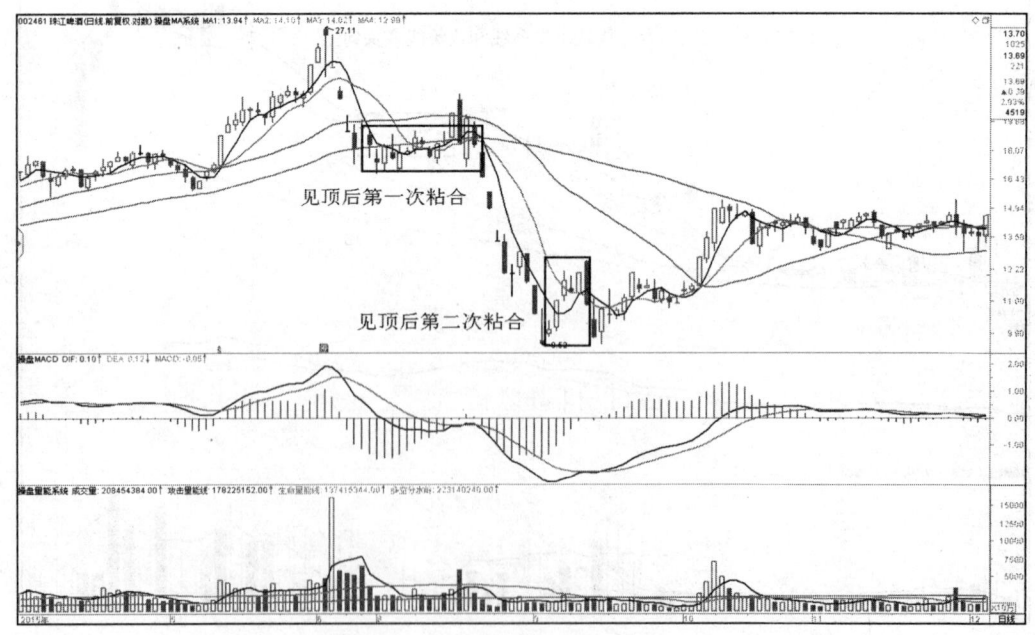

珠江啤酒（002461）2015年4月~2015年12月日K线走势图

第一次粘合之后股价继续下跌，连续跌停板的超跌再次造成了短期均线和中长期均线之间的乖离，超跌之后股价反抽回到操盘线。但是因为反抽的力量太弱，后期股价即使不再创新低也会展开横盘调整，实现对均线系统的修复。

长达4个月在决策线之下的横盘震荡，实现了股价和各周期均线之间的修复，从2根均线的粘合逐渐演化成4根均线的粘合，在这个过程中决策线下跌的角度逐渐走平，市场有走出阶段性底部的迹象。然而，前下跌波段同样是更大级别下降趋势的第一个波段，前期的下跌和横盘结构并不完整，股价延续下跌趋势的概率非常大。

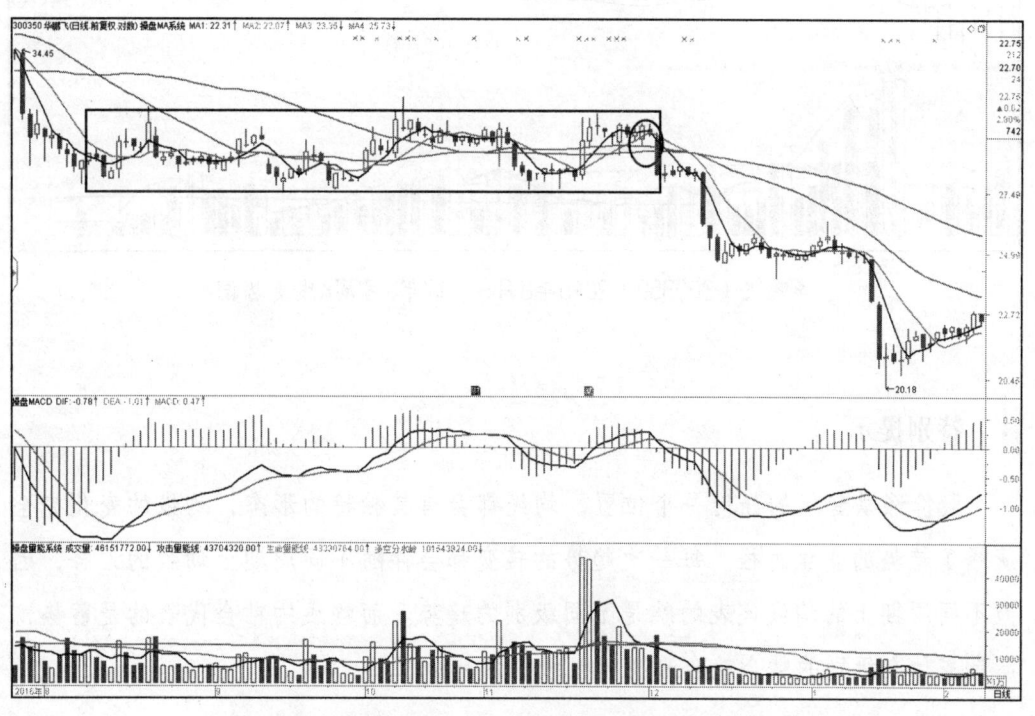

华鹏飞（300350）2016年7月~2017年2月日K线走势图

又如，上图中华鹏飞（300350）调整结束后向下选择方向的突破点就是下图中在周K线图上圈出来的点位。从下图中可以看出，前期的下跌波段整个均线系统已经走坏，日线上虽然完成了对均线系统的修复，但是周K线上仍然维持着空头的走势，所以根据小周期服从大周期的定律，此时继续向下选择方向的概率会更大。

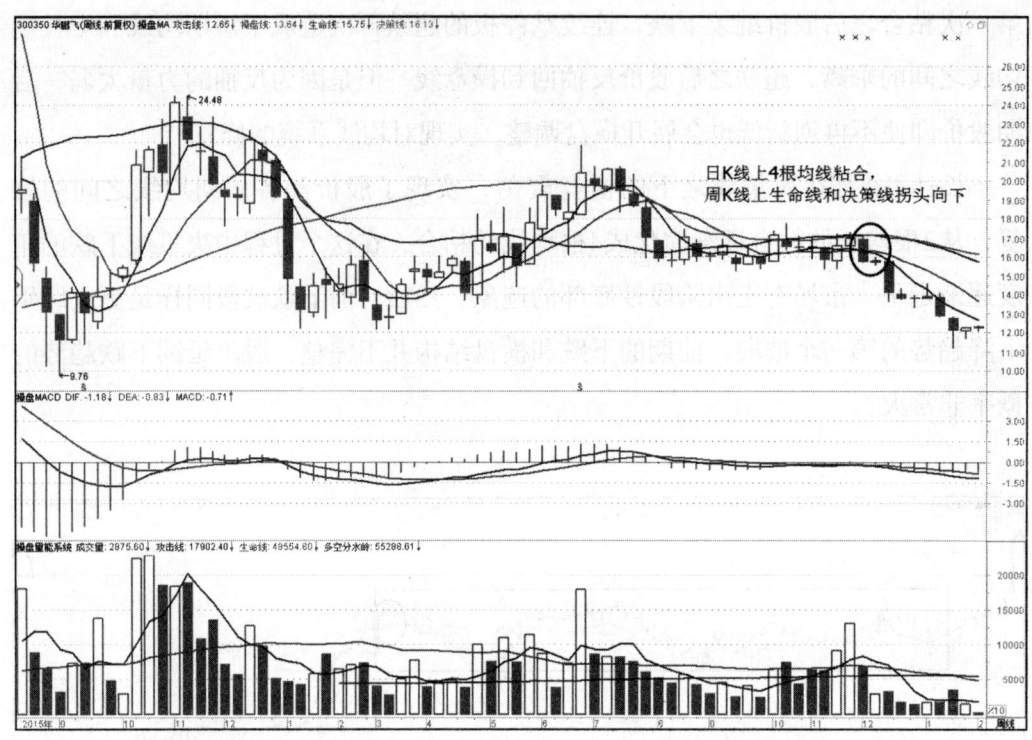

华鹏飞（300350）2015年8月~2017年2月周K线走势图

❗ 特别提示

股价涨跌起伏的任何一个位置，均线都会有其独特的形态，均线的变化完全演绎了趋势的变化过程。每一次趋势的转变都会伴随不同周期上均线的汇合，因为不同周期上的均线代表的就是不同级别的趋势。而均线的粘合代表的是蓄势，能形成什么级别的粘合就会形成什么级别的趋势。

📈 实盘案例

操作标的	买入时间	买入均价	卖出时间	卖出均价	盈利比率
山东钢铁（600022）	2015年3月16日	3.09元	2015年3月27日	3.85元	24.60%

山东钢铁（600022）这个案例比较久了，但是笔者对它的印象非常深刻，因为它属于非常漂亮的粘合之后选择方向的案例。首先要明确的是，在2015年3月牛市稳健运行的过程中，大部分股票走出的是天天涨不停的趋势，但是就是有那么一些沉得住气的股票走出了强势横盘的形态，大盘涨它不涨，大盘跌它不跌，其实这反而是一种强势的表现。

2015年3月15日之前，大盘也以调整为主，但是盘中的波动明显会更大，可是山东钢铁的走势却越来越弱，分时图上的振幅越来越小，均线粘合得越来越紧密。这种股票反而是普通投资者不愿意关注的，因为每天小幅横盘，不会大赚也不会大亏，根本找不到炒股的刺激感觉，他们通常持仓几天就跑了，并换成已经涨起来的股票。但是，在牛市中往往都是卖掉不涨的买了涨的之后，就会发现买的跌了卖的涨了。

2015年3月16日，虽然股价只涨了1%，但是这根小阳线的意义非比寻常，在前期持续几天如此弱势的走势之后，出现了一根动能明显加强的K线，就说明股

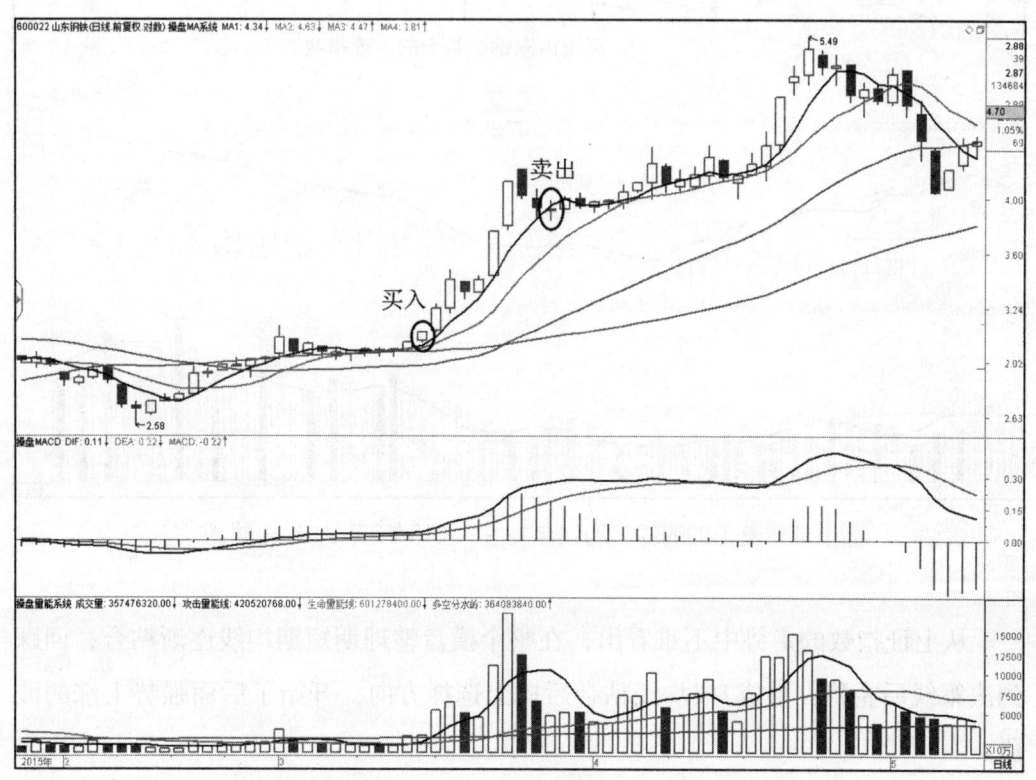

山东钢铁（600022）2015年1月~2015年5月日K线走势图

价即将开始选择方向了。最重要的是，在横盘过程中虽然生命线和决策线没有金叉，但是已经走平。2015年3月16日的小阳线启动就说明短期均线开始选择方向了，后期股价的上涨会很快带动生命线和决策线金叉。

整个持仓过程非常简单，只要股价不跌破攻击线就持有。这种情况在上文中有提到过，这是最强势的一种上涨，没有跌破攻击线，股价就绝对不会走弱。

下图是操作山东钢铁期间上证指数（999999）的走势，从两幅图的对比中可以发现，山东钢铁和大盘的走势基本同步，只是在调整时比大盘更弱，在启动后比大盘更强，这才能保证在大部分股票下跌的时候它却更坚挺。

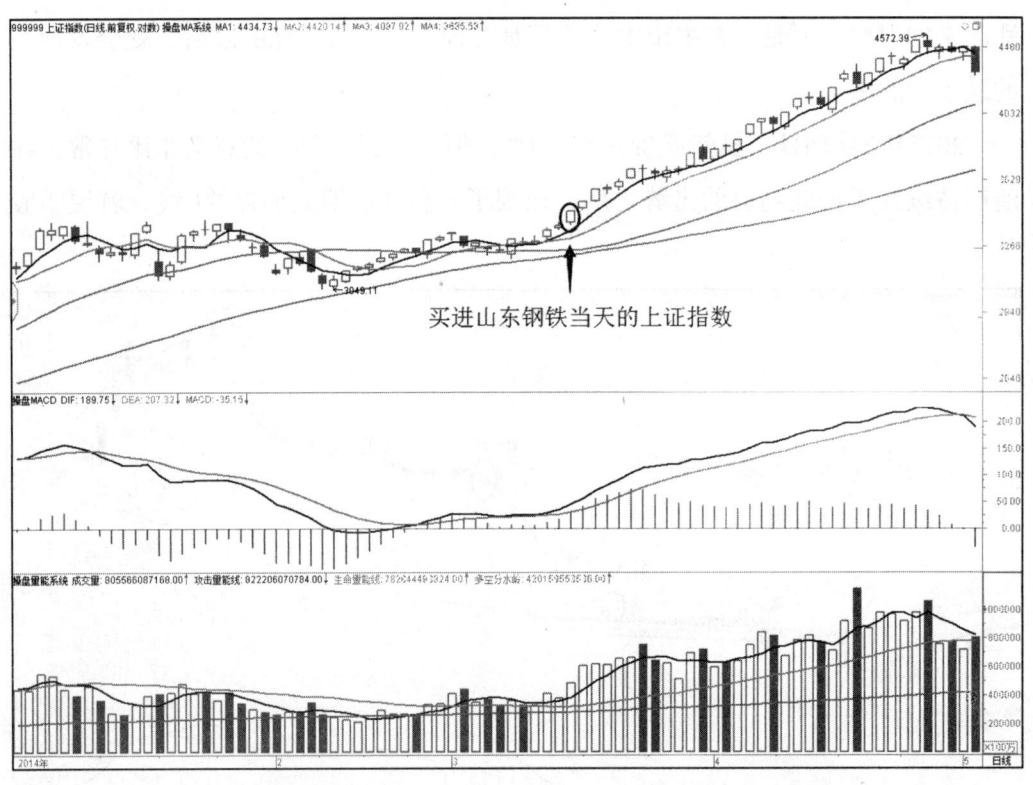

上证指数（999999）2014年12月~2015年5月日K线走势图

从上证指数的走势中不难看出，在整个横盘整理期短期均线逐渐粘合，回踩到决策线后企稳，形成2根均线粘合后向上选择方向，开始了后面强势上涨的波段。

思考题

1. 均线粘合对于实盘操作的意义大吗？它是如何指导实盘操作的？
2. 分析均线粘合后方向的选择要结合哪些要素？
3. 不同位置出现均线粘合的含义有什么不同？
4. 均线粘合后向上选择方向的情况有哪些？
5. 均线粘合后向下选择方向的情况有哪些？

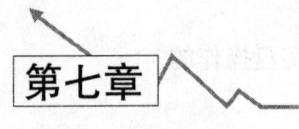

第七章

均线的角度

均线的角度直接反映趋势的强度，不同周期均线的角度也会直接决定趋势运行是否健康。对均线角度的分析是在对其方向分析的基础上更深一步地研判，只有各周期方向、角度一致的情况下才能够保证趋势更健康地运行。

第一节 均线角度的定义

均线的角度是指均线和横轴的夹角，也可以指均线在某个点上的切线。无论用哪种方式定义均线的角度，只要保证在运用过程中的使用方式上保持一致就可以，而不要同时使用多种衡量角度的方式。本节给出了几种定义均线角度的方式。

1. 横轴夹角的方式

运用这种方式计算均线的角度时，要固定当前走势图上K线的根数。如果计算时参考的K线根数不一样，计算的结果也就会不一样。下面的两幅图是上海能源（600508）同一段走势在不同根数K线图上的角度，在第一幅图上K线的根数偏少，各均线的角度比较平缓，但是同样的一段行情在下面第二幅K线数量明显变多的走势图中看到的角度截然不同，这段行情在第二幅图中对应期间均线的上升

第七章 均线的角度

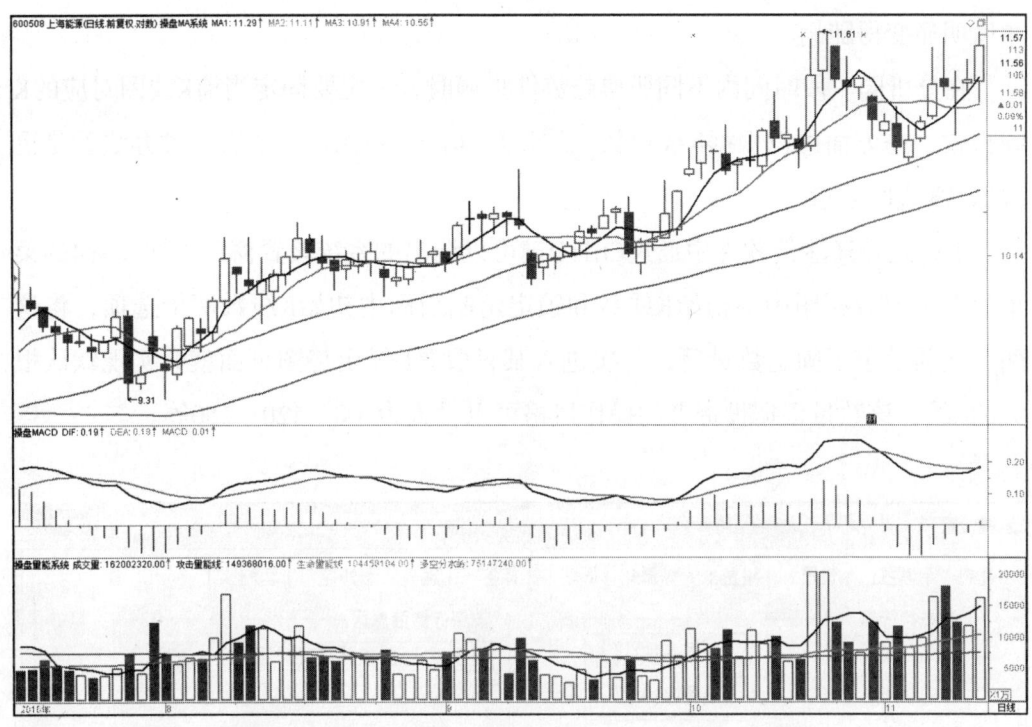

上海能源（600508）2016年7月~2016年11月日K线走势图

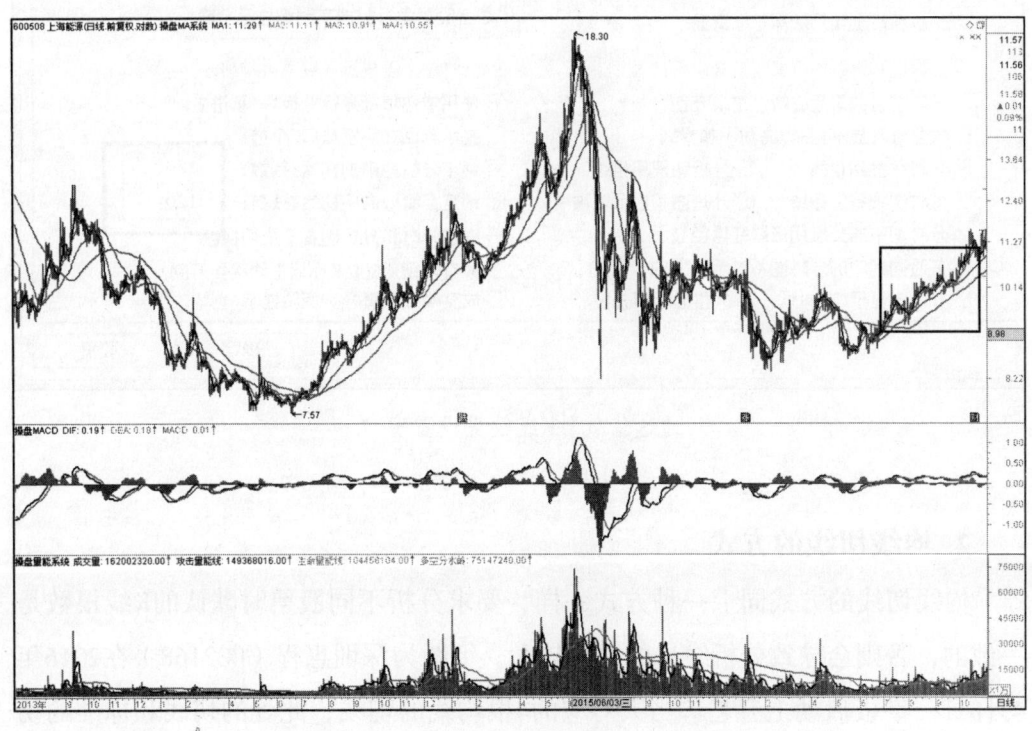

上海能源（600508）2013年8月~2016年11月日K线走势图

角度明显变得陡峭。

在分析同一段时间内不同股票趋势性强弱时，一定要固定当前K线图对应的K线根数，一方面可以根据K线根数大致计算确保相差无几，还有一种办法就是更改默认K线图数量。

下图是在通达信软件中通过Ctrl+D键可以调出的系统设置窗口，在设置4的菜单里有锁定分析图中的初始K线数和锁定定制版面中初始K线数两个选项，将这两个选项设定了固定数量后，每次进入某只股票K线走势图页面就会实现默认根数的K线，该数量根据投资者的操作风格可以设置为100、120、250等。

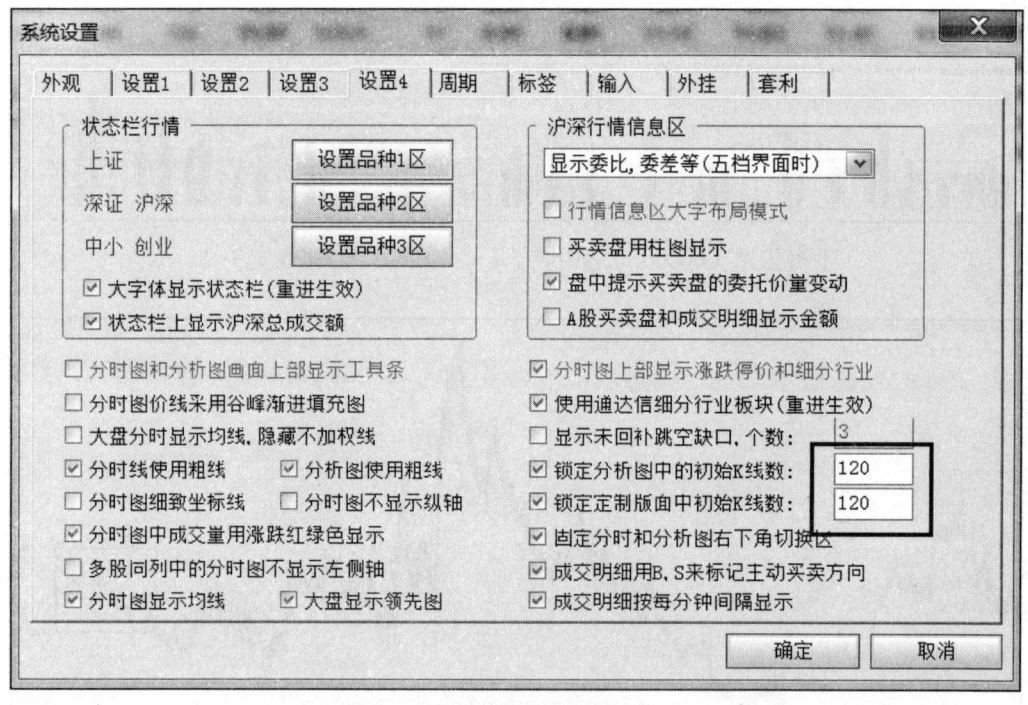

通达信软件K线数量设置窗口

2. 均线切线的方式

均线切线的方式同上一种方式一样，要求分析不同股票时默认的K线根数是一致的，否则会导致分析结果的差异较大。下图为深圳惠程（002168）在2016年4月8日一字板启动上升趋势当天对应的4根均线的切线，此处的切线和标准的切线定义一样，目的是为了分析不同时期股价上涨的力度。

2016年4月8日当天攻击线上涨的角度最陡峭,紧随其后的是操盘线,生命线刚刚完成同短期均线的金叉后走平,股价刚好到决策线,而此时决策线还处于向下的趋势中,但是角度开始变缓,所以深圳惠程此时的股价走势为短强中弱,只能有一个小波段的上涨行情,很难走出大级别行情。

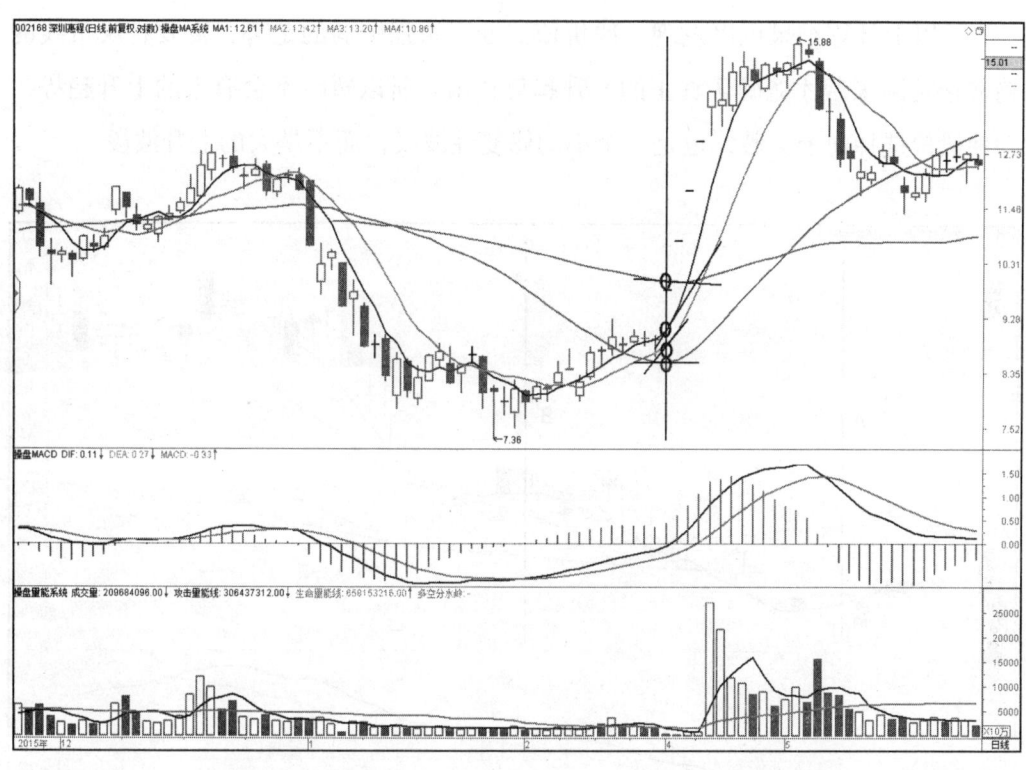

深圳惠程(002168)2015年11月~2016年5月日K线走势图

3. 涨幅和时间的比值

前两种方式是比较直观地分析均线角度的方法,优势在于通过图形的变化可以非常快速地判断均线角度的强弱,但缺点是只能进行粗略的定性分析,偏差不大的时候无法肉眼识别。在江氏交易天机系统中,笔者强调能够量化的内容一定不可以模棱两可。衡量角度最有用的一种方式就是利用纵轴和横轴之间的比值,本文此处选用的方法就是采用股价一段时间的涨幅和横轴K线根数的比值。

如图所示,株冶集团(600961)在A点对应的时间为2016年9月27日,B点对应的时间为2016年10月25日,计算攻击线、操盘线、生命线和决策线由A点到B点的变化角度的方式就是用B点和A点的差值除以其间15根K线。在A点攻击线、操盘线、生命线和决策线对应的价格分别为10.02元、10.07元、10.35元和10.56元，在B点攻击线、操盘线、生命线和决策线对应的价格分别为10.79元、10.64元、10.34元和10.37元，由A点到B点攻击线、操盘线、生命线和决策线上涨幅度的平均值为0.5123%、0.3773%、0.0064%、-0.1199%。

从以上计算结果可以发现，股价依然处于短强中弱的走势，需要将决策线的趋势扭转回来后才能确认真正的上升趋势行情，所以暂时不会有大的上升趋势，即使股价选择向上突破，也是一个小的修复性波段，而不是大的上升波段。

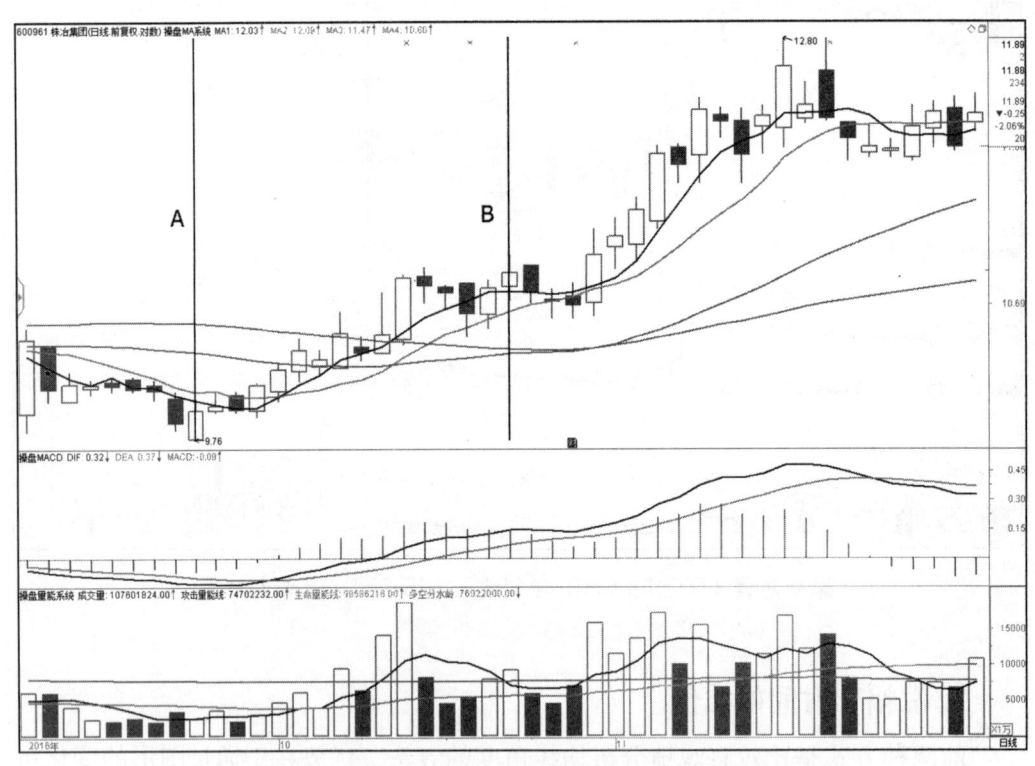

株冶集团（600961）2016年9月~2016年12月日K线走势图

第二节 均线角度的变化

任何一根均线在趋势运行的过程中，都会伴随角度在陡峭和平缓之间的变化，这种变化能够反映K线走势的曲折程度，周期越长的均线其角度变化越缓慢，周期越短的均线其角度变化越迅速。其实，均线的角度是对K线涨跌动能最好的衡量，因为均线就是收盘价的平均数。短周期均线就是把当天的收盘价等分的份数少，加权给当前K线对应的短期均线的权重就多；长期均线就是把当天的收盘价等分的份数多，加权给当前K线对应的长期均线的权重就少。这就是短期均线比长期均线变化快的原因。

图示案例

如图所示，东百集团（600693）前期的阶段性底部各周期均线逐渐走平、粘合，完成了对均线系统的充分修复。2016年8月24日中阳线启动上涨行情，攻击线快速向上抬头。但是从下图中不难看出，在短期均线快速向上抬头时，生命线和决策线只是缓缓上移，整个均线束呈现向上发散的形态。

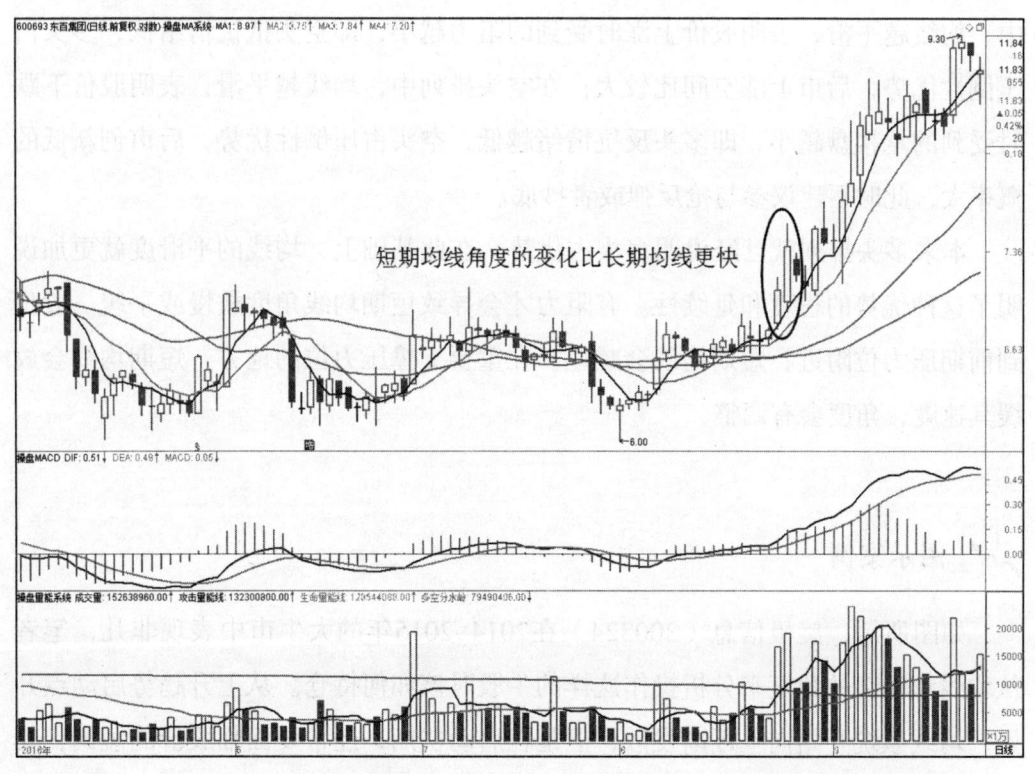

东百集团（600693）2016年5月~2016年9月日K线走势图

> **特别提示**

最值得关注的就是趋势形成后各周期均线角度的变化,在横盘整理期均线处于较混乱状态,此时对均线角度的研究价值并不大。所有的技术分析都是用来研究趋势的,趋势没有形成前技术分析处于失灵状态。

第三节 均线的平滑度

均线的平滑度在一定程度上反映了股价走势是否顺畅,反映了多空双方一方战胜另一方的轻易程度,也可以理解为弱势一方的抵抗力量或强势一方的绝对主导力量。在股价上涨或下跌途中,有阻力才会产生均线的波折。上升趋势中的波折源于上方的抛盘,下降趋势中的波折源于下方的承接盘。因此,在多头排列中,均线越平滑,表明股价上涨时受到的阻力越小,即空头抵抗情绪低,多头占压倒性优势,后市上涨空间比较大;在空头排列中,均线越平滑,表明股价下跌时受到的承接盘越小,即多头反抗情绪越低,空头占压倒性优势,后市创新低的概率大,此时不建议参与抢反弹或者抄底。

本来多头排列就已经说明多头占优势,在此基础上,均线的平滑度就更加说明了这种优势的程度和延续性。有阻力才会导致短期均线角度放慢或平缓。股价到前期压力位附近,短期均线会减速。在重要支撑压力位的地方,短期均线会放缓其速度,角度会有调整。

> **图示案例**

如图所示,旋极信息(300324)在2014~2015年的大牛市中表现非凡,笔者从均线和趋势的角度来分析操作这样的牛股时该如何持仓。从上升趋势启动点开始,均线系统开始向上逐渐发散,但是在启动初期,经常要面临股价的短调,其实也是主力资金在不断地洗盘,每次洗盘的幅度也较深,但是股价最多跌到生命线,而且触及生命线后快速拉回,根本没有碰到过决策线,也就是说,在启动上升趋势后就一直保持大周期均线的完好。

通过分析启动前的整理期也可以发现，该突破后的上升趋势级别较大，需要用更大周期的均线来防守，那么如果操作时想要获得大波段的利润就要承受它带来的大幅震荡，要具有承受利润回撤20%或者以上的能力。如果没有这样的心理承受能力，那只有用小周期进行操作。但是面对这样的大牛股用小周期操作很可能会丢掉其中的某个波段，直接影响整体收益。

经过前期上涨的初级阶段，股价实现了充分的洗盘，进入了加速上涨阶段。在此期间，股价短期调整的幅度会更浅，基本维持在攻击线之上，短期均线的角度会更加陡峭，中长期均线也出现了向上加速的走势。

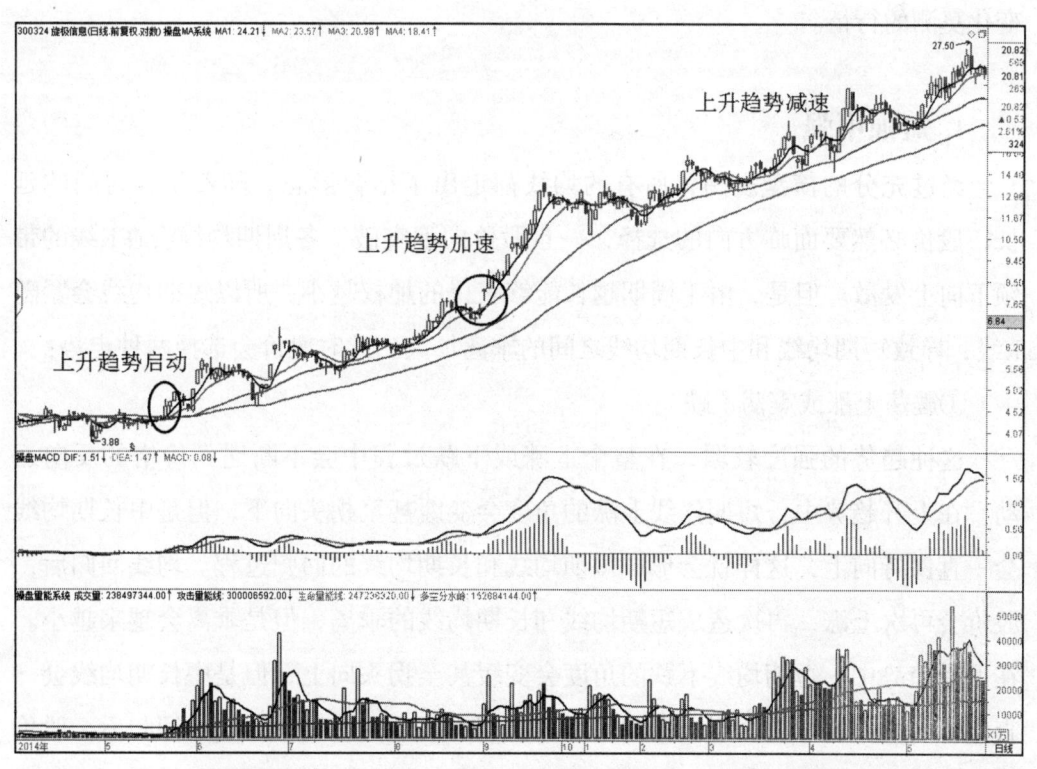

旋极信息（300324）2014年4月~2015年5月日K线走势图

经过前期一轮的上升行情后，股价上涨的角度开始变缓，其实当股价经过一轮加速再次呈现缓慢的走势后很可能就是主力在出货。从旋极信息的成交量和均线角度的变化上基本可以确定股价已经开始走最后疯狂的行情了。在该过程中，短期均线角度变缓,最明显的是短期均线开始向中长期均线靠拢,股价回调的幅度开始加深,逐步走出了头部形态的特征。

第四节 不同均线角度的同步与矛盾

当中长期均线没有修复好的时候,短期均线走强是很难走出大行情的。在趋势运行过程中,均线之间的同步和矛盾无处不在,这虽然为通过均线分析趋势带来了难度,但是也给深入研究市场的投资者带来了机会。本节针对趋势运行过程中不同周期均线之间在角度上的同步和矛盾进行深度解析,以便投资者可以应对变化莫测的行情。

1. 短强中强

经过充分的横盘震荡,所有的均线都走出了粘合形态。随着粘合时间的延长,股价必然要面临方向的选择,一旦股价向上突破,各周期均线会在K线的带领下向上发散。但是,由于周期越长能够获得的加权越小,所以短期均线会紧随K线,导致短期均线和中长期均线之间的乖离加大。此时股价会选择两种走势:

①震荡上涨或震荡下跌

这种趋势的强度较弱,在整个上涨或下跌过程中会不断遇到价格的反向运动。在上升趋势中,短期均线上涨的角度会变缓甚至拐头向下,但是中长期均线会一直保持向上,这样就会形成短期均线和长期均线的回归过程。均线回归后,股价会再次上涨,再次造成短期均线和长期均线的乖离,但是乖离会越来越小。在下降趋势中,短期均线下跌的角度会变缓甚至拐头向上,但是中长期均线会一直保持向下,这样就会形成短期均线和长期均线的回归过程。均线回归后,股价会再次下跌,再次造成短期均线和长期均线的乖离,但是乖离会越来越小。

图示案例

如图所示,在大唐发电(601991)的这个上涨波段,股价并没有持续上涨,而是以通道式震荡上升的方式缓慢运行,生命线和决策线维持中长期上涨走势,一旦攻击线和操盘线有远离生命线和决策线的痕迹,就会采取短暂回调的方式防止短期均线和长期均线出现乖离太大的走势。

这样的上升方式比较常见,毕竟在大环境不宽松的状态下大牛股的数量也会大幅减少,而普通股票形成的上升趋势就以这种震荡上升为主,既走出了上升趋势又降低了主力资金运作股价时需要高控盘的成本。

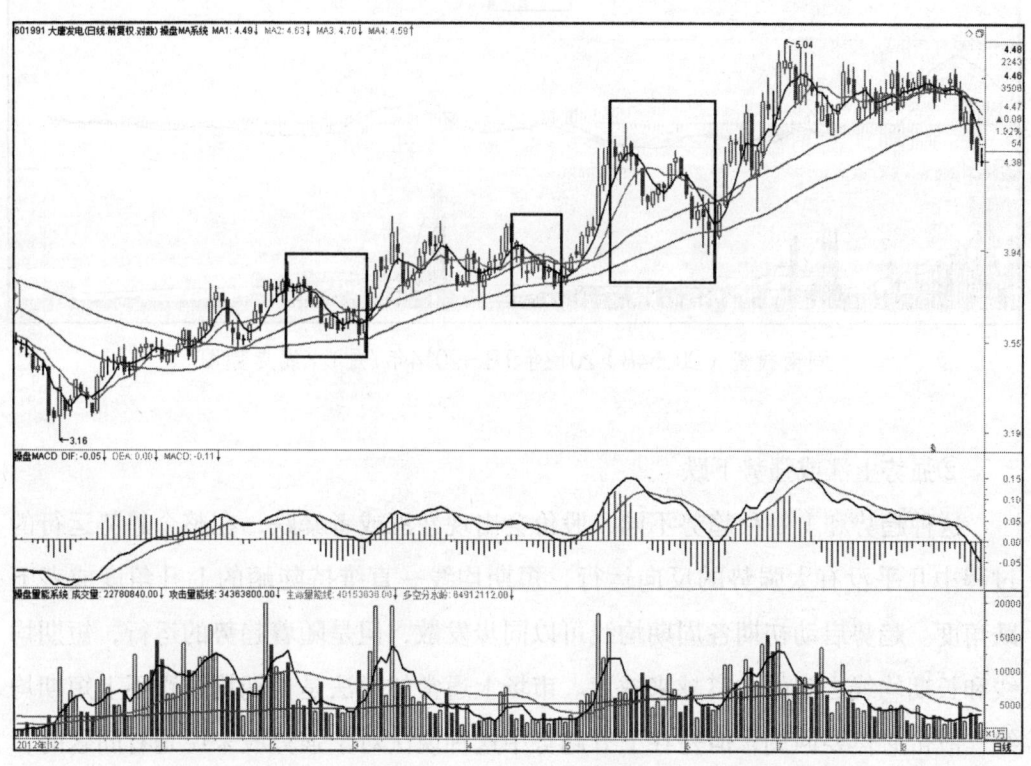

大唐发电(601991)2012年11月~2013年8月日K线走势图

在震荡下跌的走势中,一旦中长期下跌趋势确认后生命线和决策线会呈现大角度向下,但是很多股票都会以一波三折、九转回肠式震荡下跌。股价快速下杀时会带动短期均线陡峭向下运行,但是做空动能释放后会引起市场上多方的反抗,因而会走出一波反弹行情。可是,此时在大空头趋势没有扭转之前,多方力量有限,股价第一次反抽没有站上生命线,第二次反弹多方动能变强,站上了生命线,但还是受到决策线的压制。

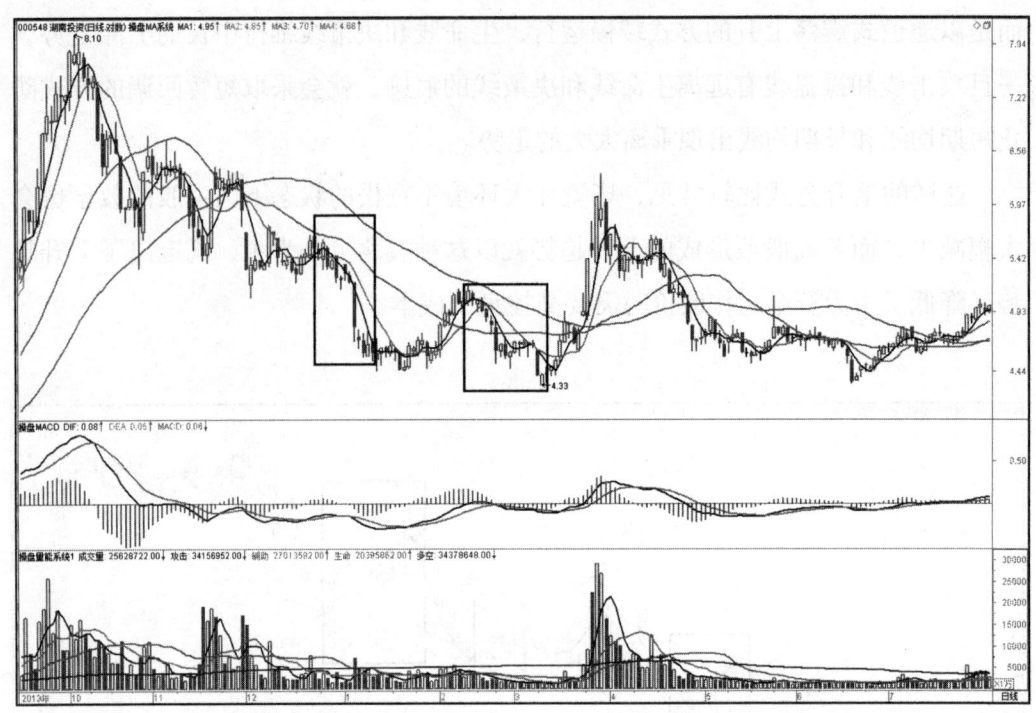

湖南投资（000548）2013年9月~2014年7月日K线走势图

②强势上涨或强势下跌

这种趋势和上一种趋势不同，股价会出现暴涨或者暴跌，在整个趋势运行的过程中几乎没有太强势的反向运行，短期均线一直维持陡峭的上升角度或者下跌角度。趋势启动初期各周期均线可以同步发散，但是随着趋势的运行，短期均线和长期均线之间的乖离越来越大。市场上通常的说法是长期均线跟不上短期均线，股价必然要回调，但是在上升趋势中这种说法对于强势股来说是有问题的，一旦强势股出现了深度回调基本上就是一个波段的结束，就代表错过了前一个上涨波段，只能等待下一个波段到来的机会。

图示案例

如图所示，天山股份（000877）和大唐发电不一样，它是2017年春节后水泥板块的龙头。这只股票无论是在启动前的蓄势还是真正的上升趋势运行中，从技术形态上来说可谓是经典：蓄势期完成了各周期均线的修复，低点不断抬高，在启动前来了一次快速地向下洗盘，真正启动后以连续涨停板的方式迅速拉出利润空间。同一字板不同的是，它每天都会给投资者进场的机会，可是大家都在等回调，它偏偏不调，等场外投资者熬不住进场后它就要开始调整了。

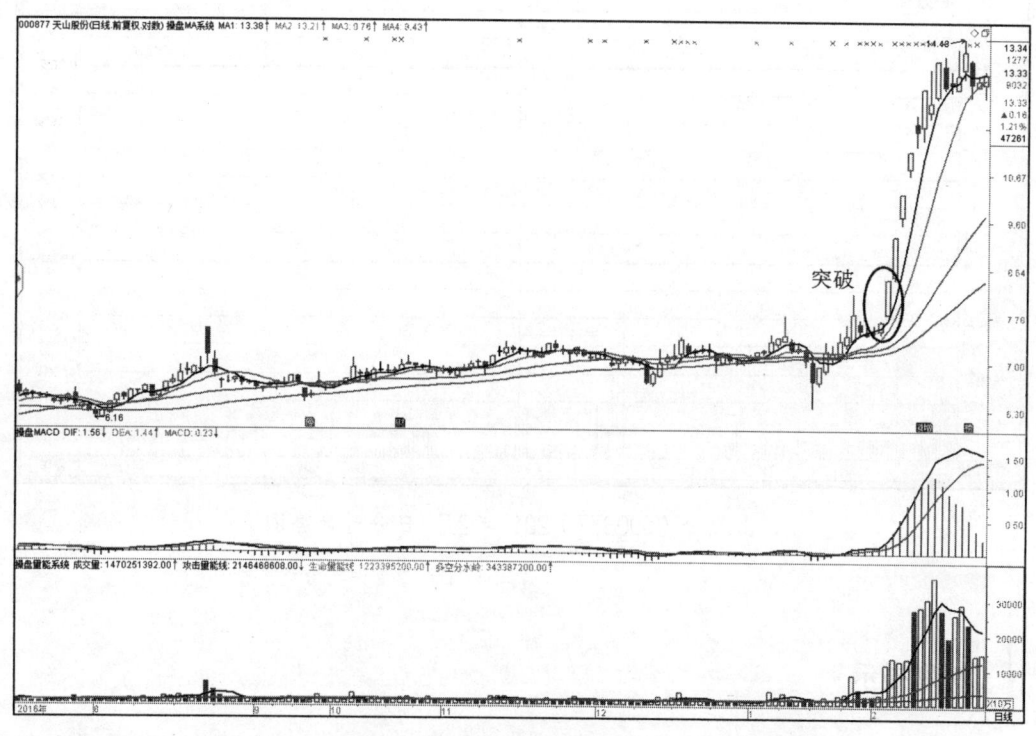

天山股份（000877）2016年7月~2017年2月日K线走势图

在天山股份的上升趋势启动后，所有均线开始向上发散，短期均线和长期均线之间迅速产生了乖离，从上图中不难看到，生命线和决策线远远没有跟上攻击线和操盘线的上涨速度。通常的技术分析告诉投资者：长期均线跟不上短期均线的上涨后，必然会有回踩。但这种说法不适用于强势股。对于真正的强势股就要在其启动的初期敢于追涨，要有同强者为伍的魄力。

下图是天山股份上升趋势启动当天的分时走势图。有的投资者会问：当天分时盘口的上涨一点都不流畅，涨停后还反复打开，是非常不健康的表现，怎么后期会走得这么强？在实盘时投资者经常会被图形走势的表象所迷惑，而忽略了它背后的意义。在《涨停聚金》一书中详细介绍了这种启动初期震仓的涨停板的奥秘，对于强势股来说，启动初期的震仓和洗盘都是必不可少的动作。

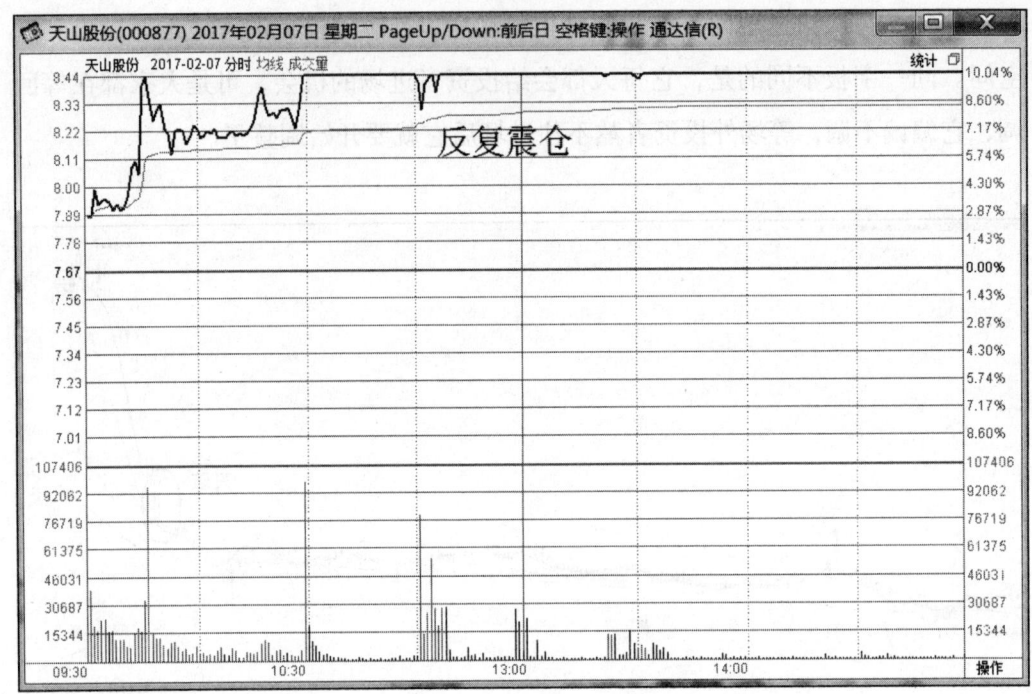

天山股份（000877）2017年2月7日分时走势图

!特别提示

股价的上涨和下跌是不对称的，下跌趋势最恐怖的下杀波段基本都是进入熊市的第一个波段，此时长期均线系统还处于多头状态，然而股价会快速杀跌，甚至会以连续跌停板的方式完成第一个波段的下跌。因为前期做空动能充分释放，所以在大空头形成后反而不会走出强势下跌行情，通常是以震荡下跌为主。

2. 短强中弱

这种情况也有两种走势：一种是强势上涨的上升趋势确认之后，股价上涨动能太强导致中长期均线没有办法跟上短期均线；还有一种走势就是在生命线和决策线没有走出多头情况下短期均线走强，此时大趋势制约小趋势，大周期制约小周期，上涨趋势的行情级别会较小，上涨空间有限。

股价处于阶段性高位，决策线还在大角度向上，但是生命线已经开始走平或者拐头向下，攻击线和操盘线已经走出了大角度向下且已经死叉的形态，这在熊市的初期往往就要开始最强势的下跌行情，此时可以寻找融券做空的好时机。

图示案例

如图所示，云南铜业（000878）在上涨之前也经过了横盘蓄势，但是在横盘期间决策线一直在股价和其他均线上方，没有完成对决策线的有效修复。也就是说，虽然经过了调整，但是调整的时间不到位，调整期间没有经过大幅反弹行情带动长期均线走好。所以此时向上突破启动的上涨行情只是一个小的反弹行情，最多按照30分钟上的行情级别对待，一旦股价跌破30分钟上的趋势线行情就会结束。

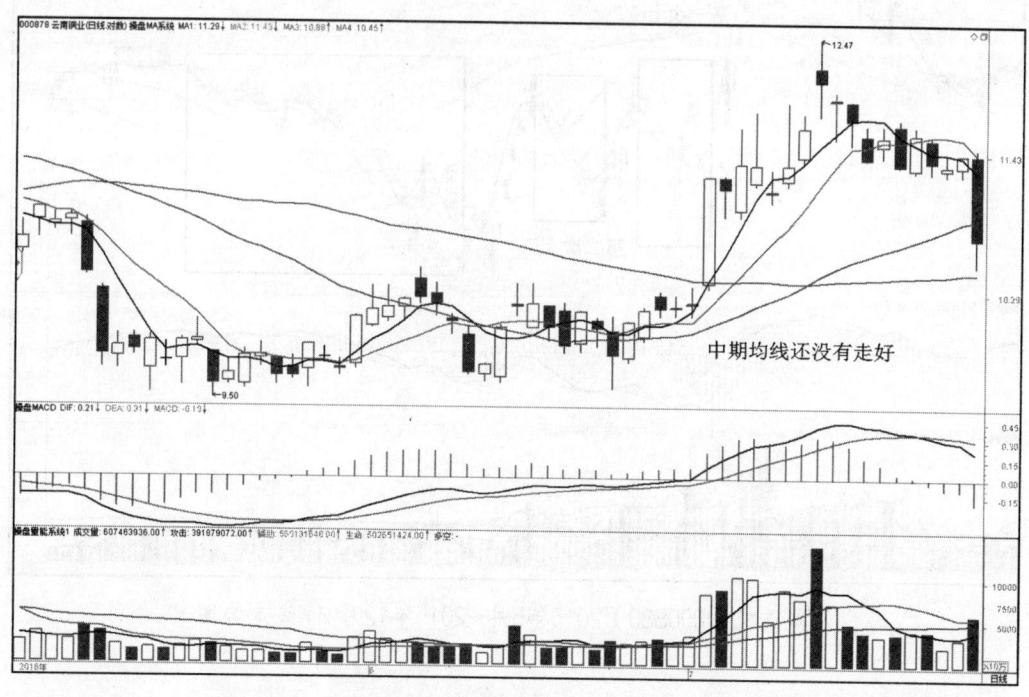

云南铜业（000878）2016年5月~2016年8月日K线走势图

图示案例

如图所示，潍柴重机（000880）同云南铜业的问题基本一样，都是因为中长期均线没有走出上升趋势，短期均线再强也很难走出大级别行情。云南铜业在第一波的超跌反弹行情时，股价的下跌结构还不完整，决策线刚从走平到拐头向下。这一个波段的强势反弹虽然运行了3个涨停板，但是还不能带动短期均线金叉，对于中长期均线趋势更是回天乏术。

此时上涨趋势的级别更小，操作的防守周期要放在5分钟上，一旦跌破5分钟上的趋势线行情就会结束。从下图的走势中可以看到，第一次的上涨行情股价没有触碰生命线，此时生命线和决策线死叉；第二次上涨行情股价上穿生命线，但是没有触碰决策线；第三次上涨行情股价站上了决策线，且在上升趋势运行过程中带动了生命线和决策线金叉。

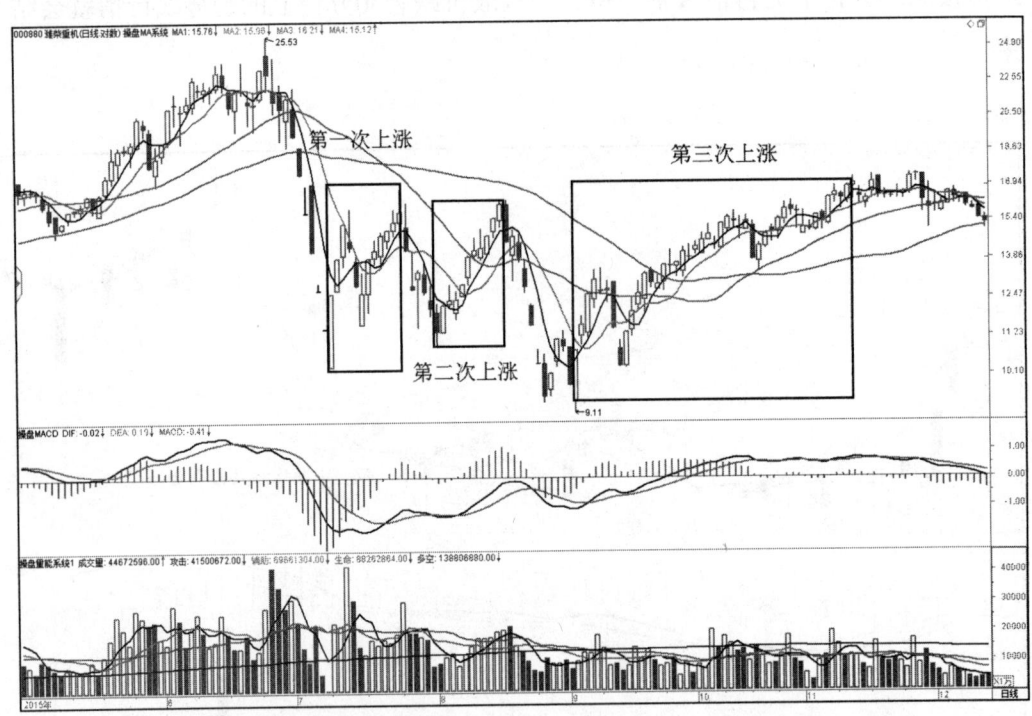

潍柴重机（000880）2015年5月~2015年12月日K线走势图

！特别提示

自己打败自己是最可悲的失败，自己战胜自己是最可贵的胜利。笔者愿意将自己多年的心血公之于众，不求扭转股市中二八分化的法则，但求读者因为此书对投资精进、对生活有所感悟：自己不放弃没有人能阻挡你前进的脚步，克服自己的一个个小小的弱点，你离胜利就越来越近。

3. 短弱中强

该情况是大趋势运行过程中的一种中继行为，股价会出现不同幅度的调整。在上升趋势结构不完整的前提下，股价会出现中继调整，此时股价下跌，短期均线走平甚至拐头向下，但是当股价遇到中长期均线的支撑后会继续上涨；在下降趋势结构不完整的前提下，股价会出现中继调整，此时股价上涨，短期均线走平甚至拐头向上，但是股价遇到中长期均线的压制后会继续下跌。

图示案例

如图所示，中葡股份（600084）的这波上涨行情是比较强势的。国内一些技术精湛的操盘手，通常采用的操作方式就是强势上涨之后展开快速大幅下跌，因为要强势洗盘才能够保证股价后期稳健地上涨。但是这样的模式一定是在大盘环境宽松的情况下，在大盘环境不是很乐观时，主力操盘手操作强势股采用的就是另外一种方式。

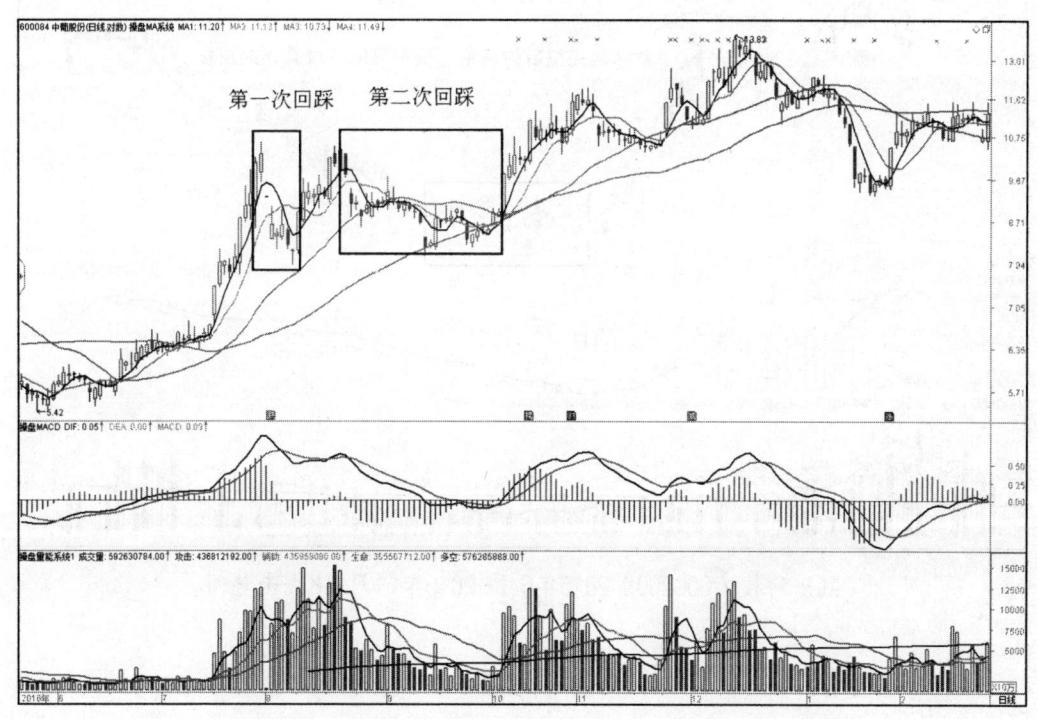

中葡股份（600084）2016年5月~2017年2月日K线走势图

中葡股份经过了一波大于60°角的上涨之后，展开了快速回踩，其间还出现了跌停板。但是此时股价并没有跌破生命线，而且生命线还处于大角度向上的状态，生命线的强支撑让股价再次上涨，然而股价这次上涨并没有突破前高点，形成阶段性双头后开始下跌。此时股价的下跌已经开始带动短期均线走弱，随着整理形态的确认，短期均线向下同生命线死叉，带动生命线走平后出现了拐头向下。虽然从攻击线到生命线全部走坏，但是决策线依然坚挺，股价虽然要经历大级别的调整，但是有决策线的强支撑后期依然看多。

下跌趋势中的短弱中强和上升趋势中的短弱中强刚好相反，如下图所示，凯乐科技（600260）则是针对短弱中强的另一种特殊走势：结构完整后，短弱中强是变盘的信号。凯乐科技前期经过ABC三浪充分调整后，股价展开了调整，短期均线改变了原来的下降趋势，随着调整时间的延长，中长期均线向短期均线靠拢，股价走出了强势的反弹行情，直接站在了决策线之上。

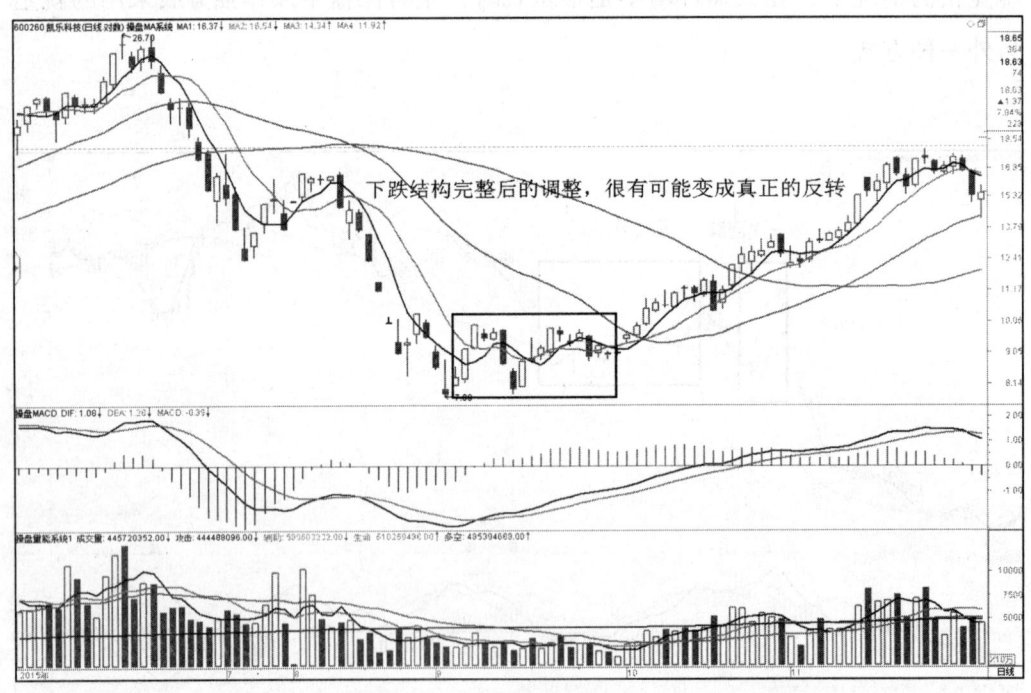

凯乐科技（600260）2015年6月~2015年11月日K线走势图

4. 短弱中弱

此时是标准的无趋势状态，股价需要面临重大的趋势选择。前一轮的趋势结束后股价进入了横盘震荡状态,原趋势无论是上升还是下降,均线角度都变得平缓,方向性越来越弱,此时在形成有效突破之前不能确认后期走势的方向,应以观望为主。

图示案例

如图所示,*ST珠江(000505)在经过前期一个上涨波段后,股价展开了横盘,逐渐带领各周期均线走平,最后各周期均线汇聚在一起。在下图中趋势方向选择之前均线处于错乱状态,股价也没有明确的将要选择什么趋势方向的信息,但是在该图中标注点位上的连续3根小阳线出来后基本可以确认趋势方向向上选择,因为连续3天的上涨带动了各周期均线向上发散。

在实盘时,确定重要的方向选择点时,一定要综合基本面的消息一起研判,只有在基本面热点消息配合的情况下选择的方向才更确定,后期的上涨区间才会更大。关于确定基本面消息如何影响方向的选择和促进主升浪的形成,请参阅《价值爆点》一书。

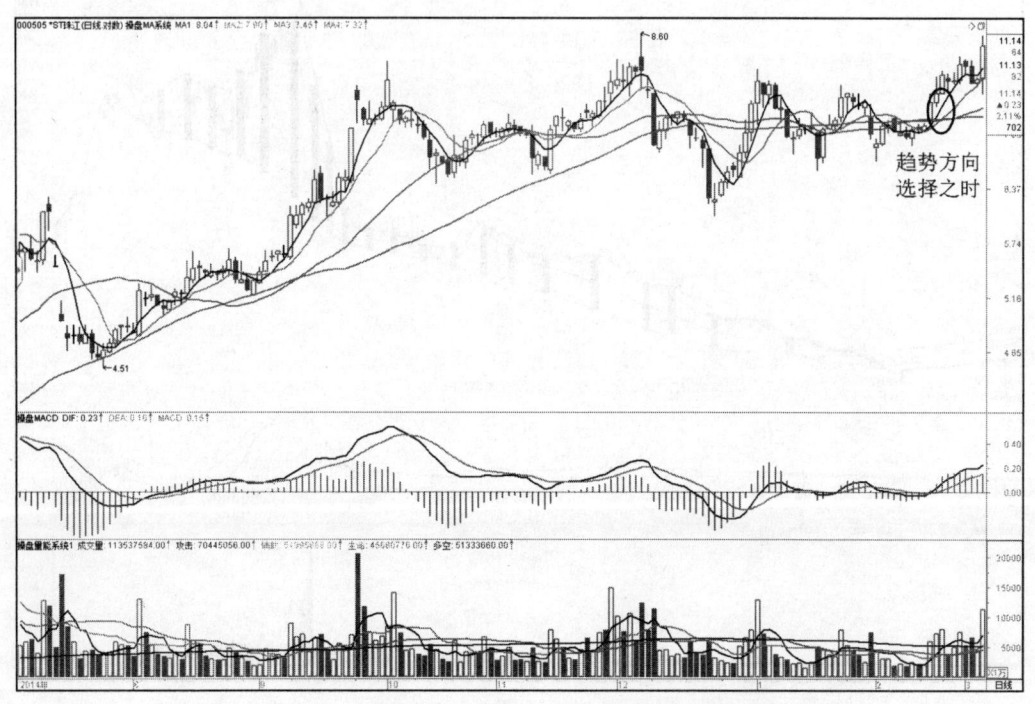

*ST珠江(000505)2014年7月~2015年3月 日K线走势图

第五节　均线排列的厚度

均线排列的厚度和均线的粘合是紧密相关的，当均线排列的厚度足够薄时就是均线粘合的状态。所谓均线排列的厚度是指4根均线中价格最高的和价格最低的差值再除以4根均线中价格最低的，其不仅可以用于单只股票不同时期均线状态的比较，还可以用于不同股票之间均线的比较。

关于均线排列的厚度要切记：趋势运行中厚度会加强，震荡行情中厚度会减弱；当均线厚度变弱时，趋势性也在变弱。

图示案例

下图用竖直的柱体表明了中润资源（000506）在这段走势期间均线排列厚度的变化。在上升趋势启动初期均线的厚度逐渐变大，但是由于K线的实体不大，

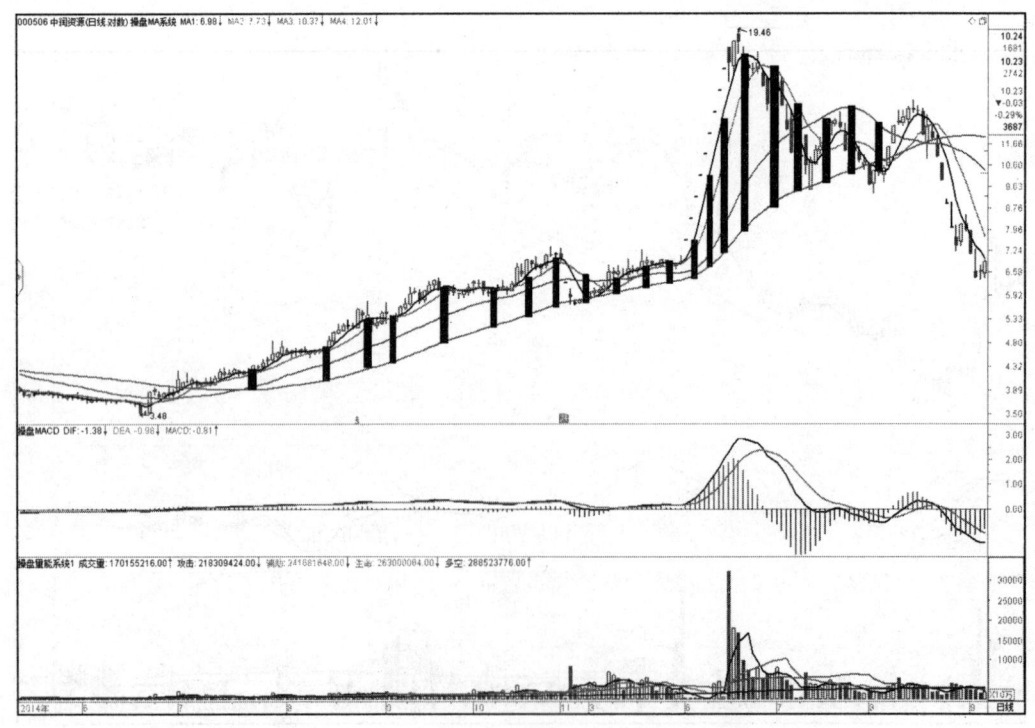

中润资源（000506）2014年5月~2015年9月日K线走势图

直接导致上升趋势性不够强，厚度增加的幅度也不是非常大。其实，在这个上升波段就是主力八大操盘步骤中的第一步：建仓。45°角上升的方式建仓可见背后主力的强势，在该上涨波段必然会引来跟风盘的介入，为了后期更好的上涨，主力在该位置展开了打压洗盘。此时股价开始下跌，然后横盘震荡，均线的厚度开始变薄。

在均线的厚度越来越薄逐渐走出粘合的状态后，一旦股价打破粘合的状态，新的大趋势就会开始。在均线系统粘合的重要点位，上市公司选择了停牌，之后股价以一字板的方式快速拉出上升空间。有的投资者会问，停盘之后一字板可能是巧合，怎么可以用均线来解释呢？其实，任何停牌都是在为复牌后的趋势做充分的准备。基本面和技术面是相辅相成的：基本面成就了大牛股，但是基本面的利好一定是在技术面已经走好之后才会发布，所以两者你中有我，我中有你，相辅相成。

⚠️ 特别提示

买卖股票是最容易的事情，敲击几下键盘，几秒钟就可以完成，但难的是做出买卖决定的过程。市场上很多投资者是通过听消息、看股票涨了或跌了等冲动式或者跟风式做出买卖决定的，根本不是在对这个市场进行深度分析和研判后做出的。做出正确的买卖决定不是一件容易的事情，为了几秒钟的买卖决定，需要太多的时间来认知这个市场。本书对均线的全部介绍是要求投资者更深刻地认识市场、认识趋势的变化过程，同时更要能够站在驱动股价变化的核心力量——人的角度上认知均线的每种状态，而不是单纯地局限在金叉、死叉的表象上。

第六节 启动时攻击线的角度

上文有讲到一根K线对不同周期均线贡献程度的问题，所以任何一根均线的趋势性角度都是由其在某个时间点上的K线强度决定的。本节只介绍攻击线，因为作为周期最短的均线，它的角度变化直接影响了趋势的强弱，也会导致其他更大周期均线角度的强弱。

在趋势中各周期均线的角度变化已经做了充分讲述，本节重点关注的不再是趋势，而是趋势启动时攻击线的角度。俗话说"一年之计在于春"，股价的运行也是如此，在趋势形成的初期做多动能不强是很难保证后期会走出非常强势的行情。此时没有着重强调下降趋势形成初期的动能，因为A股的做多机制导致股价上升和下降趋势的运行是有较大差别的，本书会针对多头趋势详述。

《买在起涨》一书中介绍了大阳线战法，该战法也是酒田战法的第一招，可见其在操作过程中的重要性。在趋势确认时，如果在双突破位置出现大阳线可以保证强大的做多动能，保证攻击线强势的上涨角度，即使在该位置没有出现强势的大阳线，也要出现连续的阳线才可以保证后期多头行情的稳健运行。

1. 大阳线突破

这是确认上升趋势中最强的一种，涨停板最佳，最好伴随放量，可以倍量但不能出现巨量，如果前期各周期均线已经处于充分粘合状态，此时攻击线的角度会大于45°。

图示案例

如图所示，柘中股份（002346）在经过了充分横盘筑底之后，均线既走出了粘合的形态也实现了充分的修复，于2016年11月10日强势向上突破，当天以涨停板的方式脱离整理区间，正式启动上升趋势。在启动之前均线之间的厚度非常小，当涨停板出现后各周期均线都呈现出了向上发散的走势，而攻击线无疑首当其冲以最陡峭的角度向上运行。启动时的强势K线也保证了后期强势的上涨行情。不是所有的大阳线启动都会走出强势股，但是强势股大部分都是以大阳线启动的。

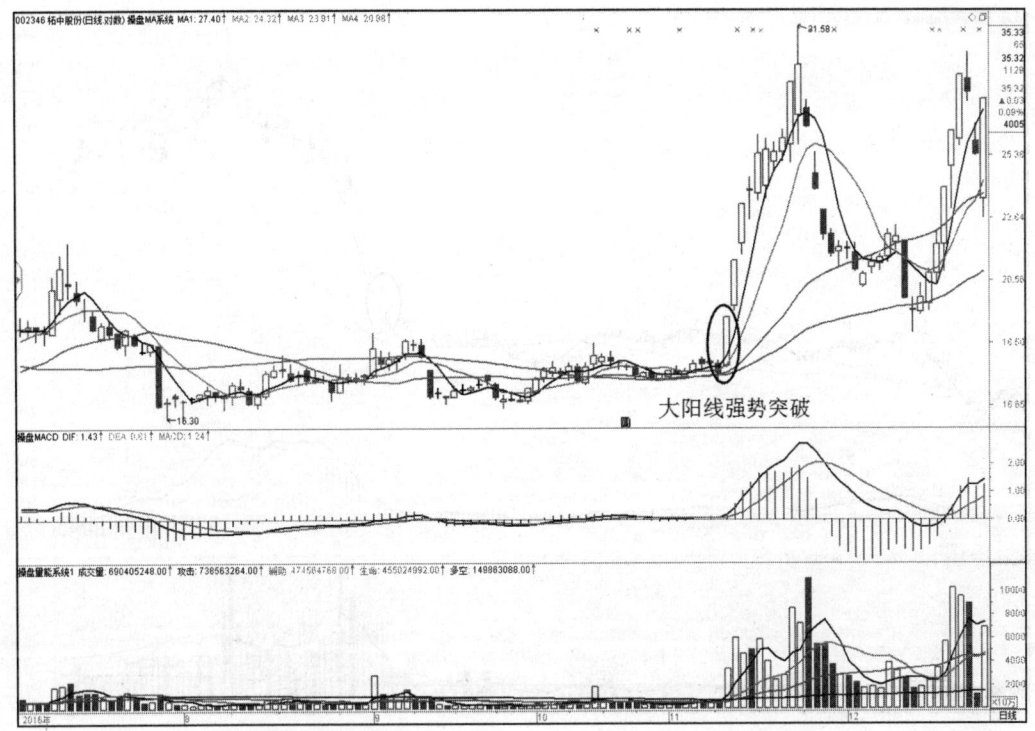

柘中股份（002346）2016年7月~2016年12月日K线走势图

金融街（000402）和柘中股份走势类似，都是以涨停板突破横盘区，区别在于柘中股份是在阶段性真正的底部启动的，而金融街则是在经过了上升波段后的中继形态启动的。金融街经过长期的横盘，所有周期的均线都走出了待选择方向的状态，从下图中可以看出，真正带动各周期均线向上发散的并不是标记处的涨停板大阳线，而是前4天的小阳线。

该带有上影线的小阳线带动均线系统向上发散，但是并没有带动趋势的形成，趋势形成的要点是要求高点不断抬高，在新的高点没有形成之前就不能确定上升趋势已经形成。所以金融街是在横盘期间就做出了方向的选择，小阳线之后的3天横盘让均线系统的多头发散趋势更加确认，涨停板突破平台整理区时才真正确认上升趋势形成，此时已经走出了上升趋势的攻击线又可以加速，上涨角度远超过45°。

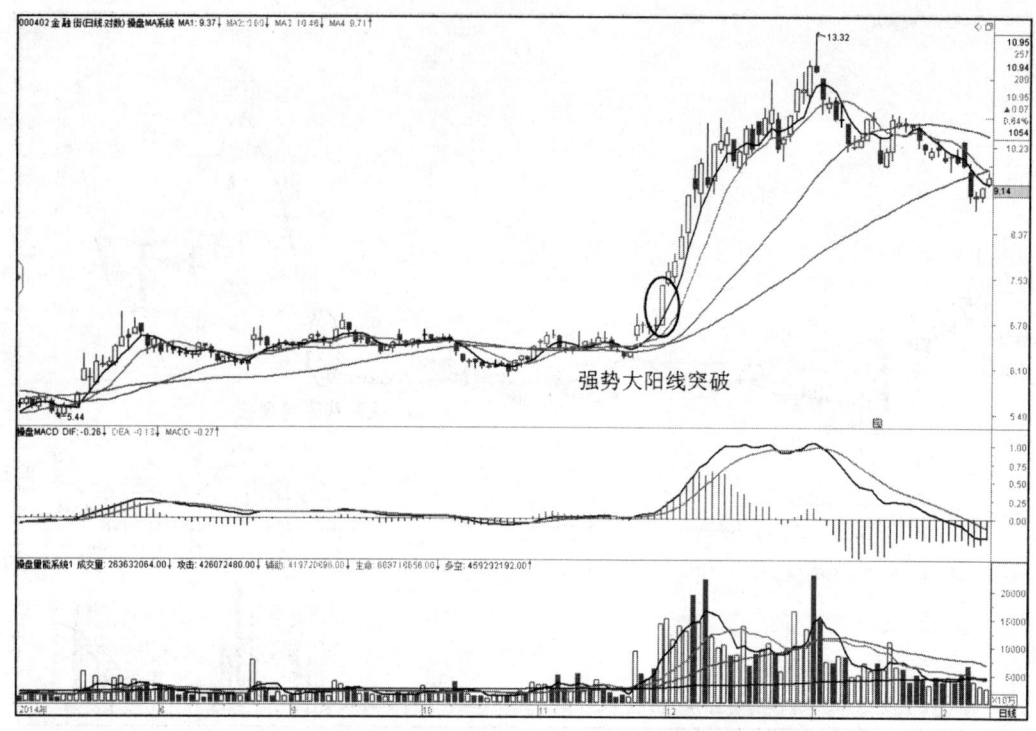

金融街（000402）2014年7月~2015年2月日K线走势图

2. 中阳线突破

中阳线确认上升趋势的动能有所减弱，此时要结合更小周期的走势综合进行研判，保证此时不是在小周期的第五浪上，因为小周期上的第五浪突破基本被确认为假突破。中阳线突破时攻击线也会出现快速脱离其他均线的形态，只是上涨的角度基本在30°左右，更值得注意的是，该中阳线最好不要有上影线。

图示案例

泰禾集团（000732）在经过短暂的筑底后，各周期均线得以初步修复，K线低点不断抬高，股价有向上选择方向的信号。但是股价在整个筑底期间的振幅非常小，即使股价的低点在不断抬高，可并没有创底部震荡区间的新高，没有办法确认上升趋势。

当股价逐渐站上了决策线之后，初步选择方向的信号开始显露，当中阳线出现时才可以确认方向的选择。一方面此时只是对均线系统的初步修复，前期筑底期间股价没有经过充分换手,所以后期很难有大行情,再加上是以带上影线的中阳线突破的,上升动能偏弱,后期的上涨行情只能先看30分钟或者15分钟上的上涨波段。在中阳线突破时,攻击线的角度也发生了变化,但是切记均线是由K线的收盘价决定的,当两者出现不一致的状况时,研究均线形态对应的K线会更有价值。

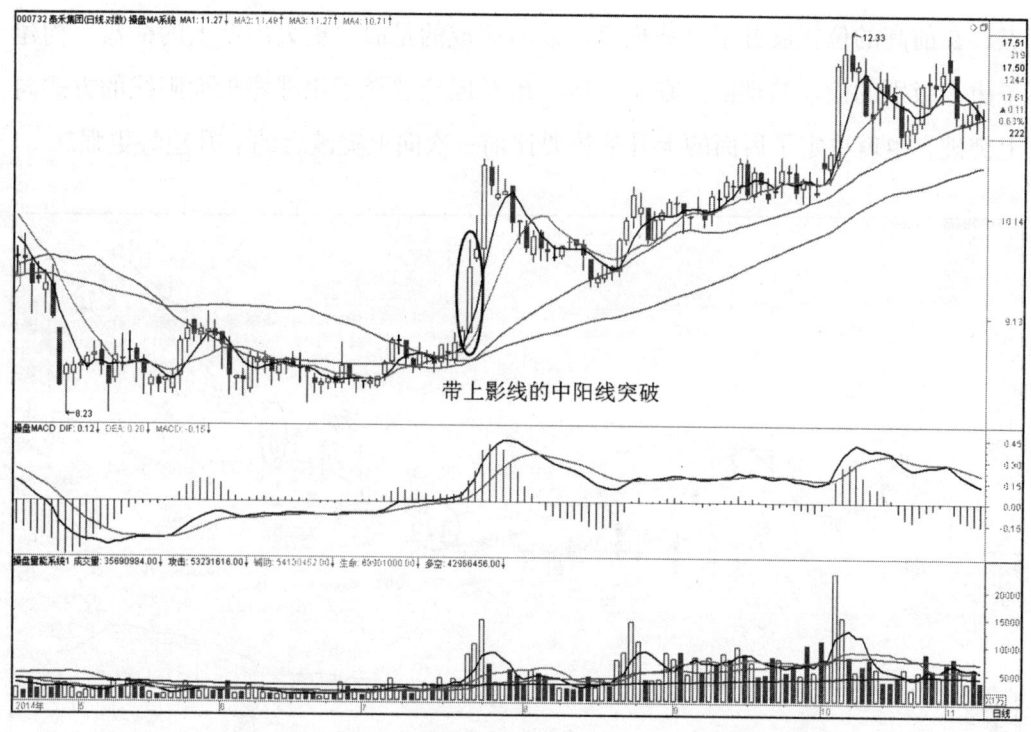

泰禾集团(000732)2014年4月~2014年11月日K线走势图

3. 小阳线突破

这是最弱的一种突破,可能会带动攻击线脱离其他均线,但是角度比较平缓,此时的小阳线一定不能有上影线,且最好第二天再出现一根阳线,如果两天或者三天连续阳线的整体涨幅达到7%且伴随放量,则还是可以确认上升趋势形成的,但是这种上升趋势的运行过程基本是以小阳线和中阳线为主,很难出现大阳线。

图示案例

如图所示,兴民智通(002355)在经过了最后一次股价快速下跌到位后展开横盘,横盘的时间不长,攻击线和操盘线走出了充分的粘合状态,股价低点不断抬高,高点构成了整理区间的上轨。下图的第一次突破时,股价通过小阳线的方式跳空向上突破小的横盘整理区,之后股价缓慢向上爬升,直到股价遇到了前高点,在前高的位置展开了强势横盘。此时完成的是股价更大周期上的横盘,构建了更大级别的横盘整理区。在第二次突破时股价选择了用涨停板大阳线的方式向上突破,也就决定了后面的上升趋势要比前一次向上突破后的上升趋势更强。

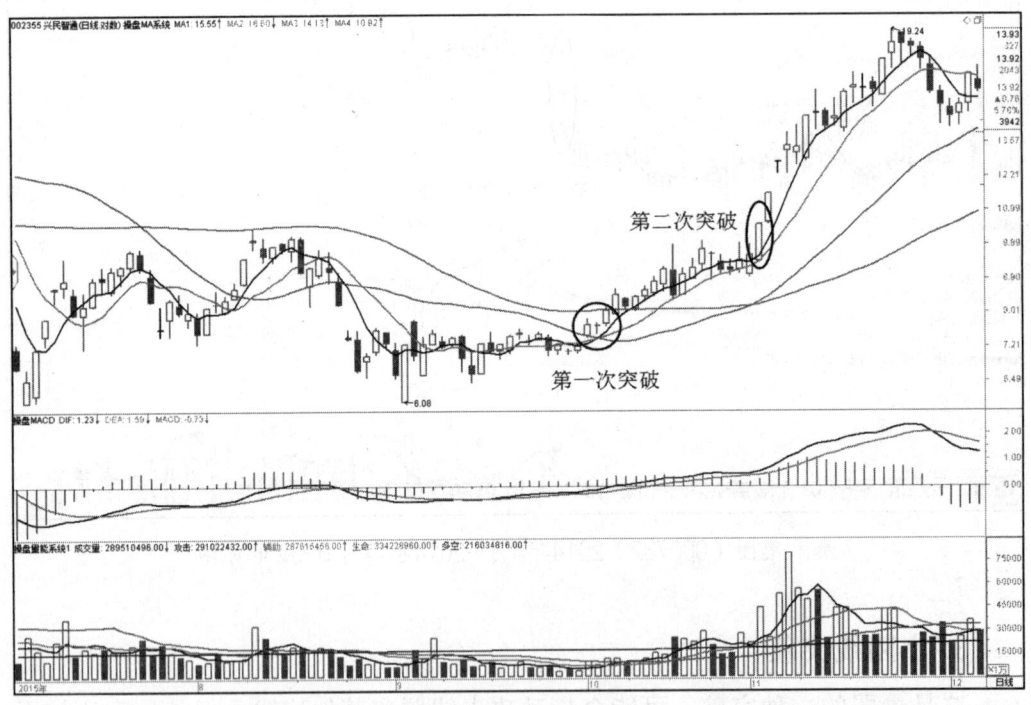

兴民智通(002355)2015年7月~2015年12月日K线走势图

实盘案例

关注股票	买入时间	买入均价	卖出时间	卖出均价	盈利比率
顺丰控股(002352)	2017年2月22日	43.60元	2017年3月1日	73.00元	40.27%

第七章 均线的角度

本案例同其他实盘案例介绍时有明显区别，其他章节用的是"操作标的"，本章用的是"关注股票"，其实大家应该明白了笔者和笔者团队的几个核心成员并没有做到这只股票。2016年的10月，笔者就和学员们提及了这只股票，仅从顺丰控股（002352）的市值管理角度上看后期的股价还是有很大利润空间的，也特别要求笔者的助理盯紧这只股票，因为这种标的非常健康的股票一旦启动必定是大牛股。但遗憾的是她跟丢了，其他盯着的学员开始的时候有点犹豫，到后期又不敢买进，就只能看着它涨起来。

如图所示，在这一波行情正式启动之前，股价处于一个大级别的横盘整理状态，股价虽然有下跌，但是低点不再创新低，说明整体的下跌动能开始减弱。后一波下跌到位后展开了很弱的横盘整理状态，从日线上看，横盘的时间为一个月左右。横盘的时间越短，后期上涨的空间越有限，所以在第一根小阳线出来的时候大家还没有意识到它已经选择了方向，当第一根大阳线出来的时候基本可以确定股价要上涨，但是上涨的利润空间有限。

下图中有标注"最佳进场点"，这就是操作顺丰控股最好的位置。但是有的投资者会质疑：因为它后市涨得那么强，所以才敢说那根大阳线是最好的进场

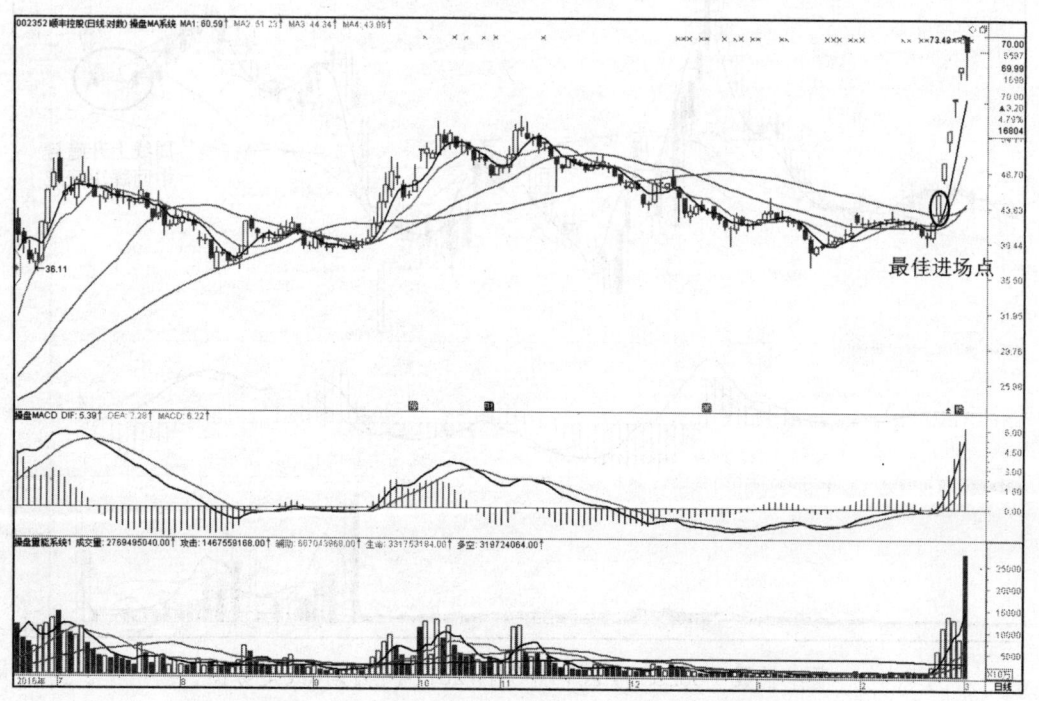

顺丰控股（002352）2016年6月～2017年2月日K线走势图

点。为什么在突破的位置选择大阳线,本章已经做了非常充分的解释。该进场点是一个小级别行情最好的进场点,买进去之后也只能按照30分钟上的行情进行操作,一旦出现滞涨的信号就要离场,但是后期走得那么强势,投资者要做的就是坚定持股。

其实做强势股的方法无论在书上还是在课程上都反复强调过,做强势股技术只是一方面,更重要的因素是心态,不能执着于强势股,当整个盘面不是非常宽松的时候强势股本来就少,浪中淘沙是很难的,而且强势股给出的好的操作点位都是比较少的,当投资者因为错过了一个强势股而纠结下一个强势股的时候必然会出错。

上图中日线上的均线走势可能会让投资者纠结,那么看下图对应的时间上顺丰控股在周线上的走势:决策线维持大角度上升趋势,短期均线走坏后回踩决策线。

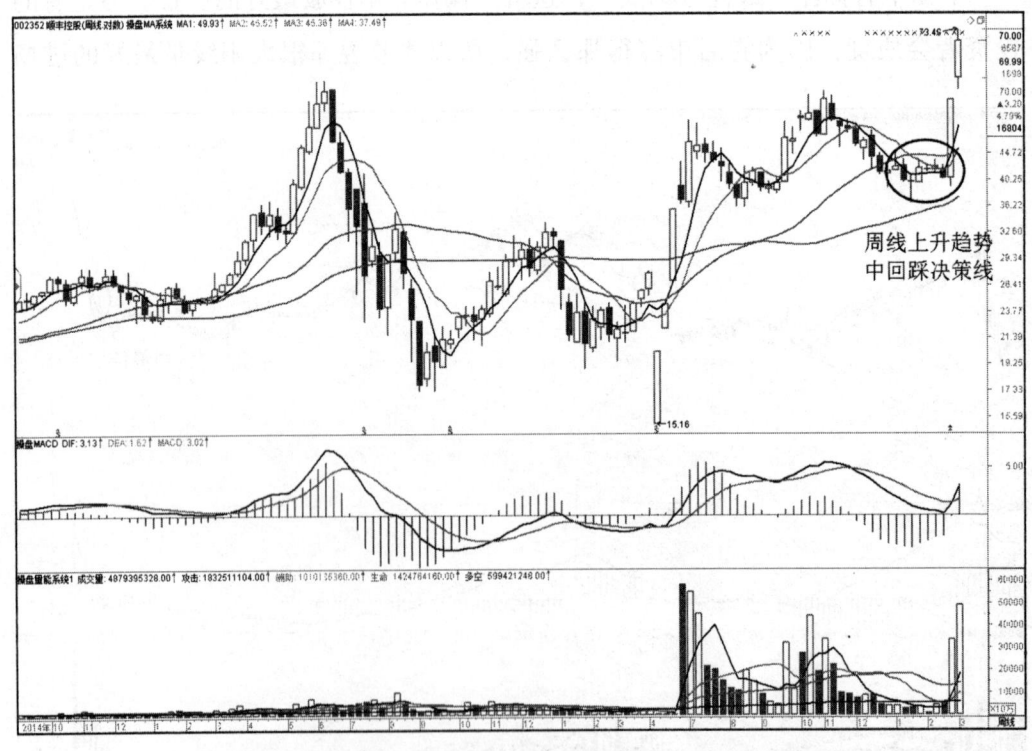

顺丰控股(002352)2014年9月~2017年2月周K线走势图

? 思考题

1. 均线的角度对趋势有什么影响？
2. 在趋势运行的不同时期，均线的角度是怎么变化的？对应的主力操作步骤是如何进行的？
3. 影响均线平滑度、均线厚度的根本动因是什么？
4. 不同周期均线角度的同步和矛盾对以后趋势的运行有什么影响？
5. 不同阳线启动的上升趋势对攻击线的角度和趋势的强度有什么影响？

第八章
均线的波浪理论

波浪理论诠释了股价同大自然间万事万物相通的真理：事物的发展不会是直线运动，而是要通过波折不断前行。均线是平滑了的收盘价，股价的波浪理论在均线上一定会展现得更加淋漓尽致。

第一节　均线束和波浪的关系

在上升趋势中，股价的上涨、回调构成了波浪理论的推动浪和调整浪；在下跌趋势中，股价的下跌、反抽构成了波浪理论的推动浪和调整浪。在股价运行的过程中，不难理解波浪就是均线发散和粘合的循环往复的过程。如果你顿悟了阴阳八卦的交替，就真正地领悟了股价变化的真谛：上涨和下跌永远都是你中有我、我中有你，在多空能量此消彼长的过程中成就了上升、下跌和震荡趋势。

简而言之，均线和波浪的关系体现在均线束的发散和粘合的过程中。分时决定K线，K线决定形态，形态决定位置，位置决定浪型，浪型决定性质，性质决定盈亏。所以在分析均线和波浪的关系之前要确定的是位置。在分析均线和波浪的关系时，可以遵照以下步骤进行：

第一，找到最近一个横盘整理期，确定该期间的时间、振幅、对均线的修复状态。

第二，如果股价当前在趋势中，确定整理趋势之前股价的趋势，判断股价构成的是"转势"还是"顺势"；如果股价当前在整理区，则确定原趋势，并确定原趋势运行了几个波段。

第三，确定主周期。在完成了前两个步骤之后基本可以确定当前的主周期在哪个周期，如果对各周期之间行情的转换还不是很清楚，请参阅《趋势为王》一书。

第四，确定原趋势结构是否完整。

第五，结构完整会带来反向操作机会，如果不完整则会带来顺势操作机会。

图示案例

如图所示，超声电子（000823）处于横盘整理区，之前的趋势为下跌趋势，且很清楚股价从牛市的高点结束后转为下跌趋势，刚完成了第一波下跌行情，此

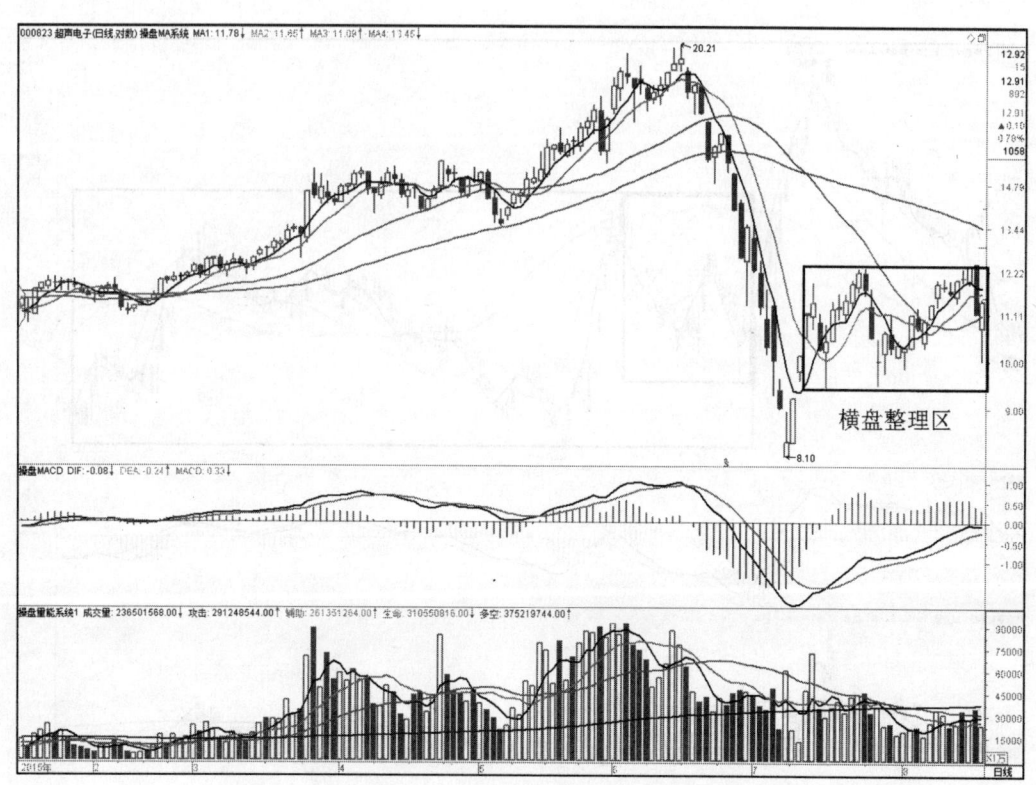

超声电子（000823）2015年1月~2015年8月日K线走势图

时正在走下跌趋势中的第一次横盘调整，下跌结构不完整，后期延续下跌行情的概率更大。如果下跌的第一个波段非常强势，则必有第二个下跌波段，只是第二个下跌波段的动能可能减弱，如果第二个波段的下跌动能没有减弱基本上还会有第三个下跌波段。超声电子的第一个下跌波段如此之强，则后面再次下跌的动能较该波段很可能减弱，所以整个下跌结构应该以ABC三浪为主，此时的横盘整理区对应的就是B浪的反弹。

又如，第一眼看到风华高科（000636）的走势时，很难确认哪里是横盘整理区间，找来找去唯一能够确认的就是下图中用小框框住的反弹行情，此时可以看作是前下跌趋势中的一个中继行情，该反弹行情走出了清晰的ABC三浪形态，之后股价又开始强势下跌，两个下跌波段和一个反弹行情构成了一个更大级别的下跌A浪，之后股价再次走了一波更大级别的反弹B浪和最后下跌的C浪。

"股灾"开始后，股价走出了一个下跌趋势，但是下跌到位后股价走出了宽幅震荡行情，下图中用大框框住的行情就是股价在周线上的一个横盘整理区。

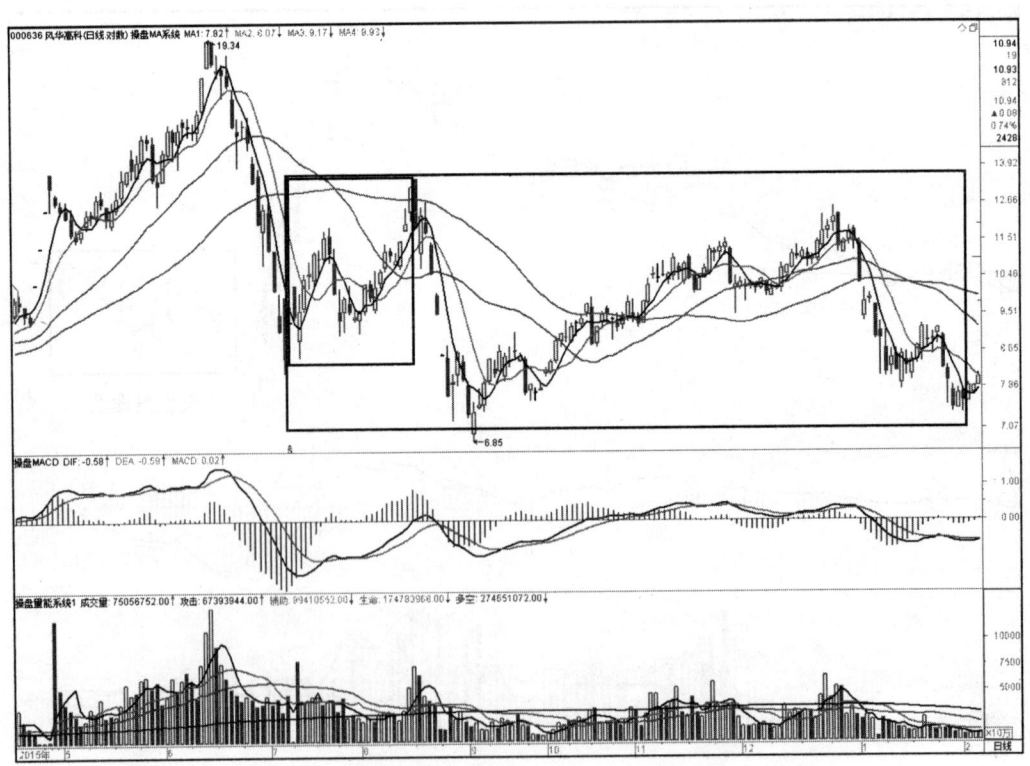

风华高科（000636）2015年4月~2016年2月日K线走势图

因为当下的下跌趋势还没有创新低，所以周线上处于横盘中，日线上在走下跌趋势。目前股价刚好到前低点，如果支撑有效，更加确认股价在周线上震荡，如果支撑无效股价下行，则是周线上横盘整理后向下选择方向。

第二节　二浪调整形态

在波浪理论中有一个重要法则就是二浪和四浪的交替原则，即二浪简单四浪复杂，二浪复杂则四浪简单。虽然这个规律适用于很多情况，但是由于二浪和四浪在趋势中的位置是截然不同的，所以本章会详细介绍如何从均线特征的变化来分辨股价所处的浪型。

1. 两种均线的形态

二浪所处的位置是股价从阶段性底部突破初期，或者是对底部区域有效突破之前一个上涨波段后股价要进行调整期间。此时均线形态还没有修复好，或者是结束了更大一个级别的上涨行情后股价已经走出了一轮新的蓄势形态。总之，二浪时均线的状态要么是还没有修复好，要么就是从错综复杂的状态转变为多头发散的初期。

图示案例

如图所示，长信科技（300088）属于典型的受到中长期均线压制的情况，此时在小周期上会出现买点，但是此时操作一定要按照小级别行情操作，对后市上涨空间的预期也是有限的。长信科技前期一浪的上涨波段经历了16个交易日，二浪的横盘时间也为16个交易日，这样在时间上对称的现象在各股票的走势中随处可见。当到达了重要的时间窗口时，不一定会出现变盘信号，但是一定要引起足够重视。

长信科技一浪的上涨非常弱，都是以弱势K线为主，整个上升波段运行到生命线和决策线附近就面临调整，直到二浪调整完毕也没有实现对决策线的修复，

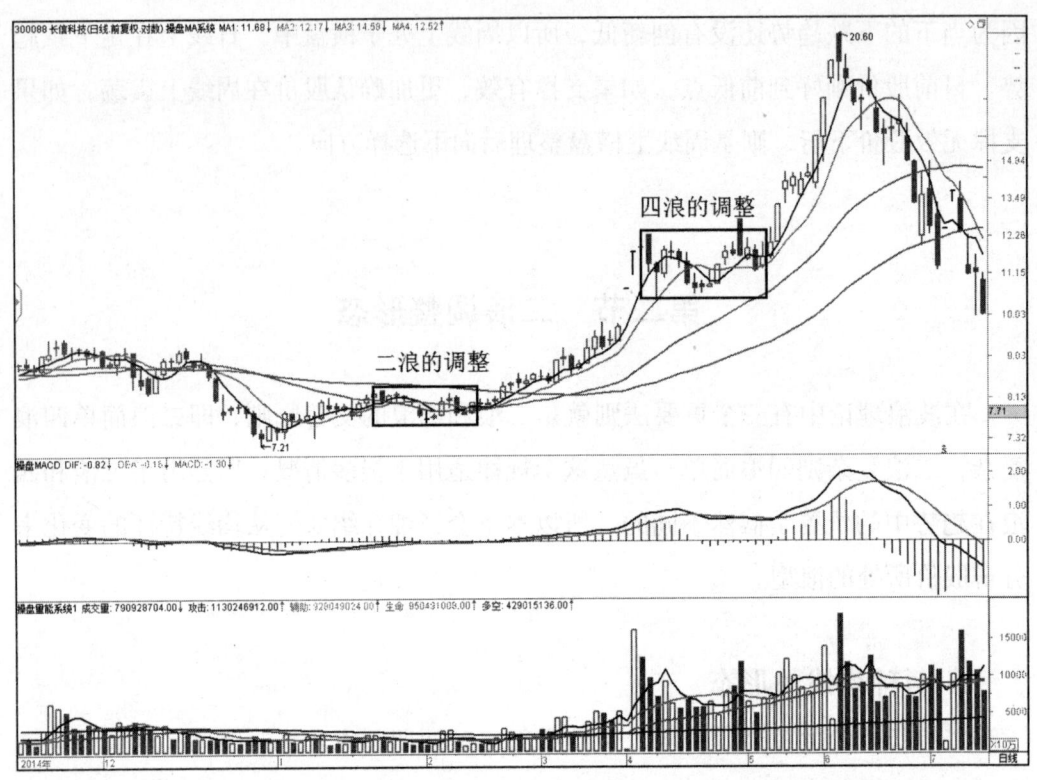

长信科技（300088）2014年11月~2015年7月日K线走势图

但是不影响操作30分钟上的一个波段行情。

📈 图示案例

如图所示，华东科技（000727）二浪的调整和长信科技有所不同，前期经过充分的筑底后才启动上涨一浪，在二浪开始回调时均线系统已经走出了多头排列状态。或许读者会问前期的筑底很容易被误认为是二浪调整，会直接导致找错三浪的启动点。任何周期的主升浪启动都需要大周期、主周期和小周期3个周期的均线系统走出多头形态，否则很难走出强势的主升行情。华东科技在脱离底部、修复完均线系统的第一波上涨行情后首次出现回调，上升波段不完整，后期行情可以期待。

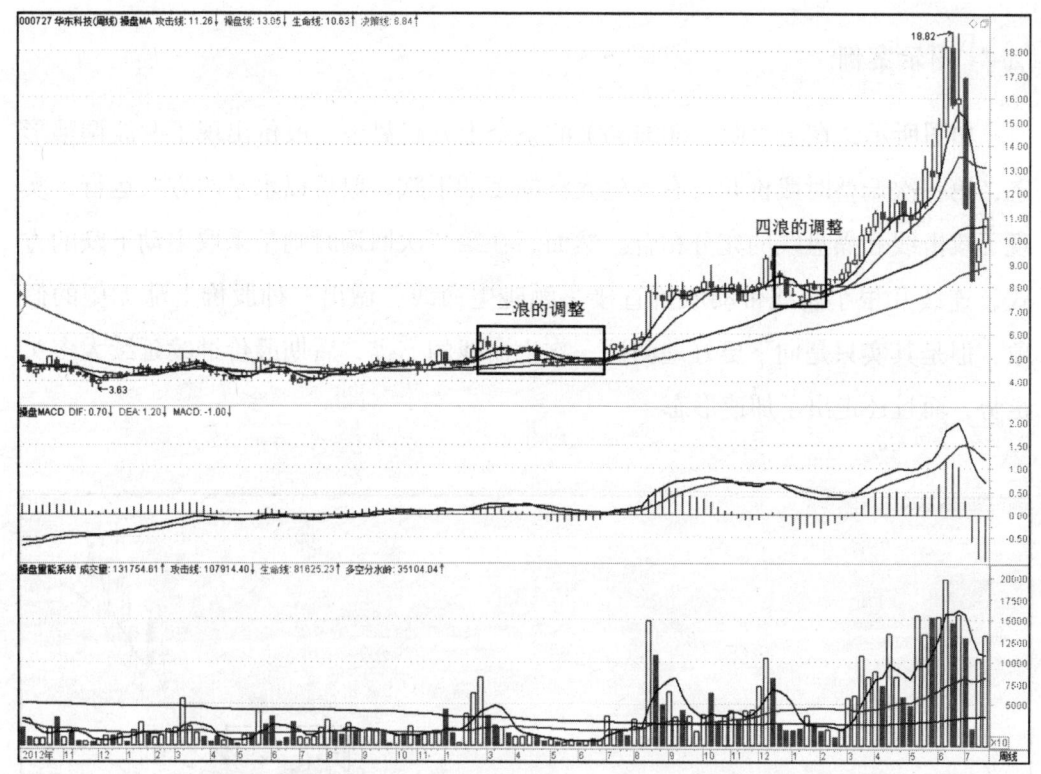

华东科技（000727）2012年9月~2015年7月周K线走势图

2. 两种调整方式

不只是二浪的调整，所有的调整形态都可以归结为两种方式：等待调整和回踩调整。等待调整是指股价上升了一个波段后，短期均线和长期均线之间一定会产生乖离，市场的内部结构有修复这种乖离的需求，但是股价并没有采用下跌去触碰长期均线的方式，而是采用横盘的方式等待长期均线自己运行上来，该种调整方式没有遇到空方的狙击，做多动能较强。回踩调整和等待调整是相对的，短期均线和相对长期均线产生乖离后，股价通过下跌的方式主动向长期均线靠拢，这种方式会在短时间内完成对均线系统乖离的修复，但是空方动能有所释放，后市需要更强的做多动能才能走出更强的上升趋势。

图示案例

如图所示,在士兰微(600460)的整个上升趋势中,股价出现了两波调整形态,第一次调整时股价并没有发生太深幅度的下跌,股价以水平的方式运行,实现了攻击线和操盘线的充分粘合。然而,在第二次回调时则是采取主动下跌的方式,连续几根小阴线带动股价直接去触碰生命线,做出一种股价上涨无望的假象,但是其实只是向下更好地测试一次生命线的支撑,后期股价继续延续大多头走势,而且还走出了加速形态。

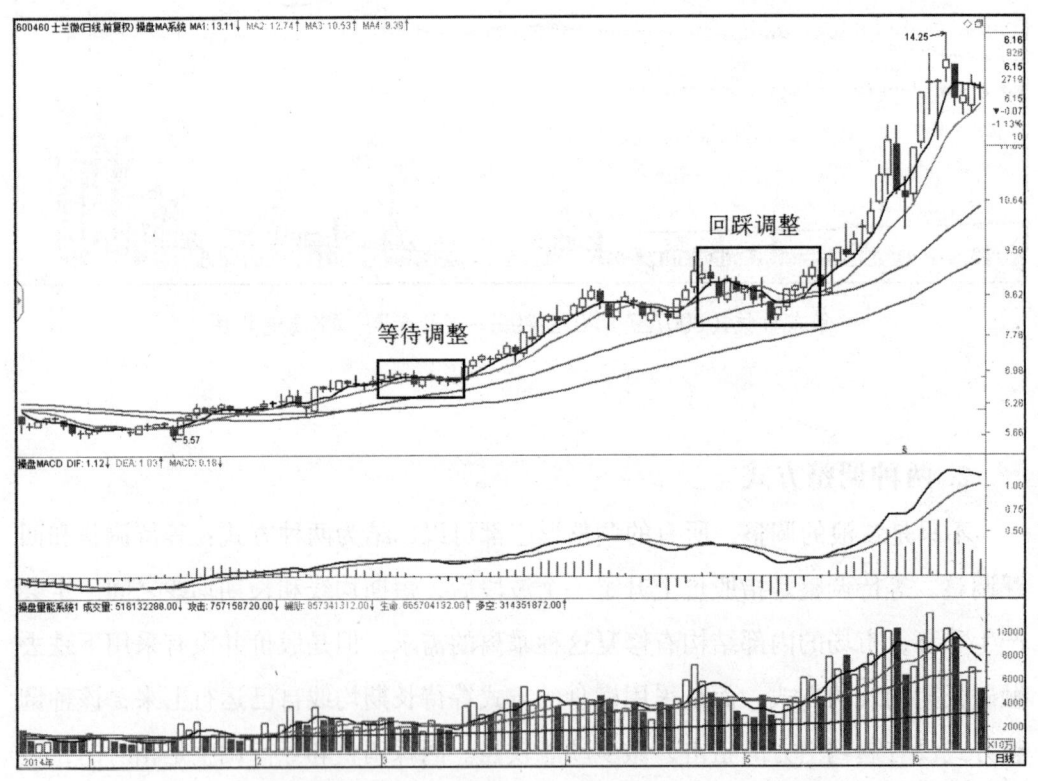

士兰微(600460)2014年12月~2015年6月日K线走势图

波浪理论不只适用于上升趋势,同样适用于下降趋势。如下图所示,在水晶光电(002273)下跌趋势的运行过程中,先是实现了一波确认原上升趋势结束的下跌行情,该下跌波段只能够破坏均线原来的上升趋势,还不能形成新的下降趋势,所以必然要面临调整。有很多人质疑波浪理论,其原因是投资者只是从最表层的五浪推动三浪调整的角度去理解波浪运行的结构,根本没有从事物运行的根本结构和发展方式上来理解该理论。

水晶光电的第一波下跌也算是超跌,股价从大多头直接杀到决策线之下,然后展开了反弹,该反弹行情运行到生命线就结束了。在该过程整个均线系统都处于杂乱无章的状态,趋势性不强,更没有操作机会。下降趋势的二浪调整时均线系统还是处于比较混乱的状态,还没有走出非常清晰的大空头,这种行情对投资者的迷惑性也是最强的。

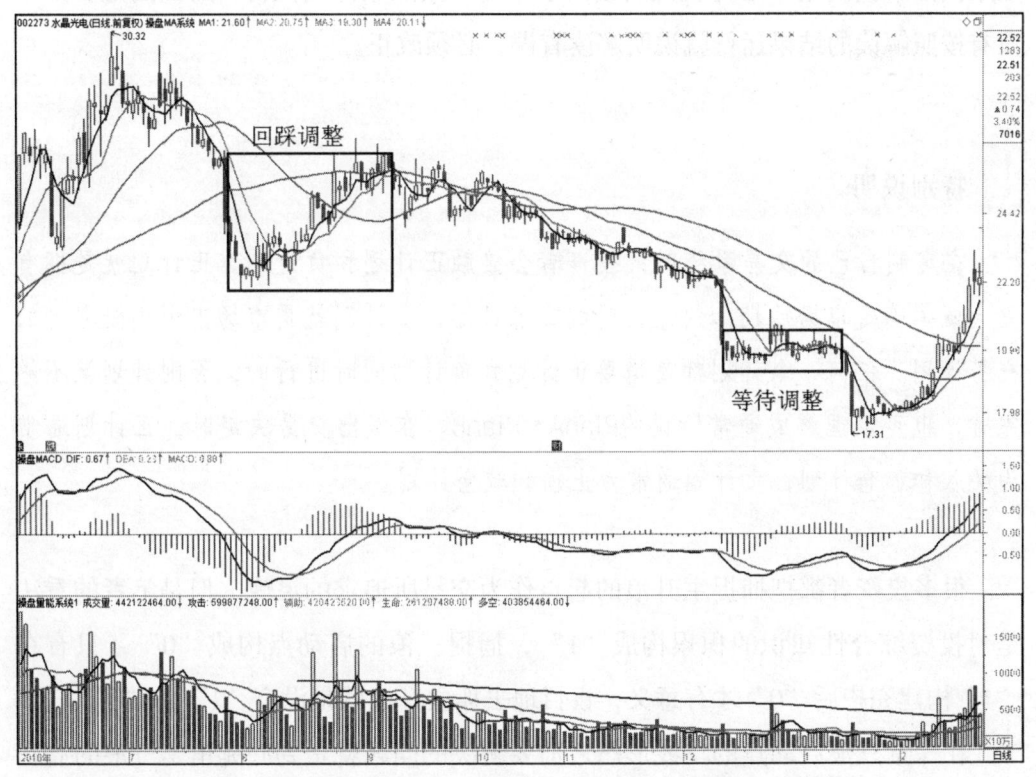

水晶光电(002273)2016年6月~2017年2月日K线走势图

! **特别说明**

也许读者会认为本书在内容的编排上有点乱,在分析K线的时候还要提到趋势、波浪、盘口、基本面等很多知识,跳跃性太强。投资不是一件容易的事情,每一个投资决策都是要经过全方位地慎重思考之后才能得出的,这样讲述是希望能够把实盘时要用到的分析方式带给大家。

第三节 三浪启动形态

在二浪调整的时间足够长之后，只有出现了启动性K线才能确认是三浪的启动点，否则还只能按照二浪的调整对待。市场上的操作信号不是靠预测得出的，一定是市场提前给出了后面将要如何运行的信号之后投资者才能做出交易决策，这里所学的一切知识就是为了解读当下市场给出的信号是什么意思。后面的走势如果按照解读的结果运行就说明读懂了市场，按照正计划执行；后面的走势如果没有按照解读的结果运行就说明解读有误，必须改正。

! 特别说明

在定制自己的交易系统时，投资者会接触正计划和负计划。正计划就是拥有更大概率确定市场后期如何运行时的交易计划，负计划就是市场出现小概率时的交易计划。任何一个计划都是需要正计划和负计划同时进行的，否则计划就不够完善，也可以理解成通常所说的PlanA和PlanB。在做出交易决定时，正计划通常为买入和加仓计划，负计划通常为止损和减仓计划。

很多投资者都把捕捉主升浪的起点作为交易所追求的灵魂，但是笔者的看法是对投资综合性知识的积累构成"1"，捕捉三浪的启动点构成"0"，只有在"1"构建完毕后"0"才有意义，盲目地去抓主升浪就是没有"1"的"0"。

在探索三浪启动点的均线形态之前要解决的问题就是到底哪里是三浪的启动点。在江氏交易天机中，三浪的启动点有两个，一个是二浪的低点即三浪一的启动点，另一个就是三浪三的启动点。

1. 三浪一的启动点

该启动点是二浪底和三浪开始的低点，此时股价不再创新低，下跌动能有所减弱，但是多方还没有占领市场，和上文二浪调整的状态相符合，属于同一个时期。此时股价调整的结构已经完整，股价继续下跌的概率减小，但是市场人气低迷，后期什么时候真正起涨还不确定。对于利用小资金博取大收益的投资者不建议在此处进场，漫长的时间成本非常不划算，但是此时却是中长线大资金开始布局的重要点位，在江氏交易天机的系统里成为第一买点。

图示案例

下图标注出来的三浪启动点是非常典型的三浪一的启动点，此时均线系统还处于空头趋势中，股价上涨也是先要走出正式上涨前预热的一波行情。三浪一上涨结束后，股价刚好遇到方向依然朝下的决策线的压力，此时的调整是必然的。行情是动态的，所以在分析的时候投资者的判断要根据行情的变化进行调整。

此时的调整非常强势，属于等待调整，股价水平运行实现了短期均线的粘合和对决策线的修复，当股价再次形成对该平台的向上突破后就启动了三浪三的行情。

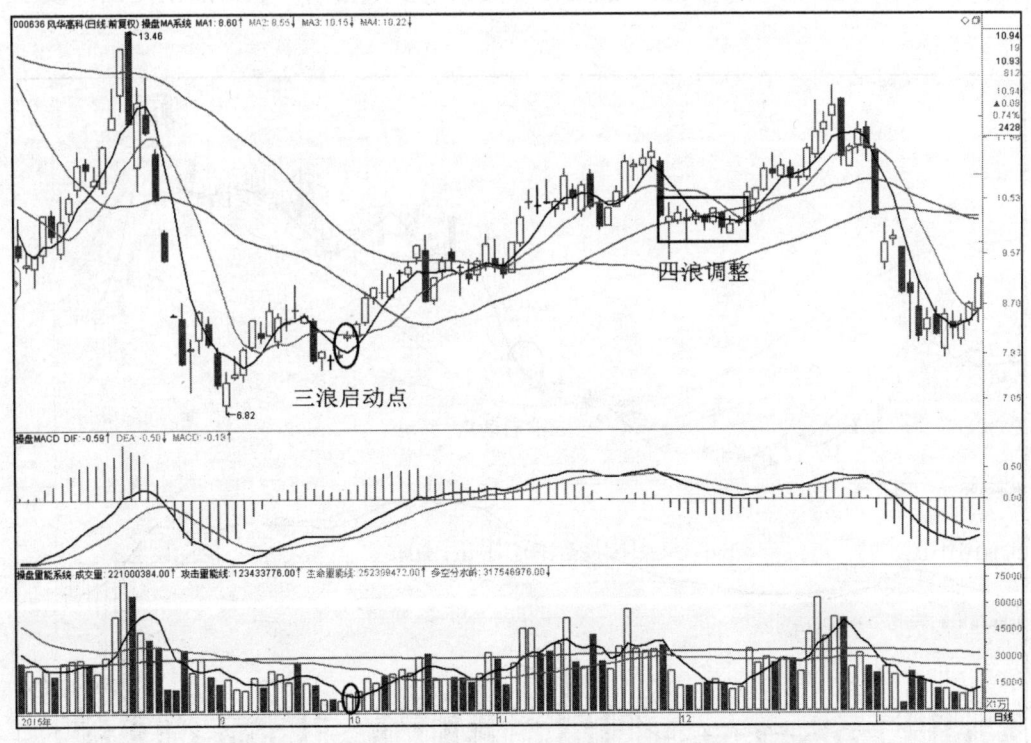

风华高科（000636）2015年8月～2016年1月日K线走势图

2. 三浪三的启动点

该启动点是在二浪调整结束后，此时股价已经开始起涨，在该起涨的波段中完成一个小的上升波段和一个小的调整波段后股价再次开始上涨。在二浪调整结束后，小的上升波段的涨幅不大，上涨动能不强，但是它有着非常强的带动市场人气的作用，之后的小的调整行情回调的幅度更浅，基本不会破坏前期已经修复完毕的上升趋势。在这种情况下股价向上突破就是第二买点，也称为突破买点。此时的均线形态与二浪调整状态和三浪一是有差别的，在对应行情的主周期上一定已经走出了大多头形态。

图示案例

如图所示，万方发展（000638）在下图中的启动点为三浪三的启动点，属于真正的主升浪中的主升浪。从均线系统上看，股价已经站上了所有均线，虽然生命线和决策线还处于死叉状态，但是已经走出了多头格局，股价后期走出一波小

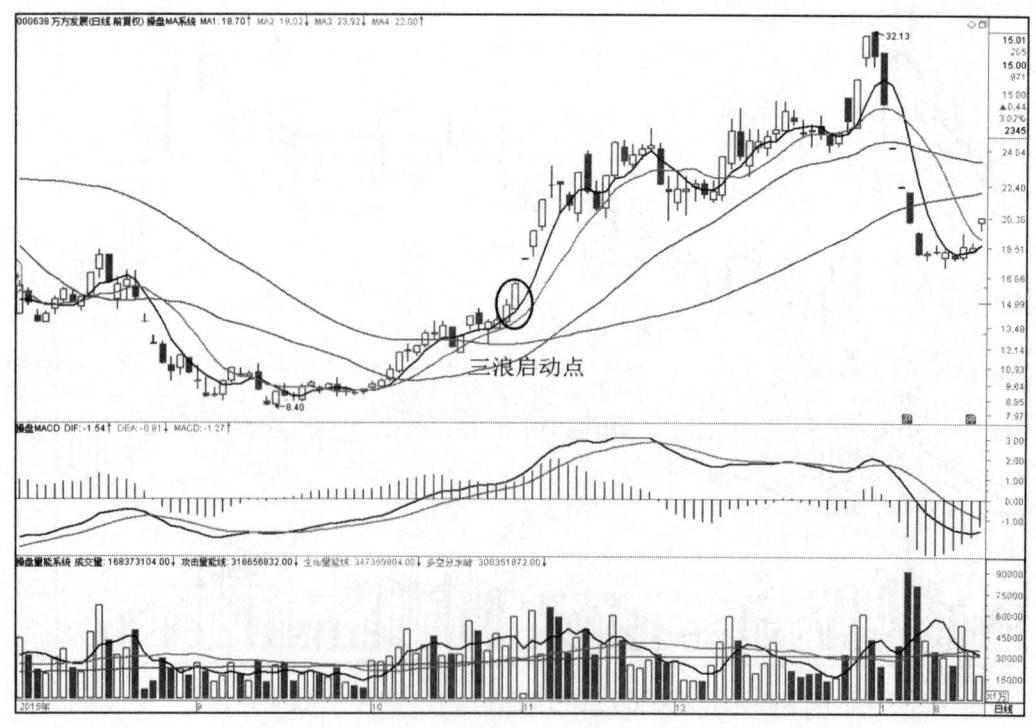

万方发展（000638）2015年8月~2016年8月日K线走势图

级别的上涨行情是非常值得期待的。三浪三启动后的行情一定是非常强悍的，所以对于刚接触股票的投资者来说，只有在更小周期上才能看到三浪中的五浪；而对于已经熟练掌握波浪理论的投资者而言，在日线上就可以辨别出小周期上的五浪形态。

第四节　四浪调整形态

有的读者认为认清三浪的形态是最重要的，但是笔者认为认清调整四浪的形态才是更重要的。看过"江氏操盘实战金典"系列丛书的读者一定非常清楚，上升的第五浪是主力在出货的行情，如果你的技术还不够纯熟请选择低位的股票，如果你技术精进，调整四浪之后的第五浪会给你带来最丰厚的收益。

均线系统从错乱状态转变为多头走势后，股价一定会经过一次又一次的调整。第一次调整后启动是三浪三的启动点，是一定要操作的行情。第二次调整后要谨慎小心，后期会有一个上涨波段，但也是主力的出货阶段。如果第三次调整基本是在三浪中走了一次延长浪之后，更确定是大四浪的调整，如果此时四浪调整的幅度不深，股价后期有创新高的可能；但是如果此时股价调整的幅度较深，后期创新高的概率会减小，也就是说很可能会走出失败的五浪。

图示案例

如图所示，在超声电子（000823）的走势中可以看到，在股价走出了多头趋势后出现过两次短时间的调整，这两次短时间调整是三浪中的第二浪和第四浪，也就是说，股价前期突破决策线之后的回踩是真正的二浪调整。明确了之前的结构之后，对于分析当下的结构就会非常清楚，股价走出了箱体震荡形态，其中股价的最低点打到决策线上，此时必然是该上升波段的第四浪调整，股价再次向上突破就是要展开最后的第五浪出货行情。

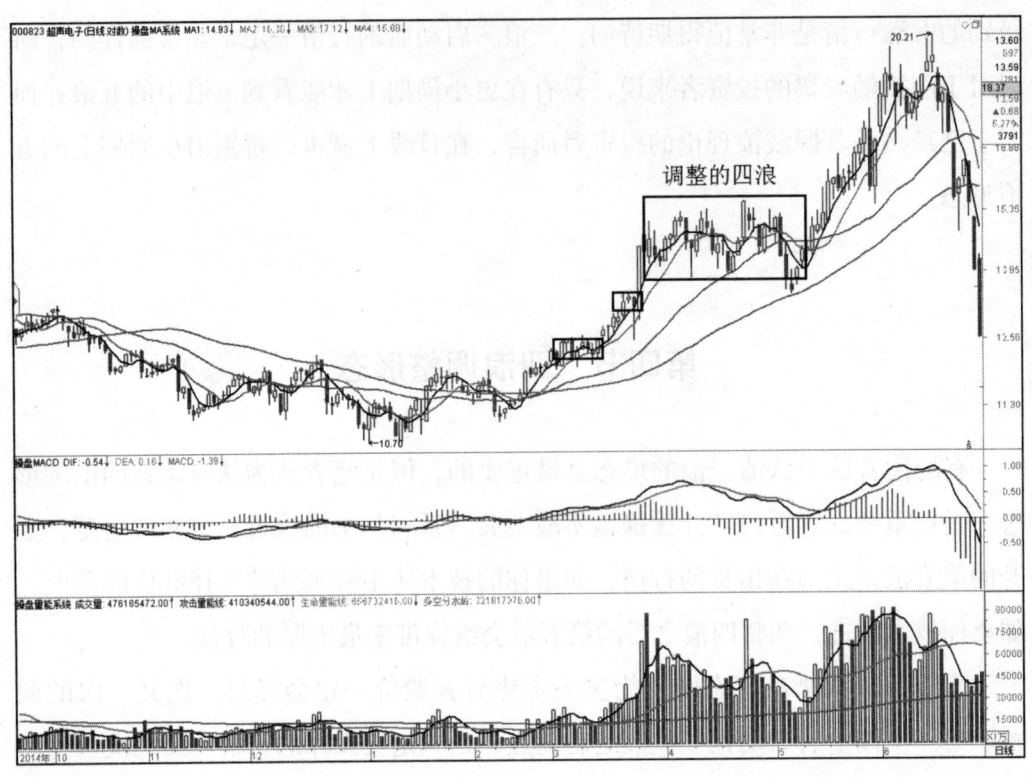

超声电子（000823）2014年10月~2015年6月日K线走势图

! 特别提示

波浪理论在江氏交易天机中的作用不容小觑，但是投资者不能执着于波浪。切记波浪里只有两个浪——推动浪和调整浪。而且传统的波浪理论是没有办法识别市场上的全部行情的，可能只有60%~70%的股票能够适用波浪理论，其余的股票适用的是其他技术分析理论。

实盘案例

操作标的	买入时间	买入均价	卖出时间	卖出均价	盈利比率
亚星化学（600319）	2017年2月27日	10.80元	2017年3月1日	13.81元	27.87%

亚星化学（600319）是一个非常经典的案例，无论是从技术分析的角度还是追踪热点的角度，它都是极具代表性的。如图所示，在前期经过一个大波段上涨后，股价展开了宽幅震荡。在该震荡过程中决策线走出过空头行情，但是股价还是维持了决策线强势向上的走势。

对于任何一段调整行情，股价都是从大振幅到小振幅逐渐转变的，因为在调整初期需要大的振幅来扭转长期均线，振幅越小对长期均线扭转得越慢。在调整过程中，长期均线先是变弱，然后才会走出反向行情。短期均线在该过程中仍然是异常活跃。这个过程是逐渐消除多空双方分歧、产生一致性看多或者看空的蓄势期。该过程的形态也会给投资者足够多的信息以判断后期趋势该如何运行。从下图中的三角形可以看出，股价的重心在不断抬高，低点也在不断抬高，股价和短期均线围绕决策线上下波动，但是以在决策线上方为主。

在买入点的位置均线系统已经走出了大多头，买入点不只是突破多头行情后短暂调整的小平台的高点，也是突破整个三角形形态高点的突破点，这两个高点的意义非凡。

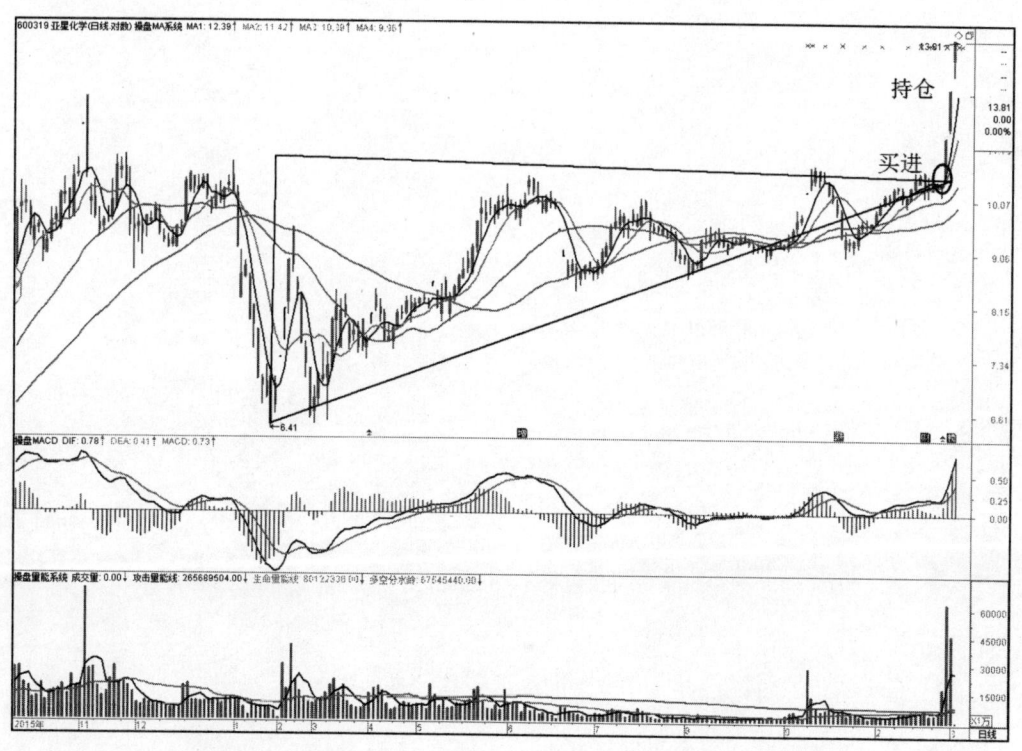

亚星化学（600319）2015年10月~2017年3月日K线走势图

小平台形态非常清晰，就是三浪的启动点，均线处于多头状态，股价和操盘线、攻击线粘合，向上突破就是三浪的启动点。对于大的三角形，前期的一波上涨完成的是一浪的上涨，然后经过长时间二浪的调整，后期会启动大三浪。根据波浪之间的时间、空间关系，上升波段还没有运行完毕，后市可期。

思考题

1. 波浪理论是如何反映市场的内在结构的？
2. 波浪理论的三大铁律和三条基本原则是什么？
3. 波浪是如何反映股价的位置关系的？
4. 上涨的二浪、三浪、四浪对应的均线特征是什么？
5. 股价运行三浪还是五浪的判断标准是什么？
6. 下跌的五浪对应的均线特征和上涨一致吗？有哪些不同？

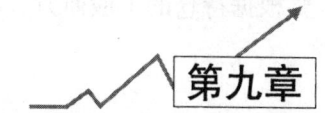

第九章
个股和大盘、板块的共振

时势造英雄,只有在大环境向好时才会给个股的交易锦上添花。大盘指数是父亲,板块指数是母亲,只有父亲、母亲和个股一致性看好的前提下,才能够保证个股后市的趋势强劲有力。

第一节 个股和大盘均线系统的共振

大盘上涨的时候个股不一定上涨,但是大盘跌的时候80%的股票都会下跌,所以交易一定是在保证大盘没有系统性风险的前提下才能够进行的。牛市到熊市的转折点是下跌动能最强的一个波段,此时任何股票都需要谨慎参与,但是一旦大盘完成了充分下跌开始震荡筑底后,大盘指数对交易决策的贡献度会减小。也就是说,当大盘在相对低位走出了横盘震荡的走势的时候,投资者要更加重视个股和板块的轮动。

1. 大盘高位杀跌

牛熊轮回的频率不高,但是遇到一次可能就会把之前几年的利润损失掉,投资者是一定要回避的。从2000年以来,A股经历了两轮最大的熊市,一轮是从2007年6124点下杀,另一轮是从2015年5178点下杀。大盘高位出现杀跌走势是一定要规避的,在横盘期或者上升趋势的回调时也会有下跌行情,此时是否参与却要根据持仓的个股研判,不能死盯着大盘。

图示案例

如图所示,2015年6月大盘见顶后开始向下杀跌,第一波下跌后反弹不过决策线,就又开始了第二波杀跌。牛熊的转折点是非常迅速的,只是一个简单的单顶就开始快速向下杀,这时个股基本上都会随着大盘的杀跌转势向下,一旦大盘反弹结束再次向下时个股也一定是跟随的,且下跌的空间会比较大。

上证指数(999999)2015年4月~2015年11月日K线走势图

下图中常宝股份(002478)的走势就是上图中两轮"股灾"对应的走势,在第一轮下跌时常宝股份比大盘跌得更凶,反弹的幅度也比大盘更大,反弹到决策线时滞涨。根据反弹行情只操作三波的原理,在股价遇到决策线的压力时就要果断离场,因为在大盘还具有下跌的系统性风险时个股下跌的幅度往往会更深。

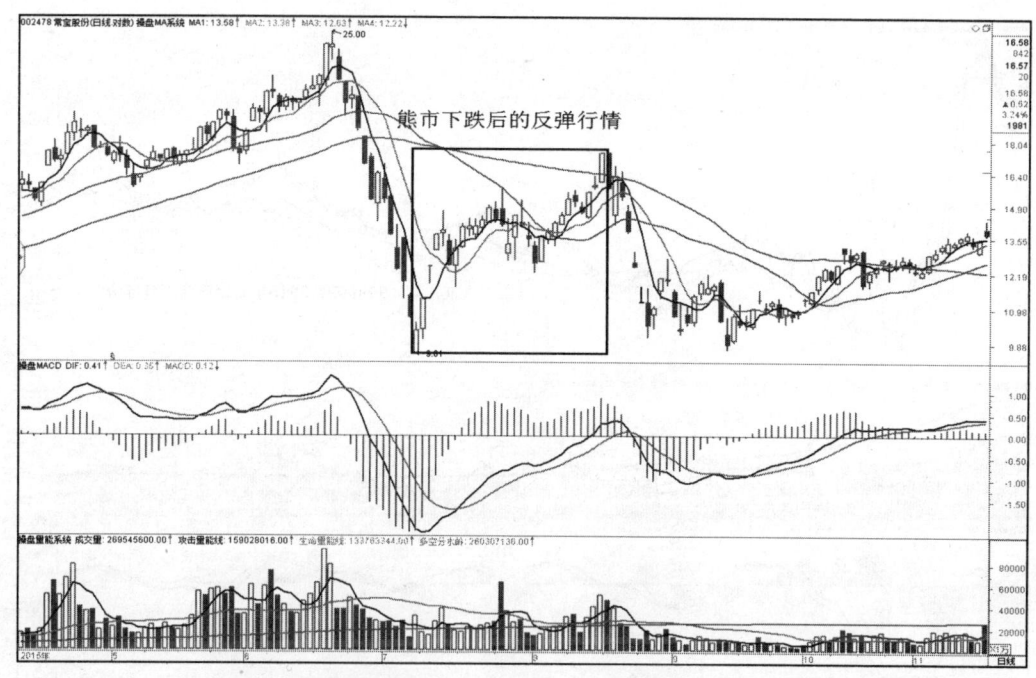

常宝股份（002478）2015年4月~2015年11月日K线走势图

2. 大盘低位震荡

一旦大盘下跌到位，开始筑底阶段，操作时就更要注重个股，可能此时大盘只有10%的反弹行情，但是有热点题材的个股的上升空间往往会远超大盘，甚至会走出日线上的主升行情。大盘指数对交易的影响非常重要，但是投资者操作的是个股，大盘的危险不同时，大盘因素对交易决策的影响程度也是不一样的。

图示案例

如图所示，2016年A股均以结构性行情为主，从2638的低点开始走的是持续震荡上升的行情，虽然整理上只有三波30分钟上的小波段行情，但是配合上热点还是有很多大牛股出现。一旦大环境没有快速向下杀跌的风险后，前期不再创新低的股票已经走出了阶段性底部，随时可能向上突破，没有经过充分调整的个股可以选择低位震荡，整体向下的概率会减小，除非个股遇到实质性的利空。

水井坊（600799）作为酿酒板块中比较活跃的个股之一，在大盘小幅震荡的行情中走出了远远强于大盘的行情，基本上达到了日线级别。从2016年3月大盘

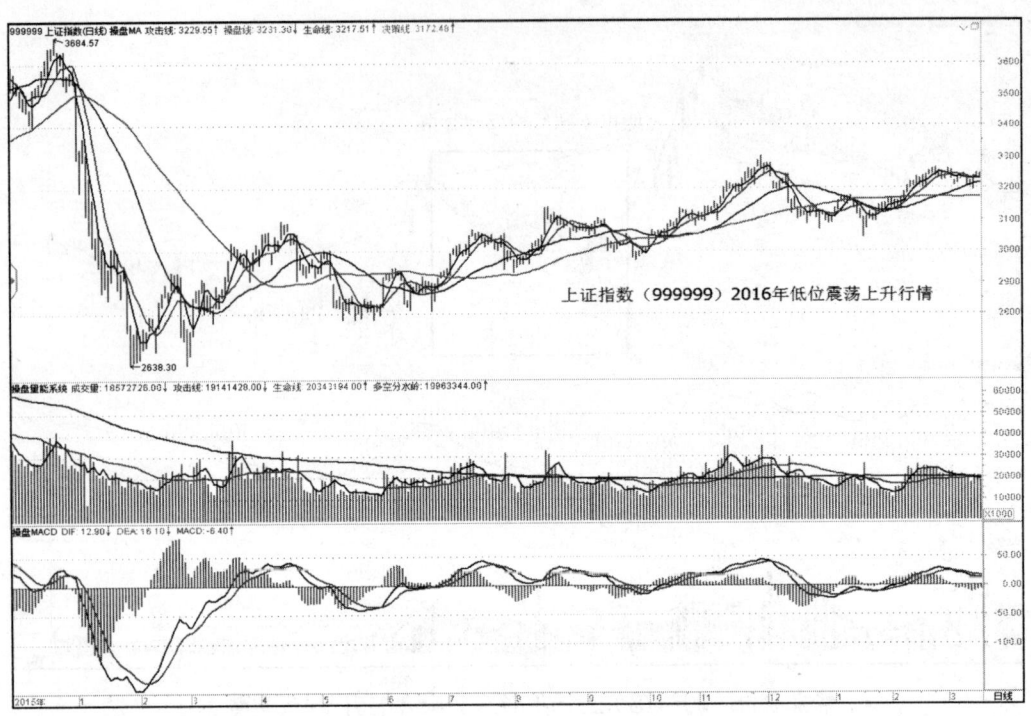

上证指数（999999）2015年12月~2017年3月日K线走势图

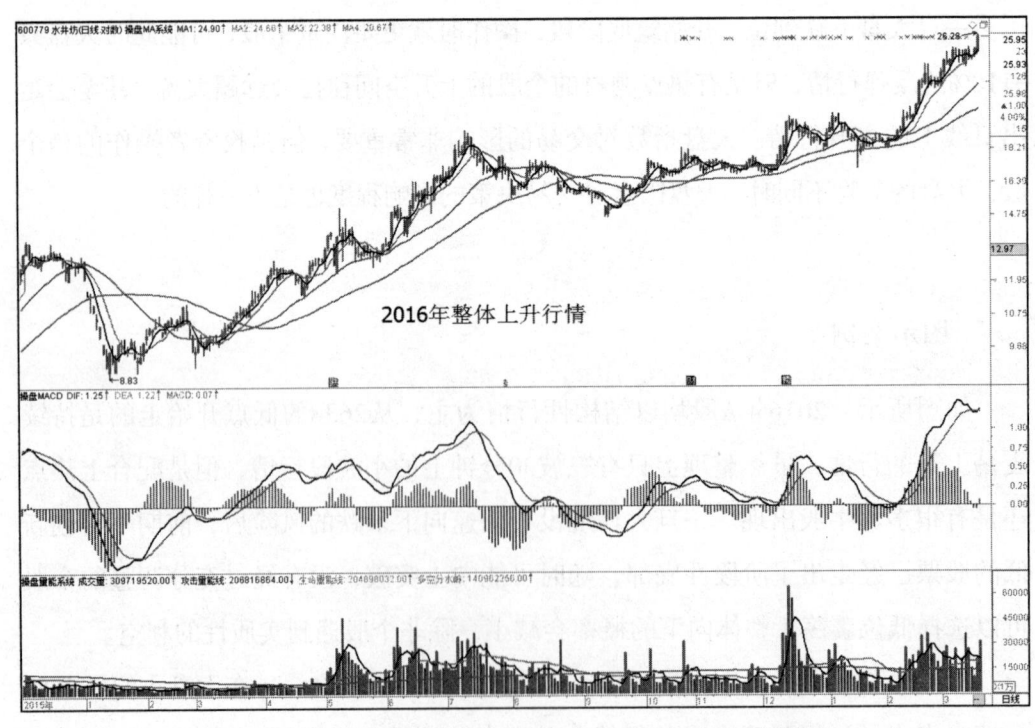

水井坊（600799）2015年12月~2017年3月日K线走势图

开始正式反弹行情时，水井坊就启动了强势上涨行情。虽然大盘经过了2016年4月的强势调整，但是对水井坊强势稳健的上涨行情没有丝毫影响，其走出了近一倍的上涨空间。虽然在2016年7月开始横盘，但是下杀的空间并不大，整体还处于非常强势的整理期。

3. 牛市滋生大牛股

牛市最大的特点就是投资者都变成了股神，天天都是涨停板，随便点一个都是赚几倍的，其实这不是投资者的水平有多高，而是因为当大趋势来的时候，股价的上涨是无法抵挡的。牛市是量产大牛股的世道，作为普通投资者，最好的操作方式就是选只刚启动的票拿到牛市结束，而不是经常换票。

图示案例

下图是上证指数（999999）在2014年和2015年大牛市中的上涨行情，时过两年，笔者对这个牛市每个上涨下跌波段的运行方式都历历在目，不知道读者对整

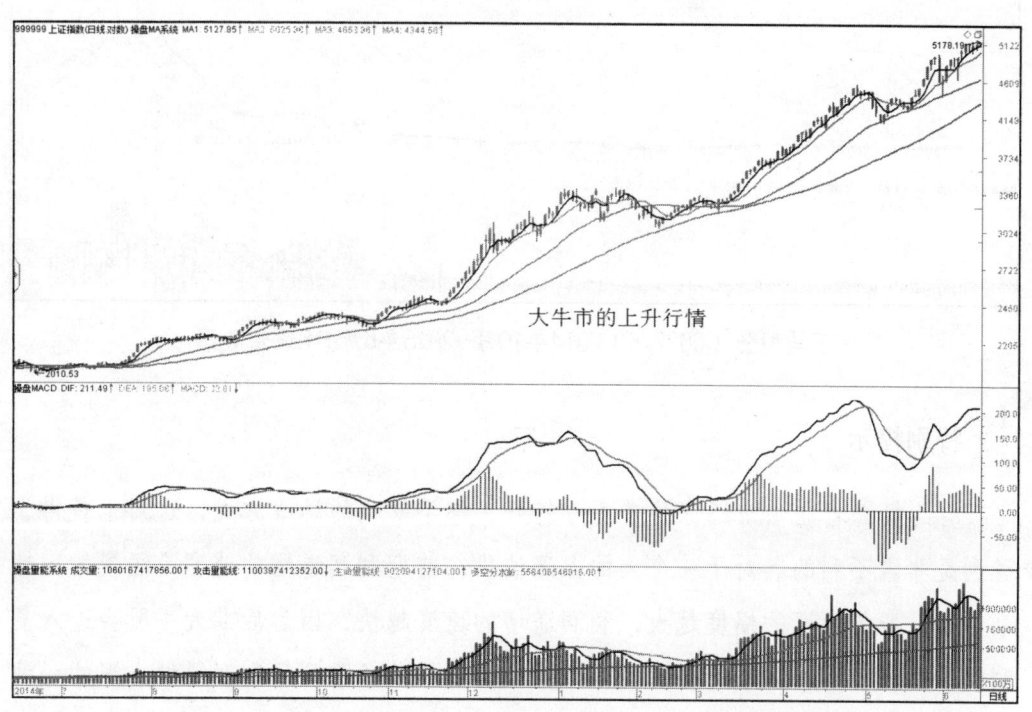

上证指数（999999）2014年6月~2015年6月日K线走势图

个上涨行情和后期的3轮"股灾"是否还记忆犹新？历史会重演，但是不会简单地重复，回顾历史是为了未来同样的一幕再次上演的时候可以抓住机会、回避风险。

笔者的很多老学员都知道万马股份（002276）这只股票，在2015年2月到5月其上涨达到了3倍，这是2015年春节送给学员的红包，但是真正从2月持股到5月的学员少之又少。在2月下旬和3月万马股份一直处于横盘状态，这对大家的心态是个非常大的考验，尤其是在大牛市的环境中，别的股票都在涨而自己持仓的票一动不动简直是一种煎熬，所以很多学员耐不住寂寞就先跑掉了。牛市中有个非常重要的规律：所有股票都会普涨，越是在大盘上涨时能够控制上涨节奏的，后期启动成为大牛股的概率越大。

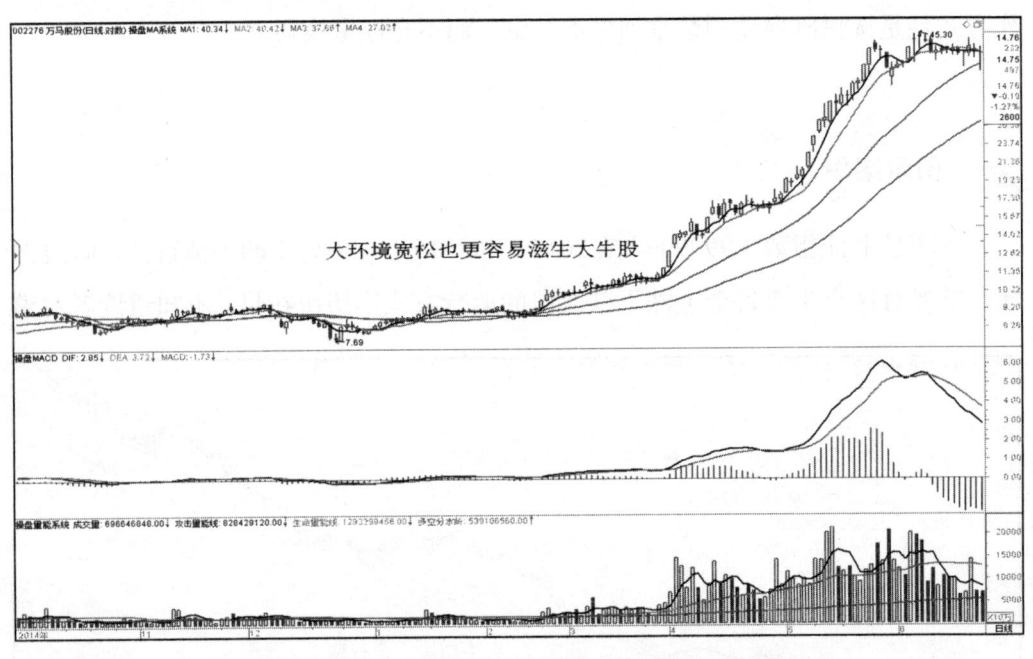

万马股份（002276）2014年10月~2015年6月日K线走势图

!　特别提示

有的投资者在牛市还保持着不亏就好、赚了就跑的思维方式，这对于获得大盈利是非常不利的。对于一个大的上涨波段，前期利润递增的速度是缓慢的，越到后期，股价上涨的幅度越大，利润递增的速度越快，因为后期大牛股会进入复利快速累积阶段，如果持仓的时间不够，就会导致只赚到了利润缓慢上涨的一截而错失了快速上涨的波段。

第二节　个股和板块均线系统的共振

　　板块、热点、概念是投资者耳熟能详的几个词语，甚至每天和朋友交流的时候也是这样要求自己的：要选有题材的股票，要做热点！但是实盘时就会遇到各种问题，要么搜索题材的新闻没有看全，要么看晚了题材股都涨了一截了，要么看准了进去就是不涨……各种各样的问题让投资者操作热点变得似乎只是纸上谈兵。要操作某个热点概念，一定要保证该概念指数和所操作的个股是同步的，否则很难有板块的联动效应，后期爆发的上升行情就很难强势。关于热点板块和概念的操作模式请参阅《价值爆点》一书。

图示案例

　　下图是丝绸之路（880594）板块指数的走势，从2016年4月该板块指数就一直处于缓慢上升趋势，均线整体呈45°角直线向上，上升趋势运行得非常稳健，直到2017年1月时走出了一次快速向下杀跌导致股价跌破了决策线，但是股价很

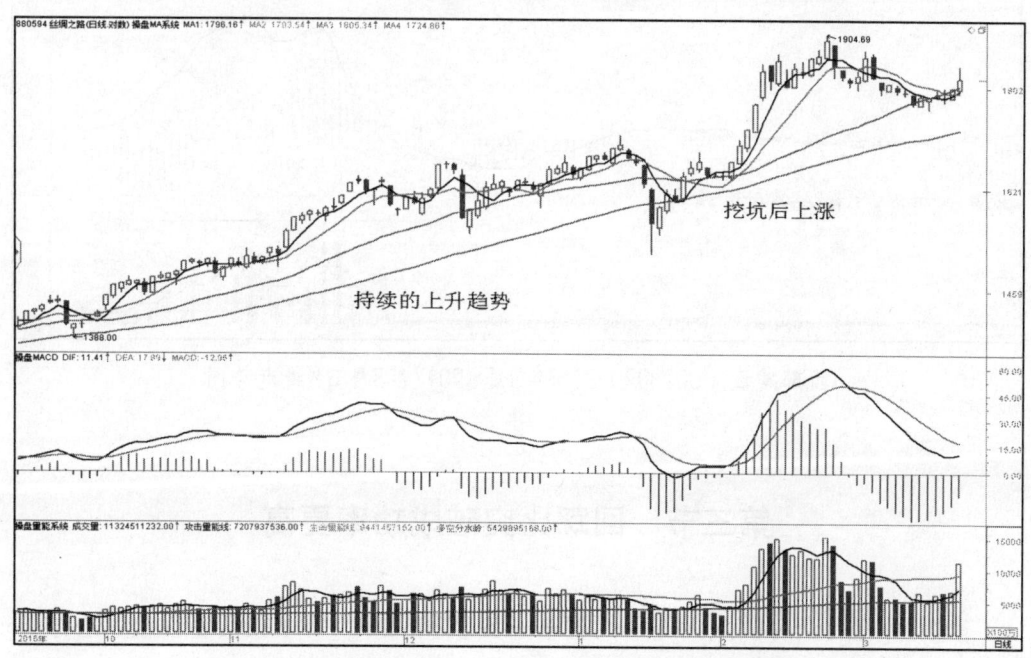

丝绸之路（880594）2016年9月~2017年3月日K线走势图

快就拉了回来,而且走出了一波加速上涨行情。从指数的整体走势上不难看出,整个板块的走势非常强势,必然会伴随强势的个股出现。

从下图的走势中不难看出,丝绸之路整个板块在走上升趋势时,西部建设处于强势横盘阶段,各周期均线和股价实现了充分粘合,属于走势远弱于板块指数的个股。但是在大环境走好时,个股还能够独善其身控制住上涨节奏,也是一种强势的表现。早在2016年12月,西部建设就先于板块指数走出了向下破位挖坑洗盘的行情,待板块指数下跌到位时,西部建设抢先涨停,成为丝绸之路最后一波加速上涨的强势股之一。

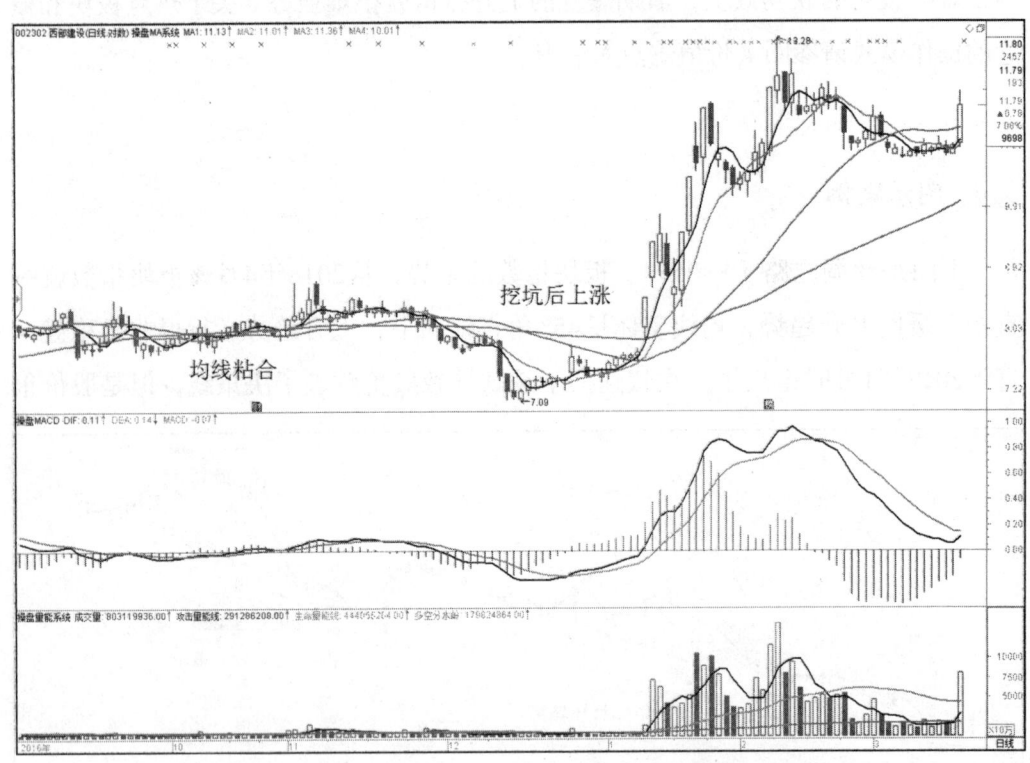

西部建设(002302)2016年9月~2017年3月日K线走势图

第三节　回踩比突破成功率更高

其实所有的交易模式无外乎两种——突破和回踩。每个投资者性格、思维方式的不同直接导致选择的交易模式有所不同。突破相对激进,失败的概率大,但是收益确实可观；回踩的风险低，但是也容易出现被闷在底部的风险。

突破更需要大盘的配合，回踩对大盘的要求较弱。如果要做突破一定要有大盘或者相关板块的配合，否则很容易是假突破或者一日游行情；但是操作突破后回踩的位置对大盘和板块的指数要求就会降低，此时可能很难操作到非常强势的大牛股，但是会有一个比较稳健的盈利。

图示案例

如图所示，鞍重股份（002667）在经过了一波震荡上升的反弹行情后回调，股价缓慢调整到决策线附近止跌，股价通过破位后回踩的方式确认了决策线临时性的支撑作用。在下图标注的中阳线之前经过了4个交易日的横盘后选择向上突破，通常根据回踩后再创新高确认趋势的原理，标注的中阳线是有操作价值的，后期至少还会有个冲高的小波段。但是如果在该阳线当天的最高点进场的投资者第二天根本没有获利离场的机会，因为大环境已经遇到了前方压力区，很可能要开始转势。

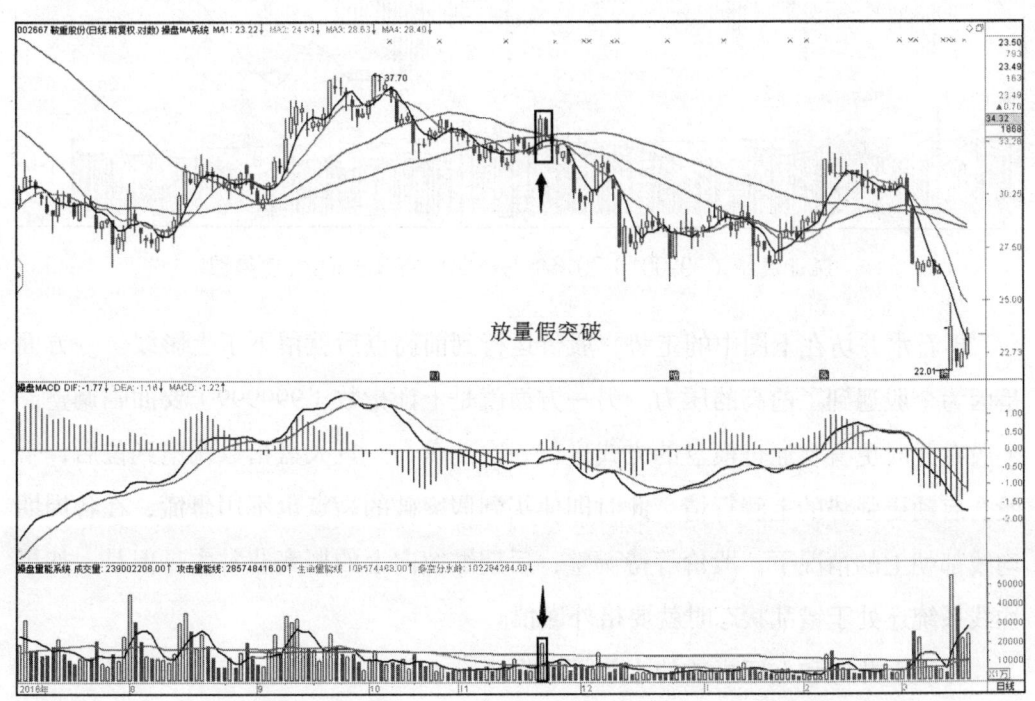

鞍重股份（002667）2016年7月~2017年3月 日K线走势图

下图深证成指（399001）的走势和上图的鞍重股份的走势是对应的，在鞍重股份突破的当天深证成指也出现了一根阳线，但是此时指数上涨的动能开始减弱，小周期已经出现了趋势的背离，如果该前高点的密集成交区不能有效突破该位置就会变成更重要的压力位。其实，从该阳线当天的量能上也可以看出股价已经走出了无量上涨的走势，尤其是到了前高点的重要位置，如果不能强势放量，很可能就会形成诱多的假突破。

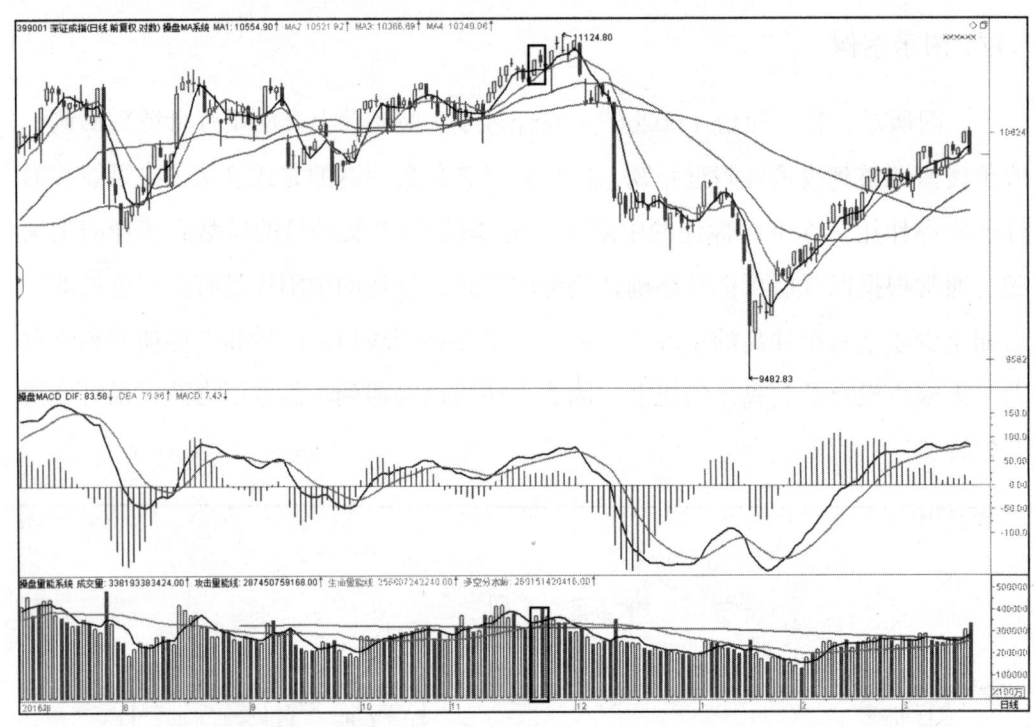

深证成指（399001）2016年7月~2017年3月日K线走势图

再看水井坊在下图中的走势，股价运行到前高点后就留下了上影线。一方面是因为个股遇到了前高的压力，另一方面就是上证指数（999999）要面临调整，个股在此时更喜欢通过横盘的方式进行一次洗盘，一旦大盘指数调整到位后，个股会启动更强势的上涨行情。此时即使买到假突破的高点也不用恐慌，在各周期均线都朝上的情况下，股价等待调整，后期继续向上的概率非常大。但是，如果均线系统还处于错乱状态时就要格外谨慎。

对照水井坊和上证指数的走势不难发现，上证指数在2016年10月到11月的上升行情中，水井坊并没有走出非常强势的行情，但是在2016年12月和2017年1月

第九章 个股和大盘、板块的共振

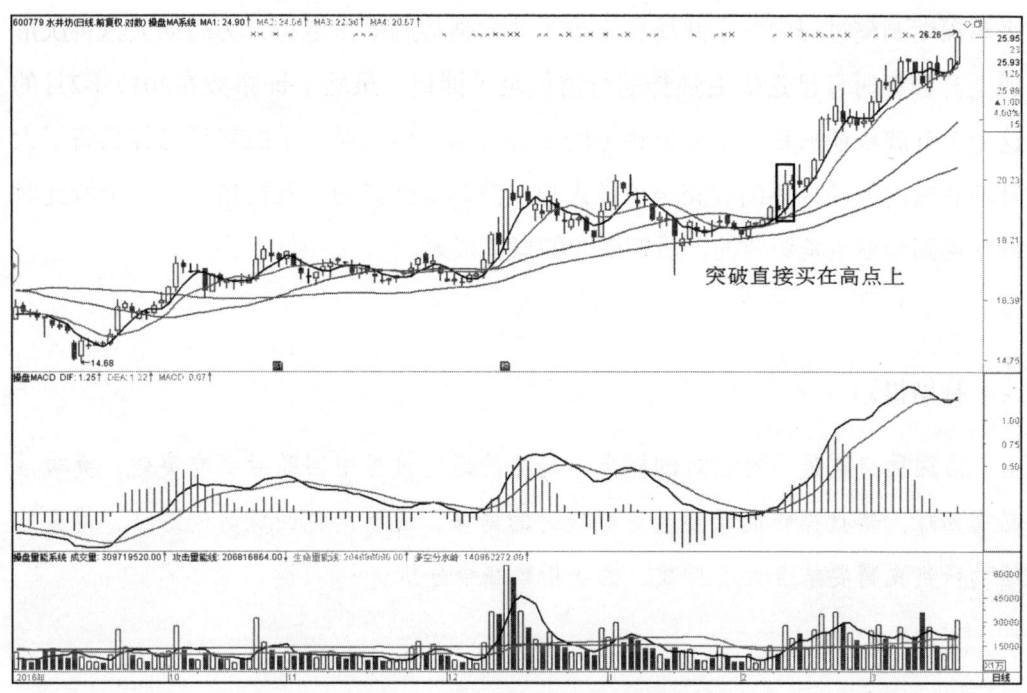

水井坊（600779）2016年9月~2017年3月 日K线走势图

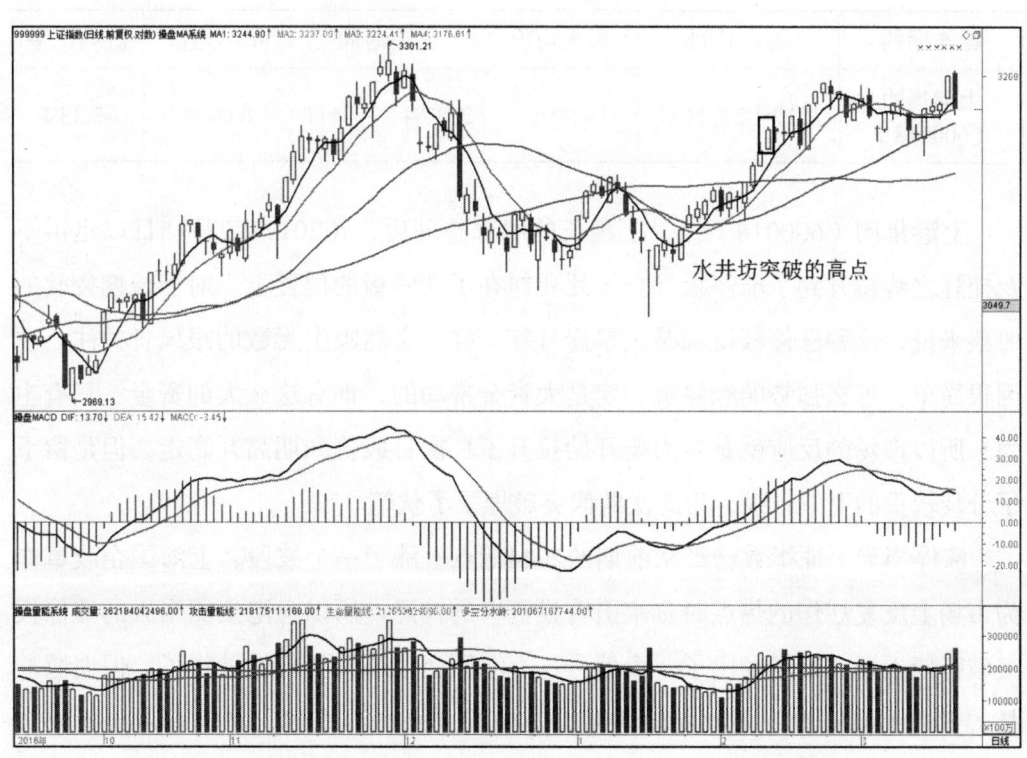

上证指数（999999）2016年9月~2017年3月 日K线走势图

大盘深度调整过程中，水井坊也走出了非常强势的横盘走势，为后期大盘再次形成上升趋势时自己走出更强势的行情做足了铺垫。虽然上证指数在2017年2月的这个上升波段还只是一个30分钟上的反弹行情，但是对于个股来说已经具备了大环境宽松的条件，热门股完全可以走出一波非常强势的上升行情，所以个股此时即使遇到调整也是短暂的，后期解套的概率很大。

特别提示

回踩和突破是一对相对的概念，趋势的运行过程中回踩后必有突破，突破后必有回踩。实盘操作时既要避免突破时的诱多，还要避免回踩时的诱空，博弈思维的研判更需要结合大盘指数、板块指数综合分析。

实盘案例

操作标的	买入时间	买入均价	卖出时间	卖出均价	盈利比率
上港集团（600018）	2017年2月16日	6.30元	2017年2月24日	6.09元	-3.33%

上港集团（600018）经过了漫长的底部整理后，在2017年2月15日以迅雷不及掩耳之势拉升到了涨停板且全天死死封在了涨停板的位置上。对于长期疲软的股票来说，这种涨停板就像是久旱逢甘霖一样，必然吸引无数的跟风者关注。原因很简单，这么强势的涨停板一定是大资金推动的，谁有这么大的资金？只有主力！所以市场的反应就是主力要开始拉升了！次日股价如期高开高走，但是留下了分歧较重的上下影线，为此次的假突破埋下了伏笔。

涨停当天上证指数已经从前期的2044低点上涨了一个波段，上海国企改革作为市场上反复炒作的热点时刻牵引着投资者的神经，所以上港集团当天的涨停板突破行情无疑向市场发出了一个信号：上海国企改革又要开始炒作了。但遗憾的是，只有上港集团一只大象想跳舞，其他股票根本不跟随，并没有走出板块效应，而且又是在上证指数的相对高位，很难形成大盘指数和板块指数的共振。

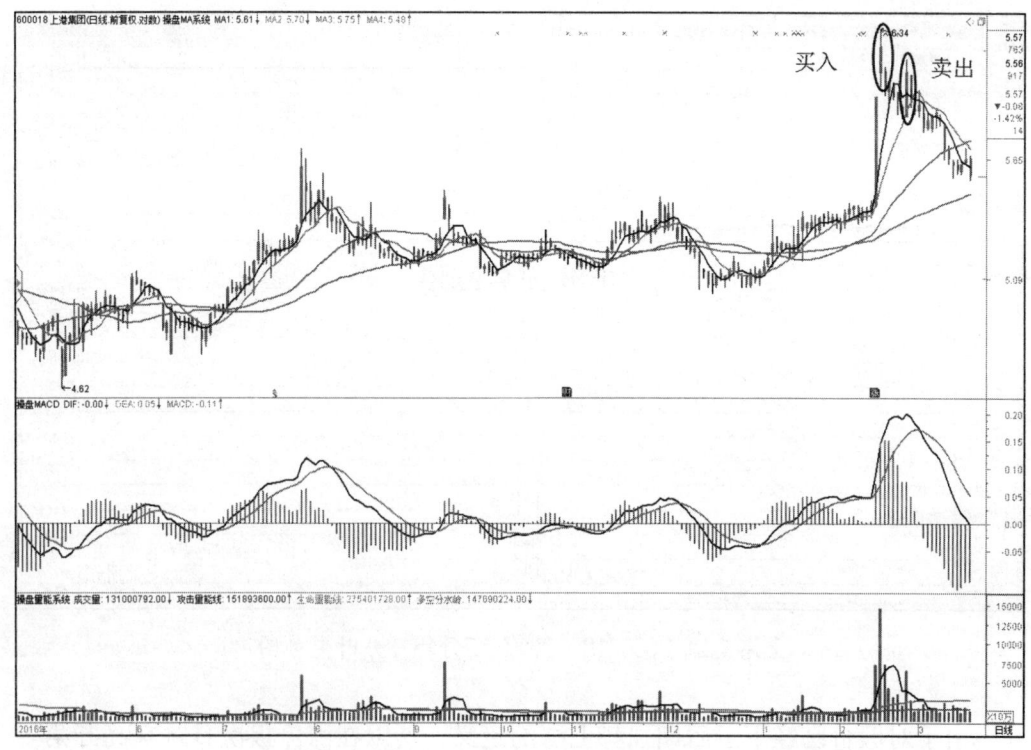

上港集团（600018）2016年5月~2017年3月 日K线走势图

上文从基本面的角度分析了上港集团，这也是学员选择上港集团的重要理由，因为市场上的种种消息已经为这只股票下了定义——未来的大黑马，绝对不能错过，次日继续上涨一定要进场。如果投资者的交易决策不是通过市场发出的交易信号做出的，而是通过对市场的预测做出的，那么这种交易模式就回到了散户的主观交易上。

下图是涨停板当天的分时走势，单从这一天的走势上来看，这个涨停板确实是极品，但它还是露出了两个重要的端倪：一个是虽然涨停板没有打开，但是一直有筹码在出逃；另一个是经过前期这么长时间的横盘后主力需要一个预热的过程来测试上方筹码的抛压，来恢复市场人气，对前期形成的套牢盘和获利盘都需要进行一次清洗才能够保证后期更好地上涨。在笔者看来，15日涨停后次日跳空高开已经非常强势，如果选择低开会更好地实现主力资金测试市场状态、调动市场人气的目的。

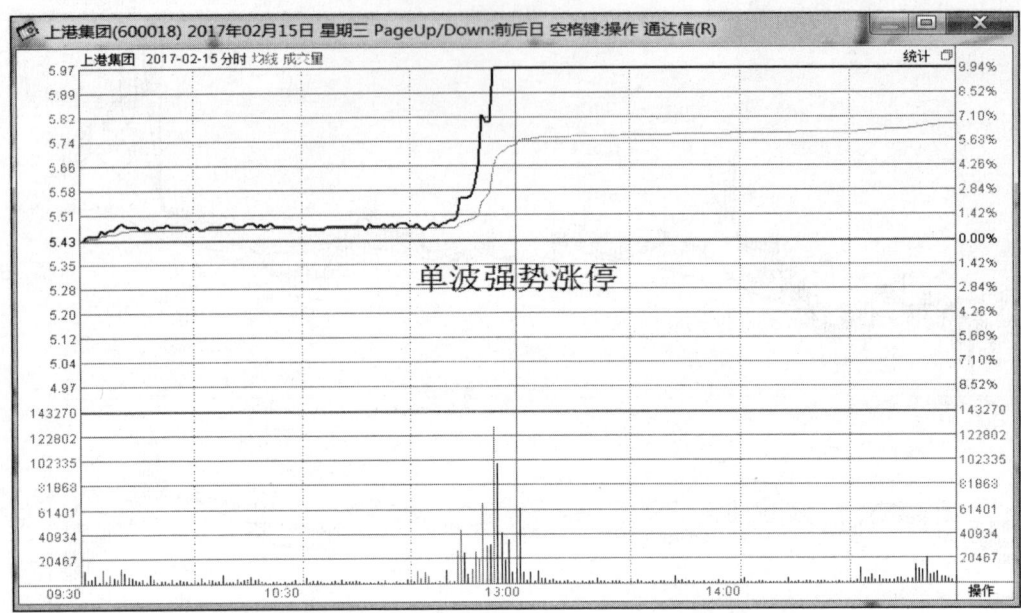

上港集团（600018）2017年2月15日分时走势图

由于对股价已经下了后期强势上涨的定义，所以在涨停板次日跳空高开第一波向上拉升的过程中就果断进场了。然而，这只是主力资金和普通投资者玩的一个游戏，主力资金非常清楚在这个位置会有非常多的资金涌入，因为之前已经完

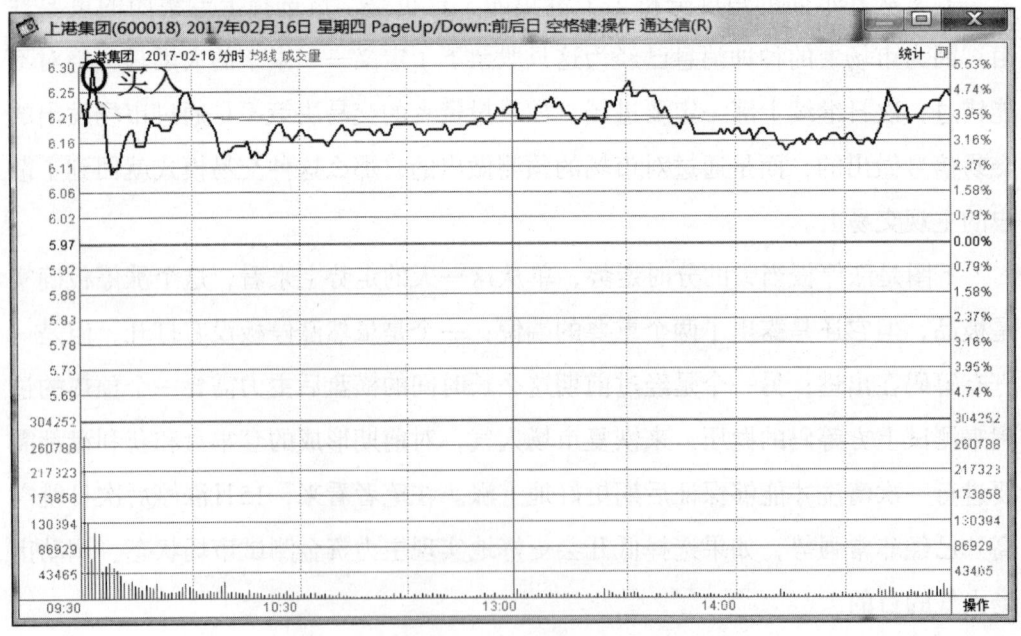

上港集团（600018）2017年2月16日分时走势图

成了一次充分的诱多过程，此时只需要把手上的筹码抛给前来接盘的跟风者，就会轻松实现高抛的动作，然后等待股价回落再进行低吸。

对于短线操作者，如果买进当天不能带来利润就说明你的操作出现了问题，要及时进行修正。按照严格的交易模式，当天判断失误买进第二天集合竞价必须快速离场，但是投资者都会对市场抱有幻想，总是想等反抽出现高点后再走，因为这样可以减少亏损。这种思维方式是没有问题的，但是一定要根据大环境的不同进行调整，如果整个市场处于比较悲观的状态一定要有快刀斩乱麻的魄力，但是如果整个市场比较乐观，等待高点出现也是可以的。

上港集团（600018）2017年2月24日分时走势图

思考题

1. 投资者在实盘过程中对大盘和板块指数关注得多吗？
2. 哪些股票会对大盘每一次的上涨和下跌起主导作用？
3. 行业板块和概念板块的区别是什么？
4. 当下的热点题材和概念有哪些？
5. 你的操作模型是突破还是回踩？成功率如何？有哪些需要改进？

第十章
量价配合理论

股价是舟，量能是水，深水载大舟，浅水载小船。

一K一柱定乾坤！所谓的柱体指的就是量能，所有的技术分析无外乎围绕两个要素——价格和量能。均线代表方向，价格代表态度，量能代表决心，只有三者统一才能走出强劲的大行情。

第一节 资金是趋势的唯一牵引力

成交量代表一天当中市场上筹码活动的数量。1个亿的流通盘，当天的成交量可以是3000万，也可以是1000万，成交量越大说明股价的活跃程度越高，参与交易的人越多，买方和卖方的人气越大。买方的资金来自于场外持币多方的资金，卖方的筹码来自于场内的获利盘、解套盘和止损盘。

为什么场外资金进场才是股价上涨最直接的牵引力？成交量是市场中参与人气最直接的表现，如果场外资金持有者看好市场、对股价后期走势有较高的预期，就会积极涌入市场带来非常高的人气，在盘面上反映的结果就是成交量的放大。在江氏交易天机的系统中，笔者提倡的是术、法、道三个层次上的学习。术的层面是对图形的基础识别状态；法的阶段就需要上升到对多空博弈、市场参与者的预期、参与者的行为等方式上的分析上，需要能够读懂K线之外的东西；道的层面则是一种道法自然，看山还是山、看水还是水的境界。

1. 上升趋势对资金的需求

本章引言中提到的量与价、水与舟的关系，其实更确切地说就是在上升趋势中量对趋势的牵引力和促动力。股价的上涨就像爬山一样，必须要有足够的体能来抵抗重力的作用，股价的上涨需要有足够多的场外资金来抵抗场内抛盘的压力。股价上涨得顺畅说明场外积极进场的资金多，场内看空的抛盘少；股价上涨得不顺畅说明场内的抛盘多，场外很难有大的资金进来接盘。

📈 **图示案例**

如图所示，从深深房A（000029）的整个上升趋势中可以看出，每个波段的上涨必然有量能放大的过程，而且上涨角度越大的波段释放出来的量能越大。上涨过程的放量，说明场外看多的资金大于场内看空的资金，场外的资金愿意以更

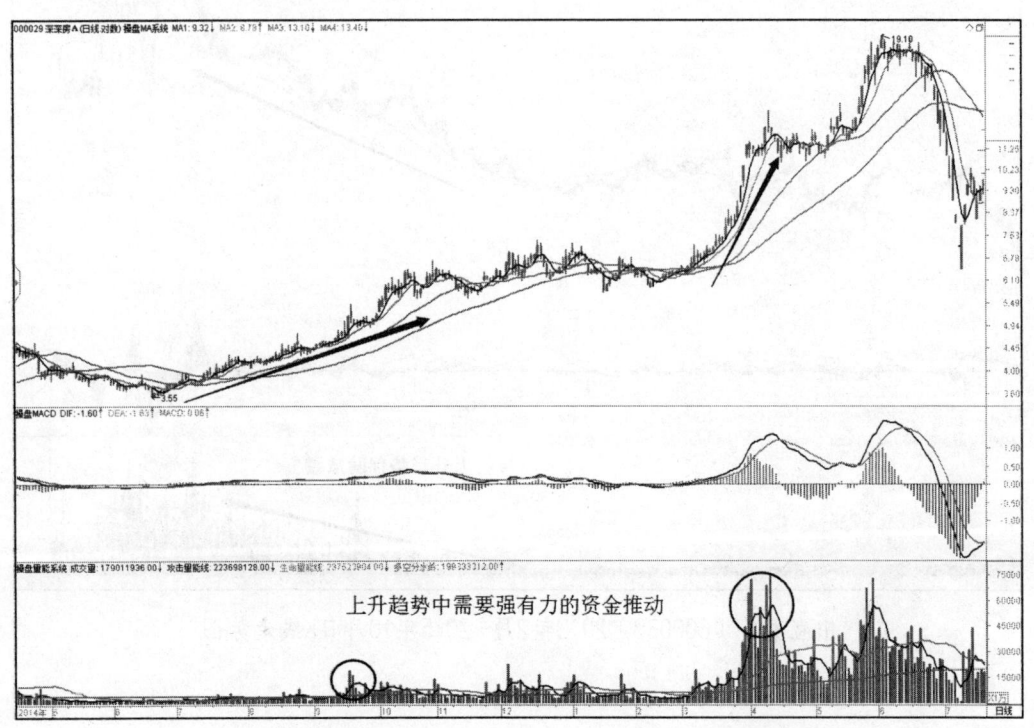

深深房A（000029）2014年4月~2015年7月日K线走势图

高的价格成交，场内的筹码愿意以更低的价格成交，这就很容易促成交易。愿意以更高价格买进的人越来越多就会导致愿意以更低价格卖出的人抬高价格或者不愿意卖出，一旦这种现象到了极端就变成了涨停板。

在健康的上升趋势中不断放出来的量来自哪里？放量说明买入的人多，同时卖出的人也多，那么为什么还说上升趋势中放量是健康的？在上升趋势中卖出的量来自于市场内获利盘的变现，更重要的是在获利盘变现的过程中会有场外的跟风盘不断进场，新进场的筹码还在其成本区附近时不会离场，能为后面的上升起到锁仓的作用。

下图的中直股份（600038）的走势也说明，不管是强势的上涨还是缓慢的通道式上涨，上升趋势的运行必须伴随放量。虽然中直股份的上升趋势不是非常流畅，但是在整个上涨过程中量能也呈现出了逐渐上升的趋势。笔者在不看K线和任何指标只看成交量的情况下就可以进行交易的原理就在于此。

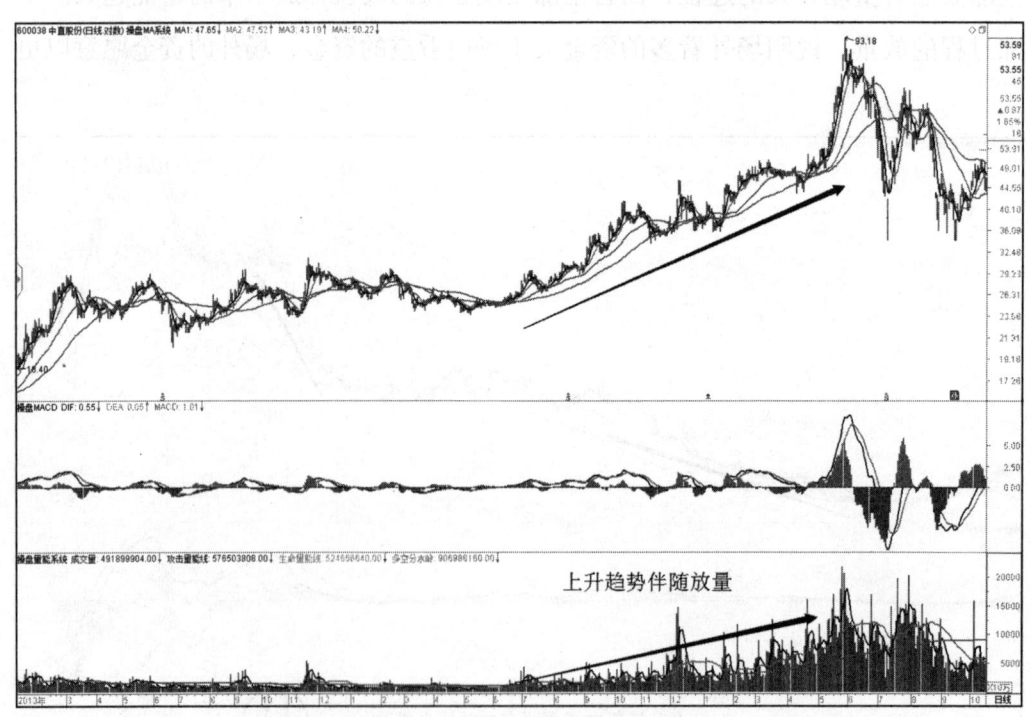

中直股份（600038）2013年2月~2015年10月日K线走势图

> **特别说明**
>
> 上文两个案例更要求投资者在分析个股的时候能够有全局的思维，从更大的角度看待趋势，而不是一天的涨跌。如果你把焦点放在了每天的涨跌上，那么你最多只能赚明天的钱，只有把焦点放长远才能够获得更大的利润，毕竟市场上大的利润空间一定是要通过长时间的持仓来实现的。

2. 下降趋势无须资金的推动

上升趋势的形成是需要资金推动的，然而下降趋势的运行却不需要资金。一旦场外资金不愿意进场，股价就会非常明显地缺少强势上涨的动能。当股价趋势开始发生扭转时，上升过程中一致看多转变为一致看空，场外资金不愿意接盘，场内资金积极抛售，股价就会不断下跌。

📈 **图示案例**

如图所示，海正药业（600267）的每一波下跌都是比较猛烈的，但是从图中可以清晰地看到，在下跌速度最快的过程中量能是在缩小的。有的时候投资者会被这种现象麻痹，因为始终觉得无量下跌是好事，但是这种情况在上升过程中是适用的，当趋势转为下跌后就完全不适用了，因为下跌不需要量能的推动，一旦趋势形成了反转，无量下跌是没有底的。

华联综超（600361）的下降趋势也是对下降趋势缩量的一个验证，在第一波快速杀跌的初期量能有初步放大的过程，后期就属于典型的场内筹码抱有幻想式惜售，量能持续萎缩，股价持续创新低。在做了简单的头部之后，股价走出了明显的下降趋势。所以在下降趋势中对于量价的分析要和上升趋势有明显的区别。

在第二波下降趋势中，下降的动能有所减弱，但是依然较强，股价再次创了新低。此时的量能也再次创了新低，市场上的筹码已经实现了深度沉淀，站岗的人从浅套到深套，流通筹码越来越少，就会导致利用很小的资金就可以撬动市场，促使反弹行情的形成。

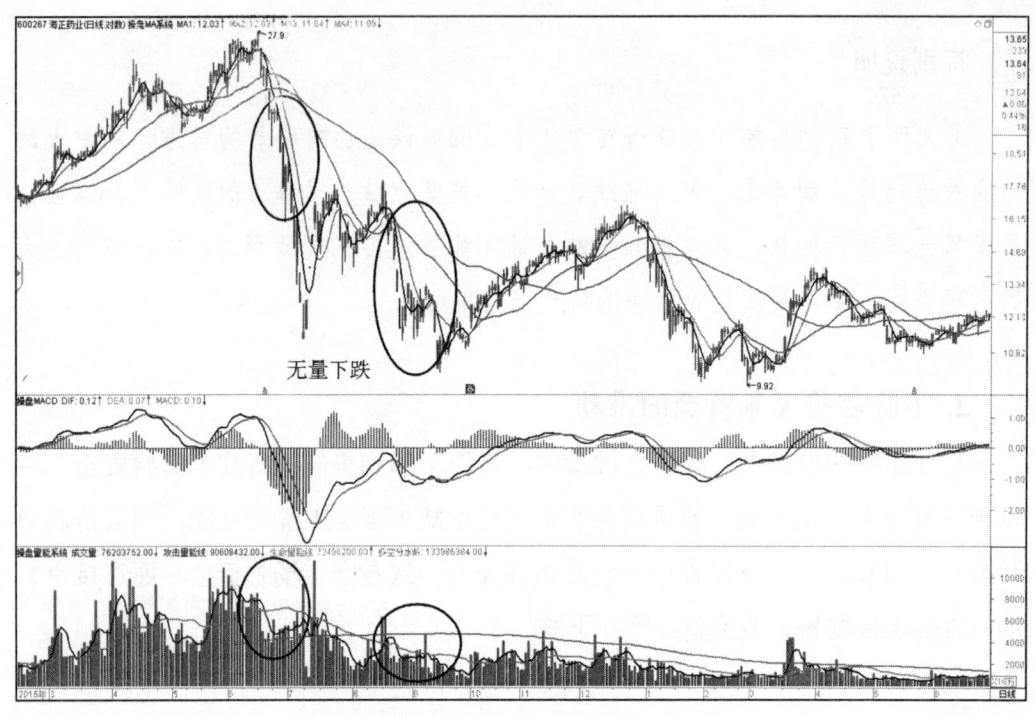

海正药业（600267）2015年2月~2016年6月日K线走势图

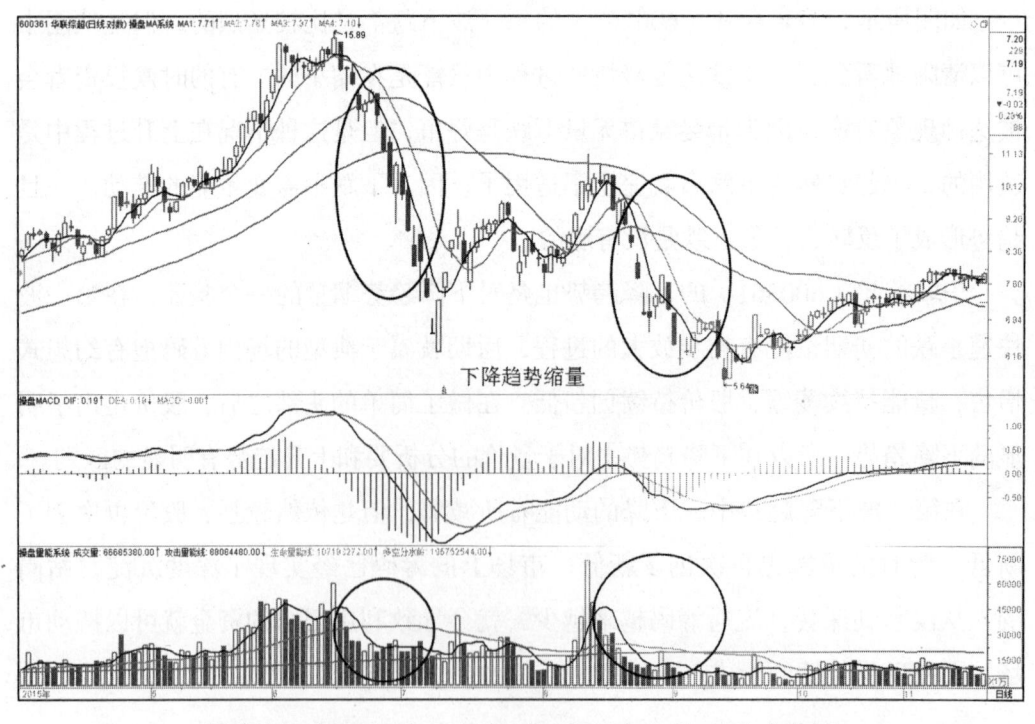

华联综超（600361）2015年4月~2015年11月日K线走势图

> **特别说明**
>
> 股民的天性是恐惧盈利、无视风险。你在看到这句话时的第一反应一定是不认同的，会认为自己是相反的。大部分投资者都是认为自己是相反的，但是操作时就把真实本性完全暴露了。在上涨过程中不断放量就是因为获利盘会不断地涌出，因为投资者时刻担心着风险；在下降过程中量能不足是因为场内被套的人还抱有幻想，觉得股价早晚会涨回去。

第二节　缩量回踩

上升趋势确认后，只要主力资金没有出逃，每一次缩量回踩都会形成非常好的进场点。本节强调的是在上升趋势中，如果是在横盘整理或者下降趋势中是不管用的。因为在横盘过程中将要面临方向的选择，不管在整理区间怎么缩量，只要在选择方向的瞬间放了量就会确认新的趋势；如果是在下降趋势中，只有股价向上的反抽，没有回踩的动作，反抽过程不放量就不会扭转趋势，后期继续下跌或者创新低的概率就更大。

第一章和第二章详细地介绍了主力运作股价过程中和均线系统4根线的关系，尤其在趋势的运行过程中，4根均线对趋势的波折性行进有非常重要的作用，每次的回踩与突破就是构成不同级别趋势进行交替的衡量标尺。当标尺为趋势的运行提供了重要的信号时，也就是为投资者的交易提供非常好的买点的时候。

1. 回踩攻击线

攻击线是均线系统中周期最短的一根线，在上升趋势中位于所有均线之上。当股价出现洗盘或者调整时一定是第一时间向下触碰攻击线，此时回调的幅度最浅，回调的时间最短，对上升趋势的保护性最强，属于最强势的一种上升趋势，一旦回踩止跌后就会带给投资者非常好的交易机会。但是回踩到攻击线时是否有放量需要辩证来看，如果是快速回调，回调的时间只有一天，那么通常会放大量，甚至是巨量，因为是在强势洗盘；如果是等待调整的方式触碰攻击线就需要缩量。

特别提示

在上升趋势中回踩攻击线的不多，但是只要出现基本属于强势股，因为只有经过了强势上涨的股票在脱离攻击线后才会回踩，大部分股价的上涨都会沿着攻击线缓慢向上运行，要回踩也是回踩操盘线。

图示案例

如图所示，上海凤凰（600679）的走势就属于快速回踩放量，单日强势洗盘将前一个上涨波段的跟风盘恐吓出场，为的是实现后期更为强势的上涨。实盘时，在放量大阴线出来后一旦小周期上形成买点就要进场，如果大阴线次日的走

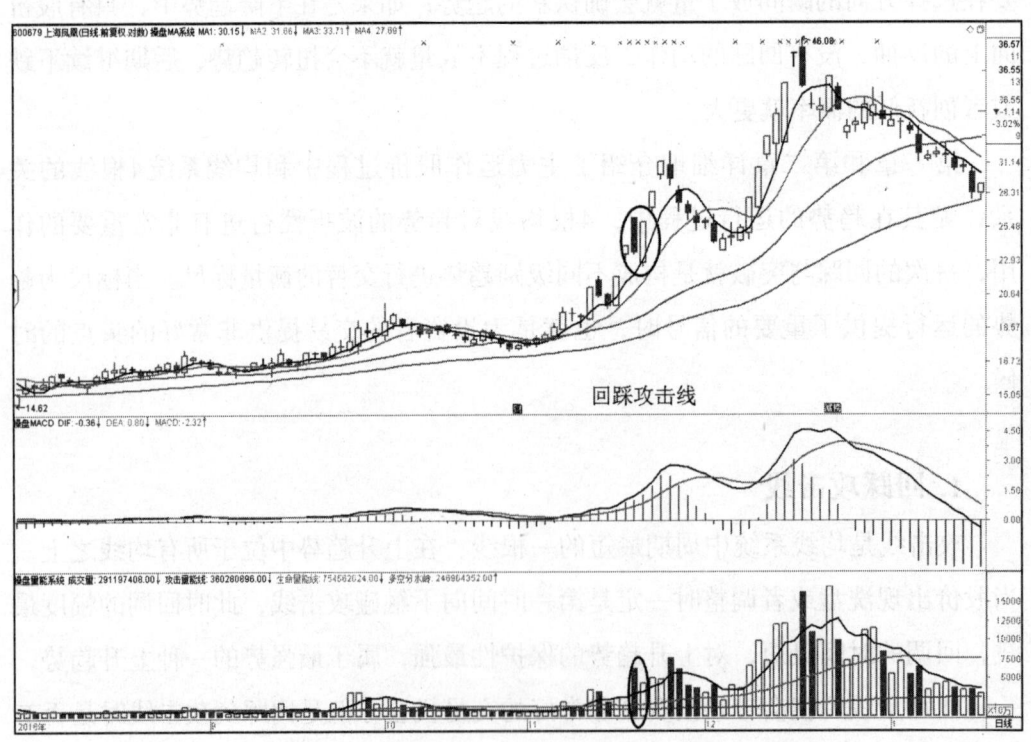

上海凤凰（600679）2016年8月~2017年1月 日K线走势图

势非常强势,涨停板上参与的价值也是非常高的。

在该上涨波段,股价运行的方式是:涨停板启动后股价脱离了攻击线,次日走出来一根高开低走的假阴线,在5分钟的走势上形成了横盘状态,次日的低开完成了5分钟上的ABC三浪调整形态,且调整的低点刚好打在攻击线上,一旦5分钟上走出新的上升趋势就是买点。

在涨停板之后的洗盘是放量,但是并不影响什么。一是因为该根K线实际是一根阳线,那么放量也是阳量;还有就是洗盘的初期最好放量,否则达不到洗盘的目的。

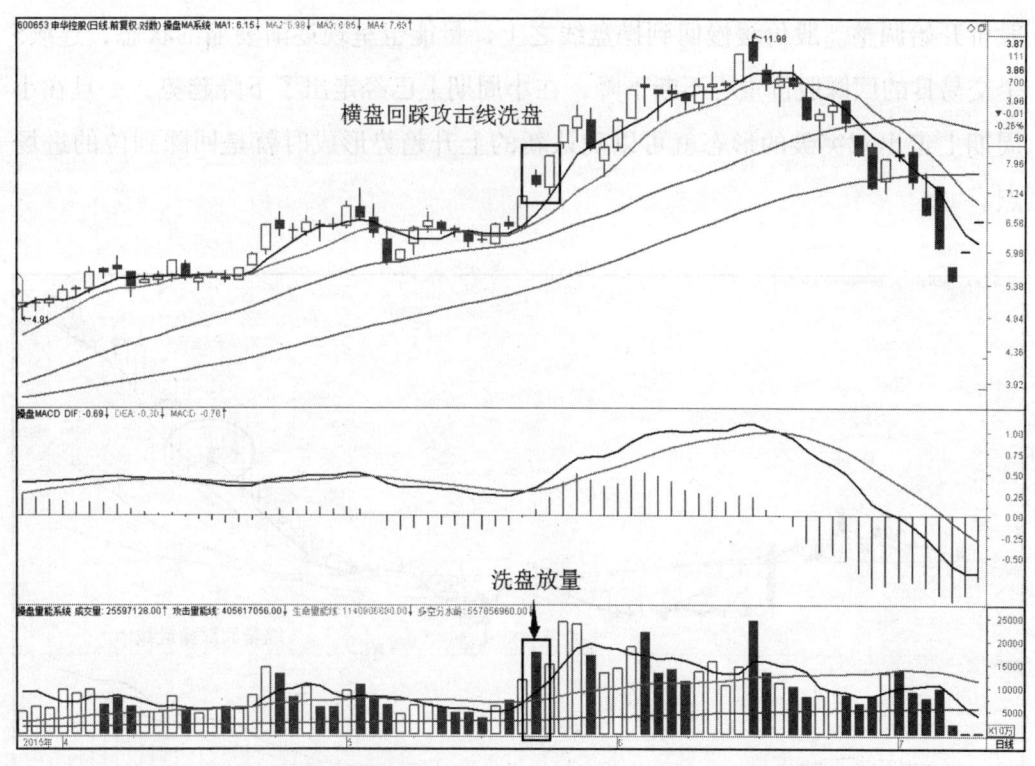

申华控股(600653)2015年3月~2015年7月日K线走势图

2. 缩量回踩操盘线

回踩操盘线的情况要比回踩攻击线的情况多,原因是这种上升趋势对上涨动能的要求不高,只要有连续的阳线或者偶然出现一根强势的阳线就可以实现这样的上涨行情,所以缩量回踩操盘线比较常见,对于投资者来说是非常具有实战价值的交易模型。在回踩操盘线的过程中一定要缩量,但是开始调整的初期可以放量,在回踩的末期必须缩量。回踩操盘线也是一种洗盘行为,量能从放量到缩量的过程中是为了检验市场上的浮动筹码已经清洗干净,后期才有再次稳健上涨的可能。

图示案例

如图所示,北辰实业(601588)的上涨过程中,第一个上涨波段由连续的小阳线推起来一根大阳线,但是伴随大阳线的出现,一个小级别的波段运行完毕,股价开始调整。股价缓慢回到操盘线之上,量能也呈现逐渐萎缩的状态,连续5个交易日的回踩股价重心不断下降,在小周期上已经走出了下降趋势,一旦在小周期上走出双突破的形态就可以确认新的上升趋势形成时就是回踩到位的进场点。

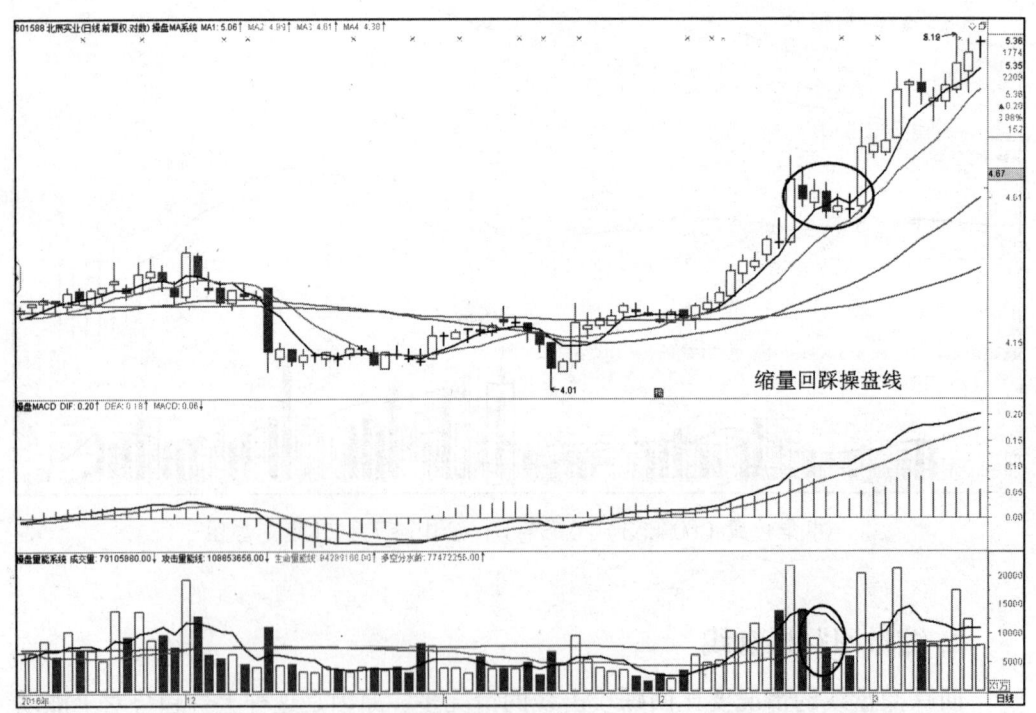

北辰实业(601588)2016年11月~2017年3月日K线走势图

华锦股份（000059）的上升趋势非常常见，虽然没有连续的大阳线，但是股价沿着攻击线稳健上涨，只有看准行情级别后长线持仓，否则很容易被洗出来。在下图中框出来的三处回踩操盘线的位置，第一次是横盘等待操盘线跟上，这个过程是缩量的；第二次是直接跳空低开触碰操盘线，在前一天的下跌过程是放量的；第三次是主动下跌触碰操盘线，下跌过程是缩量的。

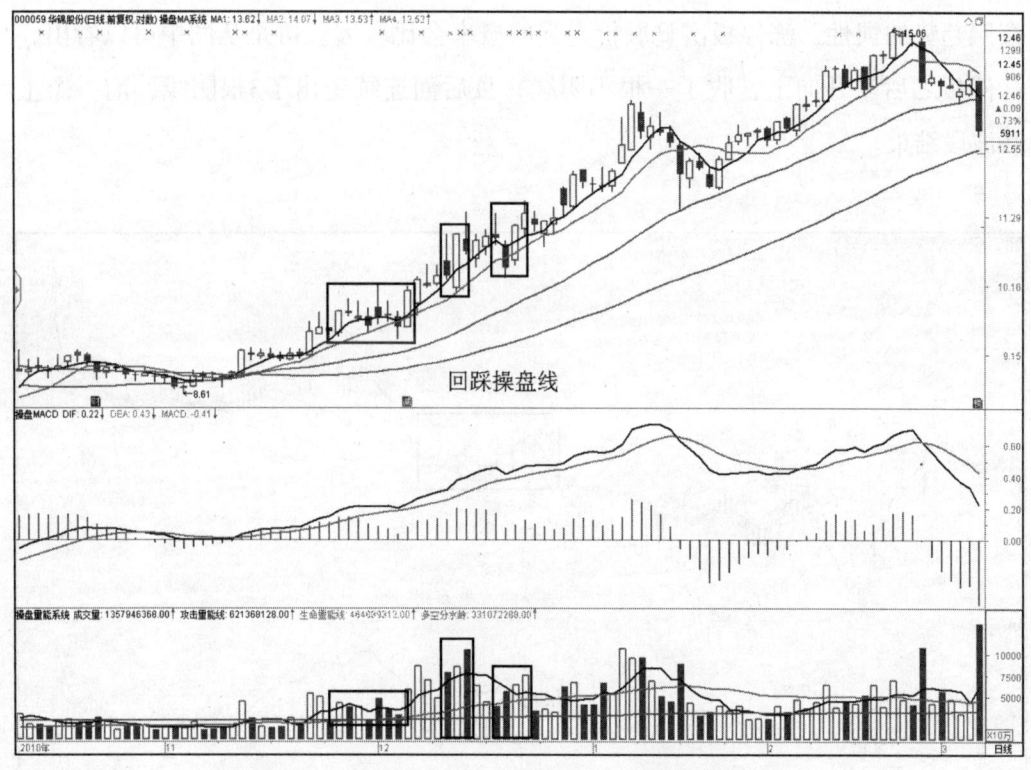

华锦股份（000059）2016年10月~2017年3月 日K线走势图

3. 缩量回踩生命线

回踩生命线同前两种情况截然不同，这已经不是主力短暂的洗盘行为了，而是展开了调整，持续的时间相对较长，下跌的空间也较大。股价在完成一波上涨之后遇到的不是市场内大资金刻意而为的快速打压洗盘的行为，而是市场内在结构本身需要对股价进行的调整。

图示案例

如图所示，三钢闽光（002110）在经过一个上涨波段后，脱离了前一个横盘区域后重新展开横盘，股价逐渐回归到生命线的位置。在调整过程中结构完整且量能萎缩，当小周期形成新的上升趋势时就是进场点。下图框住的前一个上涨波段走的也是小阳小阳推大阳的走势，在该波段上涨的末期是一个强势的涨停板，按照趋势的惯性，涨停板次日股价走强的概率会比较大。可是从图中可以看出，涨停板之后平开向下，收了一根小阴线，且后面连续走出了3根阴线，前一个上涨波段结束。

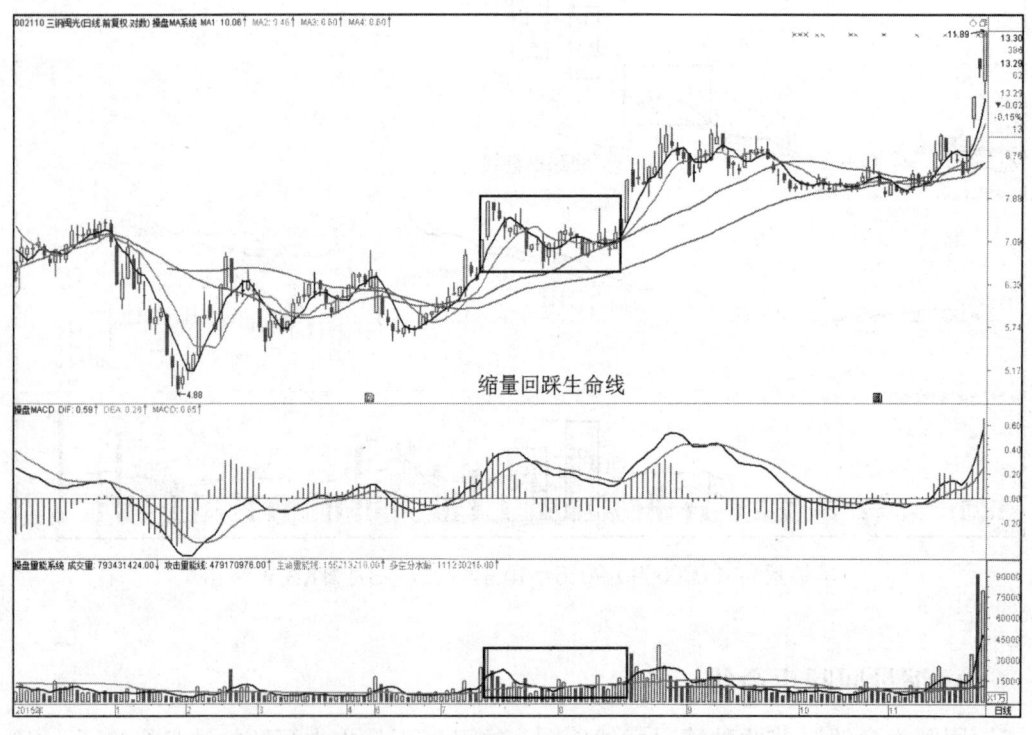

三钢闽光（002110）2015年12月~2016年11月日K线走势图

在下图三钢闽光另一段不同时间的走势中同样出现了股价回踩生命线的现象，同上一次回踩不同的是，这一次的振幅和结构更加清晰。在整个调整期间缩量，反弹的B浪有放量的迹象，但是没有超过前一波上涨的量，直到真正的C浪走出来后的阳包阴出现，才能够确认新的上升趋势形成。

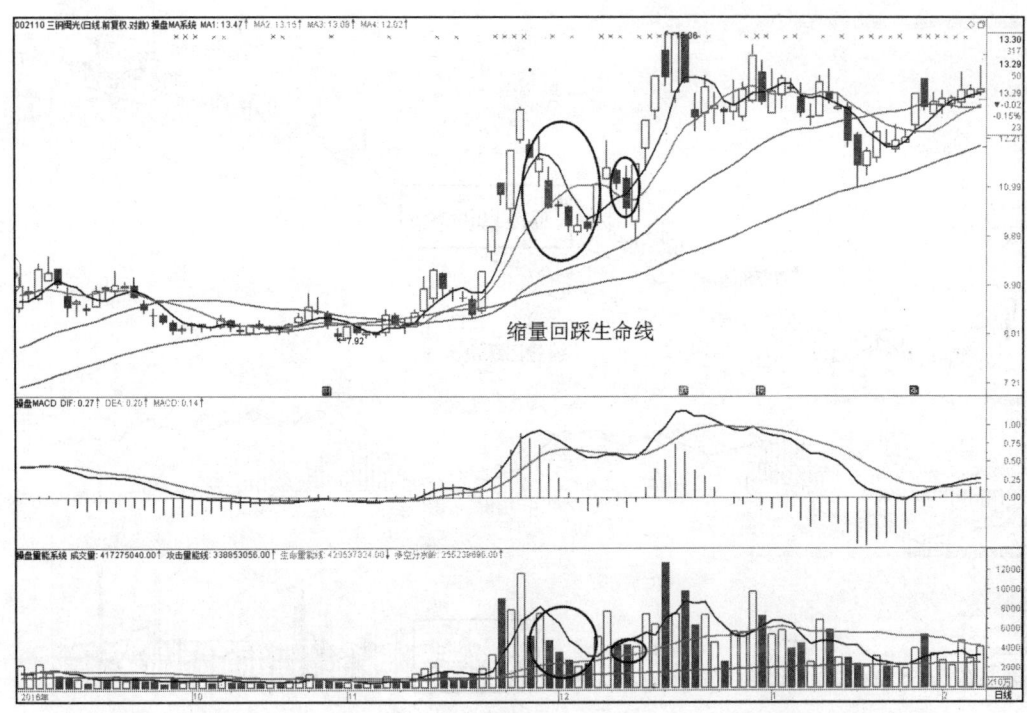

三钢闽光（002110）2016年9月~2017年2月日K线走势图

4. 缩量回踩决策线

回踩决策线时股价要面临更大一个级别的调整，通常是在运行更大一个级别上升趋势的中继形态，股价缩量回踩决策线后一般会走出下一个上升波段。决策线的支撑对于投资者寻找交易信号也是十分必要的，但是回踩时对于决策线的角度有要求，根据小周期服从大周期的原理，决策线一定要维持大角度向上的走势才能够走出向上突破的行情。如果回踩过程的走势振幅较大，持续时间较长，已经带动了生命线和决策线拐头向下甚至是死叉就要谨慎操作。

图示案例

如图所示，百川能源（600681）的走势是非常标准的上升中继形态回踩决策线，决策线依然维持着大的上升角度，整个调整时间少于前上涨波段，回踩的深度也较浅，属于等待调整的情况。调整过程在不断地构建30分钟上的底部，在30分钟上走出了扎实的多重底，为后期的再次上涨做好了充分的铺垫。

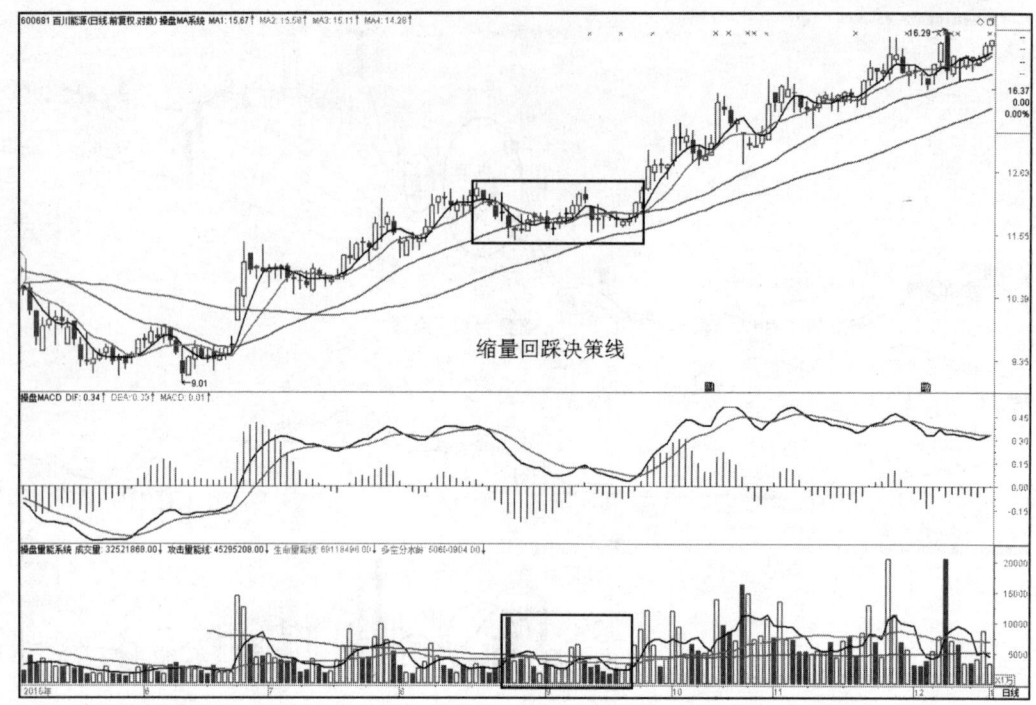

百川能源（600681）2016年5月~2016年12月日K线走势图

第三节 放量突破

鉴于A股做多的特性，本书只讨论放量向上突破。在多头趋势运行的过程中，必须要保证健康的量能，也就是说每次上涨都需要放量。股价突破攻击线和操盘线的次数非常多，实盘中每次都放量突破这两根线最好。但实际上放量突破的情况多种多样，本节着重强调两种非常重要的突破，一个是反弹确认底部时放量突破决策线，另一个是均线粘合后放量向上突破。

1. 反弹行情放量突破决策线

反弹行情放量突破决策线说明前期下跌基本到位，股价即将开始筑底行情，暂时暴跌的风险解除。尤其对于前期下跌幅度非常大的股票，反弹行情如果能够放量突破决策线说明反弹行情的空间和力度都非常大，多头市场有抢回战场的可能。但是放量突破决策线只能说明反弹行情很强势，底部基本确认，并没有发出交易信号。反弹行情运行到决策线的位置时已经完成了一大截的利润空间，即使后期再创新高，也要避免阶段高位进场接盘的后果。

图示案例

如图所示，*ST南电（000037）前期充分下跌后在底部走出了一个月左右的横盘，随后股价缓慢上行。在横盘期间，生命线和决策线逐渐向股价靠近，中长期均线和股价之间的乖离减少。当股价突破底部平台整理区开始向上运行时很快就遇到了生命线的压制，但是由于此时还处于上升波段的初期，还没有足够多的获利盘，所以生命线的压制作用不强。前期虽然有高点，但是并没有放出太大的量，所以突破该位置的时候只要略微放量就可以走出非常健康的上升趋势。

突破生命线后股价直接奔决策线去，决策线的压力非常大。股价第一次并没有突破决策线的阻力，而是在决策线附近徘徊了4个交易日，在第五个交易日放量突破。此时放量突破决策线同上文介绍的有些不同，在突破时股价上涨的幅度

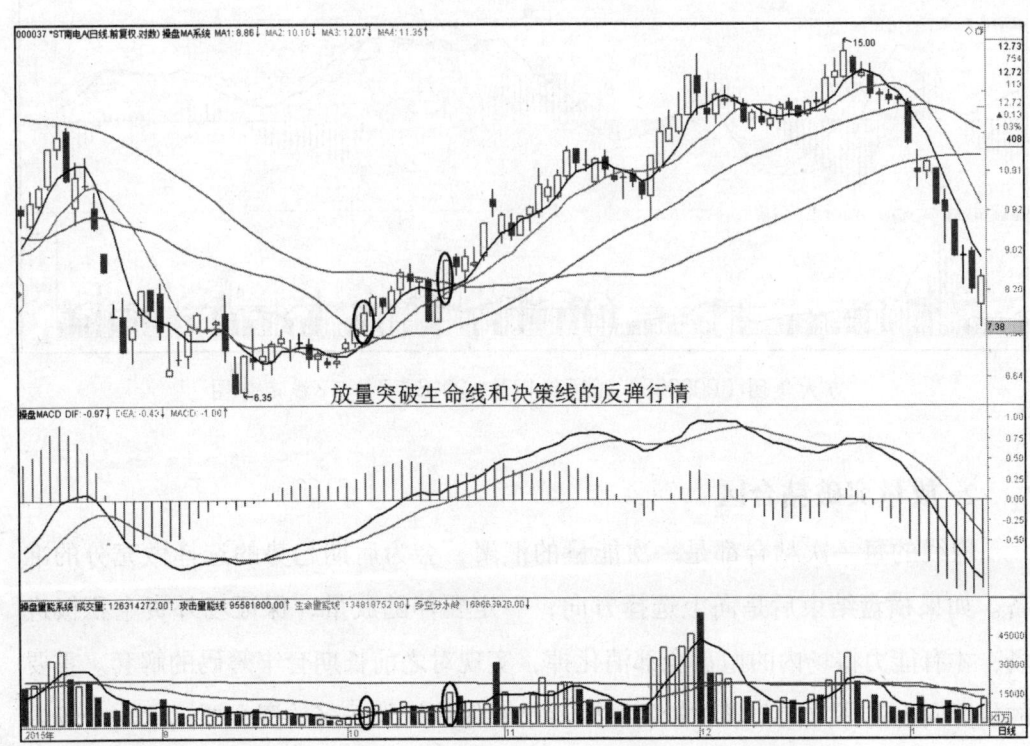

*ST南电（000037）2015年8月~2016年1月日K线走势图

并不是太大，在30分钟上的上升趋势没有被破坏的前提下可以寻找小周期的操作机会。

方大集团（000055）突破决策线的位置和*ST南电突破决策线的位置截然不同。方大集团属于横盘整理区间的突破，均线系统完全处于混乱状态的无趋势期间，此时各均线的支撑和压力作用都不强，但是一旦股价从整理区间开始放量上涨且突破趋势线、前高点的重要压力位之后，股价开启新的上升趋势的概率非常大。

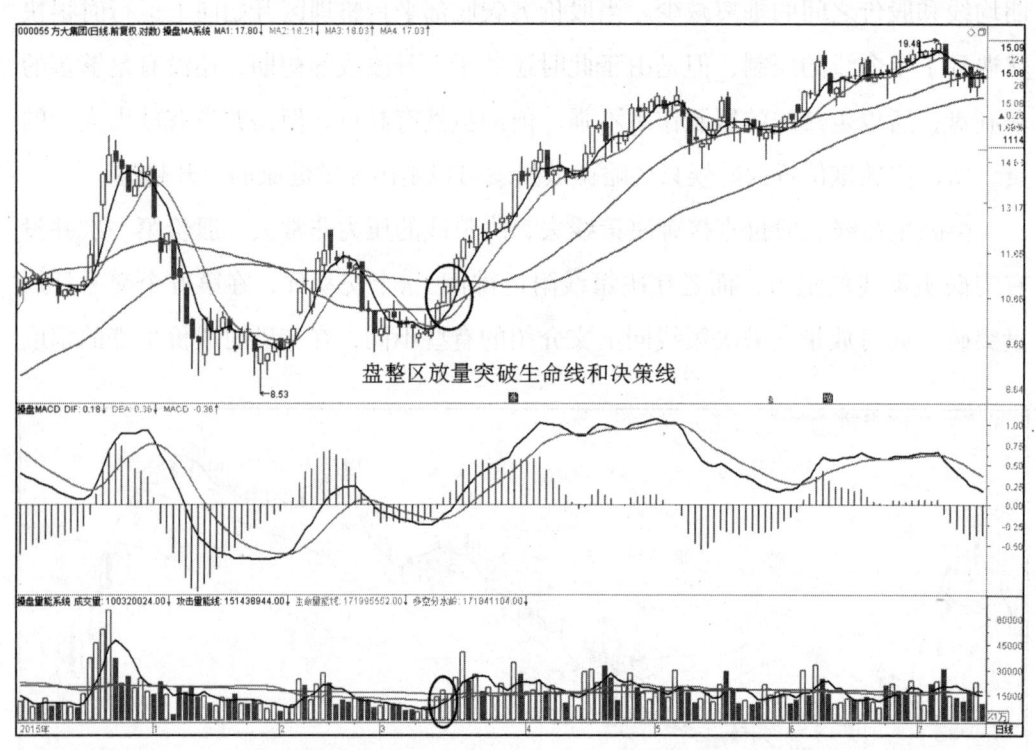

方大集团（000055）2015年12月~2016年7月日K线走势图

2. 放量突破粘合区

均线的每一次粘合都是一次能量的汇聚，会为后期趋势的选择做充分的准备。如果横盘结束后是向上选择方向，一定要伴随放量，保证场外资金积极进场，才有能力将场内的抛盘全部消化掉，实现对之前长期套牢筹码的解套。重要的位置向上选择方向要求放量的原因就是要保证场外看多的资金要远远大于场内的抛盘，场外做多的人气足够旺盛才能确保后期上升趋势稳健地运行。

图示案例

如图所示，万里股份（600847）底部反弹到决策线之上后开始窄幅横盘，股价回踩不破均线束的最低点，在突破该窄幅整理区的时候放量向上。在突破的前两个交易日，成交量极度萎缩，市场上筹码的稳定性达到了一个极限，多空双方的平衡也达到了极限，方向的选择到了一触即发的状态。在后期的上升趋势中，万里股份也比较喜欢走均线粘合的形态，然后放量突破。这就是股性，是投资者看盘时要更加注意的细节。

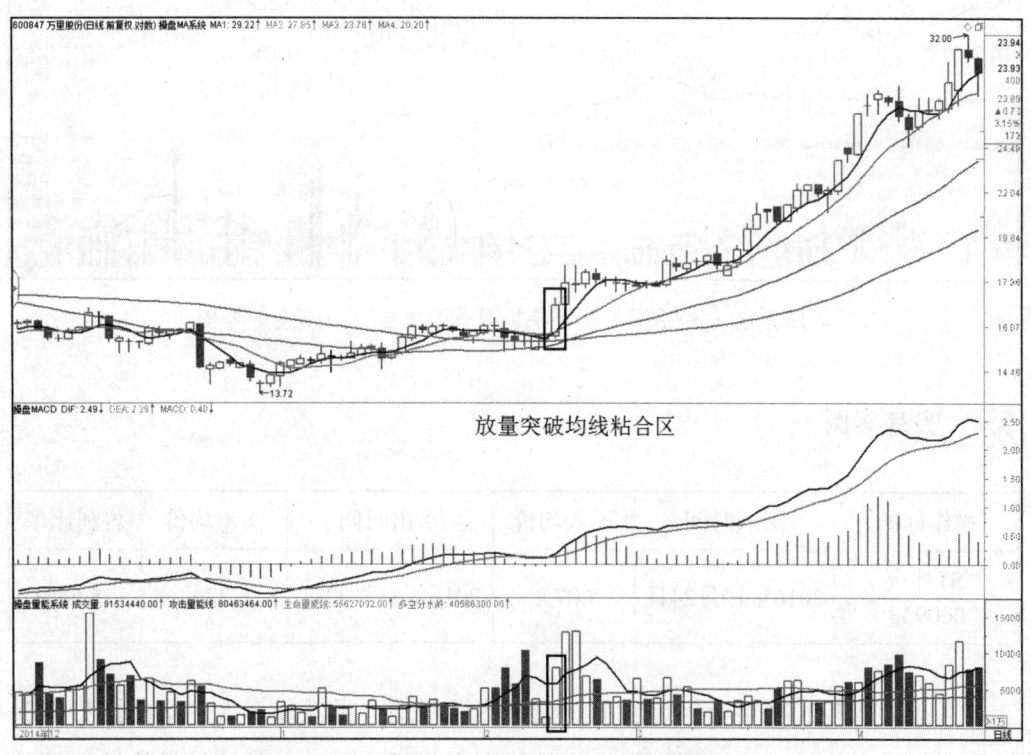

万里股份（600847）2014年11月～2015年4月日K线走势图

下图中，华灿光电（300323）在触底后反弹放量突破生命线，但还是受到决策线和前期密集成交区的压制，所以股价要展开横盘。在该大的横盘整理区间，又走出了一个小的横盘区，经过10个交易日的横盘，操盘线和股价汇合，决策线离股价的距离也越来越近，放量向上突破时就是有效选择方向之时。

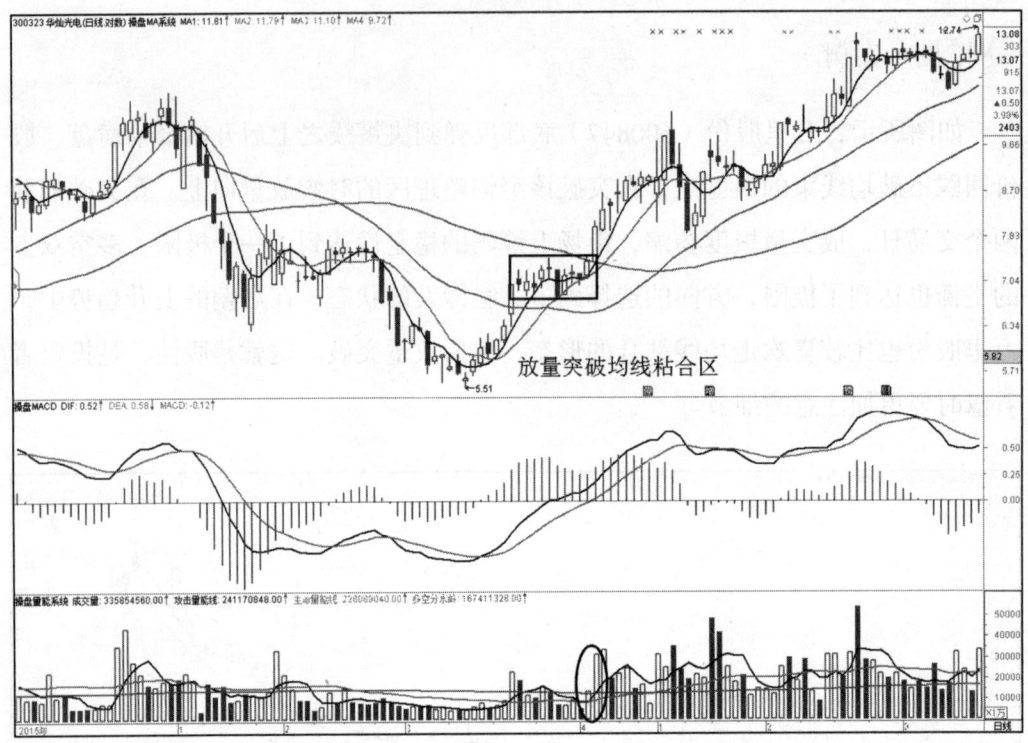

华灿光电（300323）2015年12月~2016年3月日K线走势图

实盘案例

操作标的	买入时间	买入均价	卖出时间	卖出均价	盈利比率
*ST神火（000933）	2016年10月24日	5.07元	2016年11月22日	6.37元	25.64%

上证指数在2016年全年走出了三波结构性行情，虽然没有大牛市的强势多头行情，但是对能够准确把握市场结构的投资者来说，2016年的三波结构性行情的整体收益也相当可观。A股牛短熊长，投资者掌握牛皮市的操作策略才能够更长久地在市场中生存。

在江氏交易天机系统中，选股要求之一就是不操作ST股票，其原因是为了防止ST后出现退市的风险。但是在对上市公司基本情况做足分析后，能够确保后期会"摘帽"或者短期无退市风险的情况下还是可以操作ST股票的。

*ST神火（000933）在2016年被ST的过程中股价重挫，在大环境横盘震荡的

情况下下跌近50%，之后开始了短暂的横盘。活跃的股票一定会经常出现热点概念，上市公司会不断有各种消息公布，直接导致股价上蹿下跳。短暂筑底后股价快速反弹，随后就开始了横盘震荡，直到走出了标准的ABC三浪下跌后股价开始企稳。在短暂的反弹后股价再次进入了横盘区，该横盘期间股价重心不断上移，攻击线和操盘线始终保持金叉状态，直到放量打破了前期横盘的平衡。整个横盘整理期都是非常值得关注的，盘中股价一旦有止跌放量上涨的迹象后就可以开始布局。

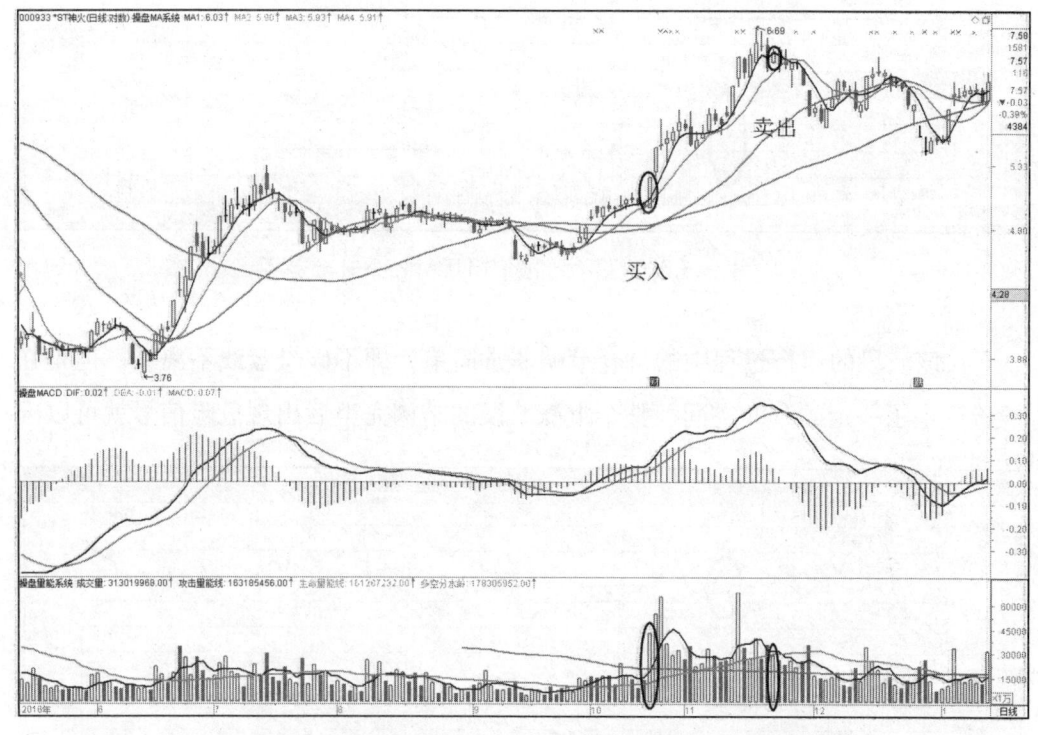

*ST神火（000933）2016年5月~2017年1月日K线走势图

如图所示，在买进的前两天股价都处于微弱下跌状态，2016年10月24日开盘后股价开始缓慢上移，但是成交量并没有放大，场外资金没有非常明显的放大迹象，直到10:30左右，股价放量突破了当天整理小平台后才进场。虽然进场后股价立刻拐头向下，但是不妨碍后期的波段空间。切忌操作的时候太在乎瞬间的盈亏，短时的波动会把投资者的整个心态搞坏。

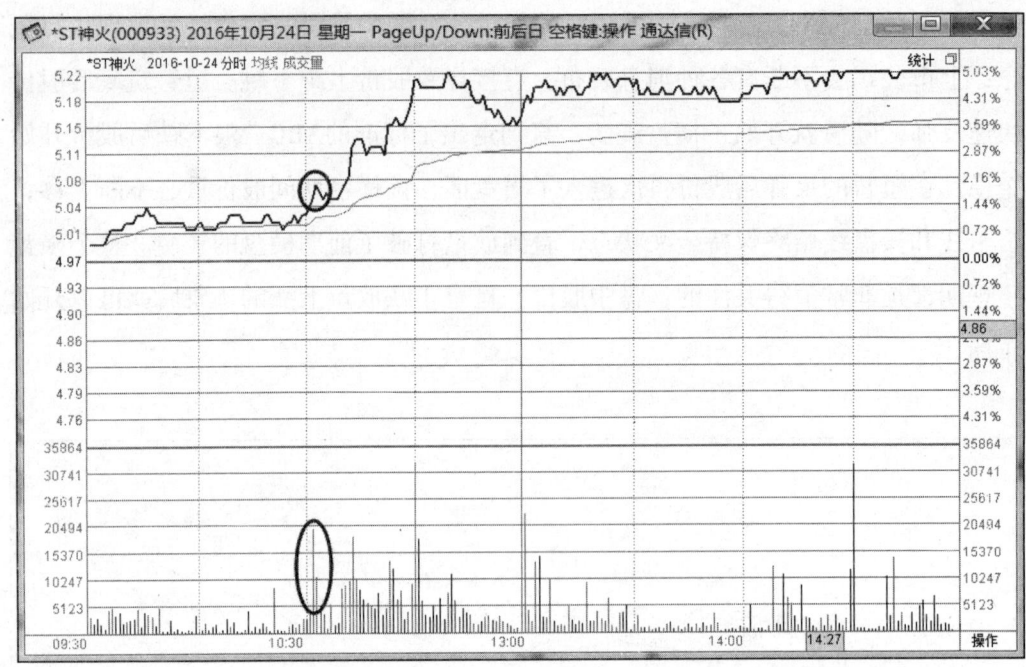

*ST神火（000933）2016年10月24日分时走势图

在该波段的运行过程中的持仓策略非常简单，即不破操盘线不离场。但是在股价产生了一定的利润空间、整个上涨波段的结构完整后出现危险信号就可以准

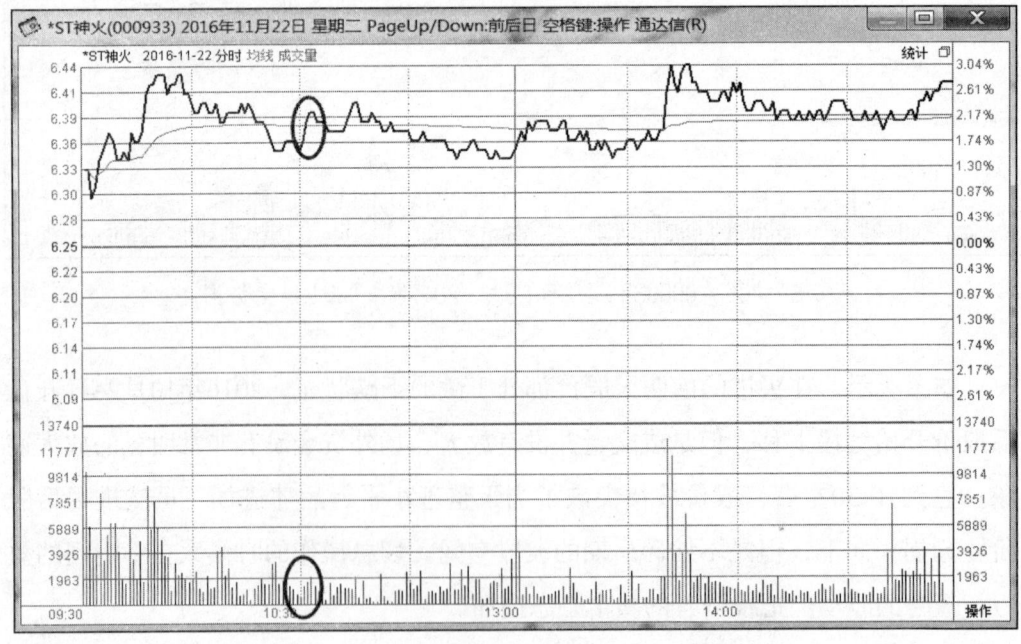

*ST神火（000933）2016年11月22日分时走势图

备离场，不用再等到股价跌破操盘线。

2016年11月22日之前，股价已经出现了两个交易日的下跌。22日最好放量上涨，否则趋势走坏的概率会变大。22日当天开盘后虽然股价上冲，但是力度非常弱，整体动能也跟不上，10:30的黄金时间过去后，如果股价还没有太好的表现基本就会注定全天疲软的走势，所以在10:30之后的第一波小反弹出现后就快速离场了。

！特别提示

在本系列丛书中不断强调"变"的作用，市场参与者的心态和行为一直在变化，这直接决定投资者要用与时俱进、辩证的视角分析、审视市场。真正的投资高手不是追涨杀跌，也不是研究金叉、死叉，而是对人性能够洞若观火。

？思考题

1. 量价时空4个要素中量的重要性如何体现，对趋势的形成有什么作用？
2. 上升趋势和下降趋势对量能的要求有什么不一样？
3. 缩量和放量反映的是投资者什么心理状态？
4. 量能对于交易信号的发出和买卖点的选择有什么作用？

思考题答案

在本书一些章节的最后留下了一些问题，读者翻看此页的目的一定是迫不及待地寻找答案来了。非常遗憾地告诉您，这一页给不了您想要的答案，哪怕是我们见面也无法给您明确的答案。或者您可以选择向一些在这个市场上已经有很深造诣的前辈来提问，但是笔者敢保证他们也无法给您一个标准的答案，因为对于这些问题，每个人都会有不同的答案。

那么，怎么样才能找到属于我们自己的答案？只有通过学习，对这个市场有了充分的研究和洞察并建立了自己的交易体系和交易模型之后，才会得出答案。而且，我们还要解决思维层面上的问题。股市犹如战场，要想成为赢家，一定要养成强者的思维——主力思维。

无数的投资者在这个市场前仆后继，有些甚至在这里摸爬滚打了几十年，但是依然不知道每次交易为什么赚钱、为什么亏钱。时间只是增加股龄，却没有改变他们在这个市场中追涨杀跌的散户思维，更没有站在主力运作股票的高度，斟酌每次交易决策是否顺时顺势。

江氏操盘体系是在市场中经过了无数次实战印证的。愿意同笔者一起将这套体系进行拓展的同人越来越多，大家都认为我们应该帮助更多想在这个市场中劈风斩棘的有缘人，所以我们会将江氏操盘体系全部的内容通过图书、培训等多种方式发扬光大。阅读"江氏操盘实战金典"丛书不一定保证您在这个市场上大有所为，但是一定会让执着于这个市场的您少走弯路。

这是一个需要有前辈指引方向的战场，更是一个需要自己潜心研究、做好充分战前规划和部署的战场。愿本系列丛书能够帮您在股票投资这条道路上有所斩获。

后 记

当您看到后记时，即使还没来得及对本书的内容进行深度研读，也一定有了初步了解。我们这套丛书，是为期望长久在市场中有所斩获的投资者和操盘手准备的，越是深入研读，对您认识这个市场和走近这个市场越有帮助。但是大家要明白一个道理，持续、稳健地盈利是需要长时间基础知识的沉淀和操作经验的积累才会实现的，绝非一蹴而就。任何想要在市场中快速一夜暴富的思想都是幼稚的，"流星容易恒星难"，很多投资者都是抱着先赚点钱再学习的态度，殊不知没有渔网，能够捕到鱼的概率小之又小。

2016年和2017年上半年，整个A股在低位横盘，中小板和创业板却在低位一再创新低，而且走出了典型的蓝筹股护盘式上涨、小盘股跳楼式下跌的分化。在全球证券市场向好的背景下，A股的走势和中国GDP第二大国的头衔实在不太匹配，然而，"塞翁失马，焉知非福"？A股在27年里一直处于跌跌撞撞的摸索状态，虽然有所发展，但是有些制度还不太健全，真正强势的证券市场必然需要健全的、保证优秀的上市公司的监管制度，我们国家的监管层正在做这项工作，黎明前的黑暗往往是最难熬的。

从2015年大盘走出5178的高点之后，整个证券市场进行了一次大洗牌，市场的运行模式都在变化。一些机构的操盘手越来越年轻，从之前的60后、70后逐渐向80后甚至90后转变，思维方式更加活跃和激进，市场上爱学习的股民越来越多，所以经常会形成一致性的支撑和压力，而主力就是要破坏这种支撑和压力。

学习股票，可分为"术""法""道"三个层次。如果投资者的学习只是停留在"术"的层面，就很难应对市场的变化。这也是很多投资者在学习了一些交

后　记

职业投资者高级操盘课程全体师生合影
复旦大学证券研究所 2014年8月

职业投资者之K线天机上海训练营
复旦大学证券研究所 2014年12月3日

职业投资者K线天机课程成都班师生合影
复旦大学证券研究所 2014年9月

易模式后有一段时间可以盈利,但是换一段行情之后就开始亏损的原因,只有晋升到"法"和"道"的层面,才有能力应对市场的千变万化。

最后,非常感谢北京大学中国金融研究中心证券研究所吕所长在百忙之中抽出时间为本书作序,感谢我的助手曲君洁对我们培训的材料进行整理和归纳,并从市场中搜集了最新的案例,才使得本书顺利出版。同时,也要感谢我的父母和我的爱人贾红秀、女儿孙艺玮和儿子孙乾翔对我从事这个行业的支持;感谢基金团队的杨玲丽、李文捷、袁红兵、倪润道、尹一茜等对实盘案例的提供;感谢熊青龙、余思敏对本书的宝贵建议;感谢四川人民出版社人文出版中心主任王定宇编审的精心策划,副主任何佳佳编辑优秀的文案撰写,副编审何秀兰老师细致的文字加工。更要感谢阅读完本书的您,如果您对本书有任何意见或者建议,欢迎同我们联系,我及我们团队的所有成员欢迎您的指正。

我们的使命

帮助亿万投资者树立正确的投资理念,远离投资失败的痛苦,实现财富稳健增长!

我们的愿景

提高中国人的财商,为每一个中国家庭培养一名合格的财富管理经理。

我们的宗旨

为客户提供实战、实效、实用的投资教育培训,为客户创造价值是我们永远的追求。

江氏精品课

1. 趋势天机3天2晚
2. 短线操盘真经3天1夜
3. 牛股起涨十大模型3天1夜
4. 牛股操盘八大秘笈3天1夜
5. 股市立论与财富革命3天2晚
6. 操盘学3天
7. 短庄套利模型3天2晚
8. 黄金大阳线2天1晚
9. 黄金分割2天
10. 涨停套利模型3天
11. MACD趋势之道1天
12. 趋势天机精品班3天2晚

江氏弟子班

1. 黄金K线3天2晚
2. 形态天机3天
3. 波浪理论3天2晚
4. 黄金解套3天
5. 波段与量能天机3天2晚

6. 盘口定乾坤3天

7. 波段结构天机3天

8. 五维六法3天

9. 交易心理与神修7天

嫡传弟子班

(包含所有江氏弟子班课程和6次密训交流会)

1. 道氏理论10天6晚

2. 高级均线与操盘训练5天

3. 作量法则3天

4. 高级盘口3天

5. 操盘智慧3天

6. 基本面分析与调研5天

2019.5.24~5.26好人好股孙清(江海)老师《股市立论与财富革命》

20181103-1105中和应泰好人好股江海老师《黄金K线》大合影

江氏操盘　海纳百川　携手江氏　势不可挡

"江氏操盘"是创始人江海老师历经20年、数位江氏团队核心成员历经数年打磨而成的一套A股完整的、成熟的、具有实盘交易价值的操盘体系。如今，江氏人遍布全球各地，有数以万计的学员、逾400名弟子。然而，我们坚信，这只是开始！

对于技术，"江氏操盘"是海纳百川的，它以趋势理论为立足点，诠释了股价运行的核心逻辑，融汇了国内外一系列经典的投资工具。对于A股，更是专注于它的特征——政策市和主力市，形成了独特的主力资金追踪系统，足以应对牛熊的轮回。

对于人，"江氏操盘"是海纳百川的，它博大精深的内涵不仅能够解决任何一位交易者在操作上的问题，还帮投资者找回了藏在心底的正知、正念、正行。它的焦点在于投资方法，它的胸襟可以包容众人。它接受每一位善用体系、立志从无知走向卓越的投资人和交易者。好的教育不仅是给予知识，且能使人为人！

"江氏操盘"弟子是江氏操盘体系的中坚力量。每一位江氏人都是体系的构筑者，是大家的齐心协力让体系日益完善，是大家的坚定不移才让更多的投资者在证券市场中披荆斩棘。每一位江氏人都是体系的捍卫者，我们把系统作为我们的信仰，把系统的发扬和传承作为我们的使命！

虽然我们每个人都是一个微不足道的个体，但是我们愿意将我们所有的能量汇聚在"江氏操盘"这套系统上：一群人、一套系统、一个信念、一辈子！